"十二五"职业教育国家规划教材
经全国职业教育教材审定委员会审定

全国铁道职业教育教学指导委员会规划教材
高等职业教育城市轨道交通运营管理专业系列规划教材

城市轨道交通场站设备

费安萍　主　编
汪成林　副主编

中国铁道出版社

2019年·北　京

内 容 简 介

本书是全国铁道职业教育教学指导委员会规划教材、高等职业教育城市轨道交通运营管理专业系列规划教材。全书共分为五个项目，包括：线路设备（认知线路、人工转换道岔，计算线路换算坡度，分析线路平纵断面对列车运行的影响）、车站（分析不同车站技术设备对车站工作的影响，绘制车站站厅、站台层平面示意图）、车辆段设备（认知城市轨道交通车辆检修基地，识读车辆段线路、信号平面布置图）、供电设备（绘制城市轨道交通牵引供电系统示意图，分析一条地铁线路的供电臂供电范围）、车站机电设备（车站消防系统运用，人工操作屏蔽门，车站电梯系统的运用，环控系统故障的分析，水淹区间隧道的处理，环境与设备监控系统运行管理）等。

本书可作为高职、中专院校城市轨道交通运营管理专业及相关专业的教材和教学参考书，也可供从事城市轨道交通运营管理的专业技术人员参考。

图书在版编目（CIP）数据

城市轨道交通场站设备/费安萍主编．—北京：中国铁道出版社，2015.1（2019.1 重印）

"十二五"职业教育国家规划教材．全国铁道职业教育教学指导委员会规划教材．高等职业教育城市轨道交通运营管理专业系列规划教材

ISBN 978-7-113-17956-4

Ⅰ.①城… Ⅱ.①费… Ⅲ.①城市铁路—车站设备—高等职业教育—教材 Ⅳ.①U239.5

中国版本图书馆 CIP 数据核字(2014)第 011815 号

书　　名：城市轨道交通场站设备
作　　者：费安萍　主编

策　　划：金　锋
责任编辑：悦　彩　　**编辑部电话：**010-63589185-3093　　**电子信箱：**yuecai@tqbooks.net
封面设计：崔丽芳
责任校对：龚长江
责任印制：郭向伟

出版发行：中国铁道出版社（100054，北京市西城区右安门西街 8 号）
网　　址：http://www.51eds.com
印　　刷：三河市航远印刷有限公司
版　　次：2015 年 1 月第 1 版　2019 年 1 月第 2 次印刷
开　　本：787 mm×1 092 mm　1/16　印张：10.25　插页：1　字数：263 千
印　　数：3 001～5 000 册
书　　号：ISBN 978-7-113-17956-4
定　　价：29.00 元

前言

PREFACE

我国城市轨道交通经过多年的发展，承担的城市公共交通客运量逐年上升，北京、广州地铁承担的城市公共交通客运量已经分别超过了50%、35%；未来10年仍将是我国城市轨道交通快速发展时期，届时需要大量的城市轨道交通运营管理专业技术人才，从事地铁车站、车辆段、调度控制中心等地铁站务和运营组织管理工作。

本教材的编写依据来源于近10年来广州铁路职业技术学院与深圳地铁、广州地铁、香港地铁等地铁站务和地铁运营订单班人才培养方案；深圳地铁与深圳市劳动局共同开发的城市轨道交通车站值班员和站务员的考核大纲的应知应会等内容；广州地铁站务岗位系列课程。

本教材由广州铁路职业技术学院费安萍任主编、武汉铁路职业技术学院汪成林任副主编，广州铁路职业技术学院沈俊娜、湖南高速铁路职业技术学院高双喜参与编写。具体编写分工如下：项目1由费安萍和高双喜编写，项目2由沈俊娜编写，项目3和项目4由汪成林编写，项目5由费安萍和沈俊娜编写。

由于水平有限，书中难免有疏漏之处，敬请读者反馈，以便今后的修订和完善。书中参考了国内外有关从事城市轨道交通研究的专家、学者的著作和论文，在此表示衷心感谢。

作　者

2014年8月于广州

目录 CONTENTS

项目1　线路设备

项目描述

线路是城市轨道交通列车运行的线路基础。通过本项目的学习，使学生对线路设备有较全面了解。本项目设两个典型工作任务，任务1分析线路的组成、分类、限界、道岔的结构、道岔对列车运行的影响以及按作业标准人工转换道岔；任务2分析线路平面及纵断面对列车运行的影响，并能计算线路换算坡度。

拟实现的教学目标

1. 能力目标

认知线路的组成、分类、限界；能画出单开道岔组成，评估道岔对车速的影响；能按标准进行人工转换道岔；能计算线路换算坡度，并评估线路平纵断面对列车运行速度的影响。

2. 知识目标

掌握线路结构、分类、机车车辆限界、建筑限界；掌握单开道岔的结构及对列车运行的影响，人工转换道岔的作业标准；掌握线路平纵断面的组成要素，线路换算坡度的含义及计算方法。

3. 素质目标

具有城市轨道交通行车安全意识，操作道岔等运输设备的安全意识。

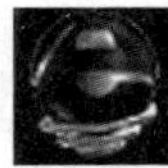

相关案例——地铁车辆段挤岔事件

1. 事件概况

图1.1为某地铁车辆段线路示意图。某年2月13日11:30起，17+18车在6道(洗车线)进行洗车，12:52第二次洗车完毕，司机、副司机未与车辆段值班员联系(6502信号楼)，未确认进路防护SX信号机(进厂信号机)，亦未确认道岔，擅自动车(当时速度为15 km/h)，于12:54将车辆段4号交分道岔挤坏，如图1.2所示。信号楼值班员听到挤岔警示后，立即用电台呼叫司机停车，司机采取紧急停车，列车越过4号岔尖轨一个车多(约28～30 m)时停稳，造成了挤岔。

2. 原因分析

(1)司机、副司机安全意识不强，动车前未确认信号、进路、道岔，又未与车辆段信号楼的信号值班员联系，是造成这起事故的主要原因。

(2)当值司机、副司机简化作业程序，未认真执行呼唤应答制度。

(3)SX信号机(车辆段内唯一一架)设在线路左侧，该机班未认真确认。

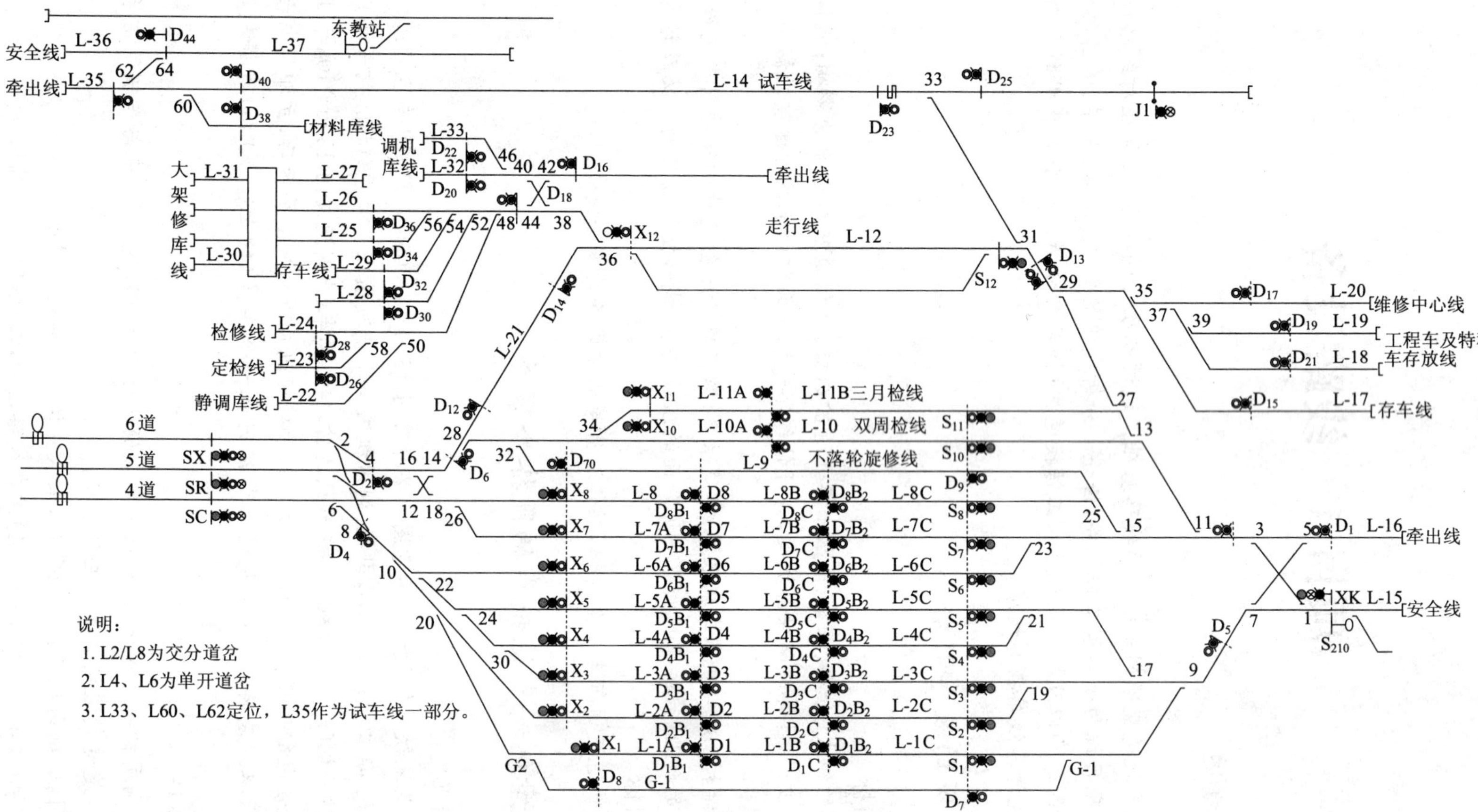

说明：

1. L2/L8为交分道岔
2. L4、L6为单开道岔
3. L33、L60、L62定位，L35作为试车线一部分。

图1.1 某地铁车辆段线路示意图

图 1.2　某地铁车辆段 4 号交分道岔被挤岔后，尖轨被削

3. 防范措施

(1)强调“安全第一”的指导思想，各工种密切配合，加强联系。如列车进、出车辆段前，司机须与信号值班员联系，确认信号、进路后方可动车。

(2)司机驾驶中及动车前的呼唤应答不能流于形式，要落到实处。

(3)各级人员继续认真检查、监督规章制度落实情况，保证规章制度得到不折不扣认真执行。

(4)车辆段派班员等向司机安排作业计划时，同时布置安全注意事项。

(5)SX 信号机是唯一一架设在线路左侧的信号机，要求司机认真确认。

道岔是线路的重要组成部分，道岔位置决定列车或调车车列的运行方向，如果道岔位置不正确，则会导致列车或调车车列进入异线或挤岔，因此必须按列车或调车车列运行进路的需要，按作业标准转换道岔，确保列车运行安全。

典型工作任务 1　认知线路、人工转换道岔

1.1.1　教学目标

1. 能力目标

能认知线路的组成、限界；能画出单开道岔结构示意图；能按作业标准人工转换道岔。

2. 知识目标

掌握线路结构、分类、机车车辆限界、建筑限界；掌握道岔的结构及对列车运行的影响；掌握人工转换道岔的作业标准。

3. 素质目标

培养城市轨道交通运输设备安全操作意识。

1.1.2　工作任务

通过本任务，认知线路基本知识，掌握按作业标准人工转换道岔的方法，能评估道岔对列车运行的影响。

1.1.3 所需配备

地铁或铁路线路 100 m，单开道岔、道岔手摇把。

1.1.4 相关配套知识

1. 线路组成及分类

城市轨道交通线路是由路基、道床和轨道组成的一个整体工程结构，如图 1.3 所示。为了使列车能按规定的速度安全、平稳、不间断地运行，线路各部件必须经常保持完好状态，以确保能够质量良好地完成旅客运输任务。

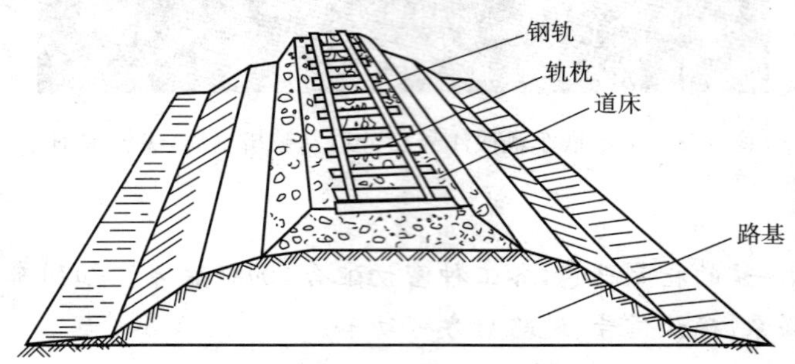

图 1.3 线路的组成

一般地，城市轨道交通线路分为正线、辅助线(包括联络线、渡线、存车线、折返线等)、车厂线。正线为上下行双线设计，列车运行方向按右侧(或左侧)行车，车站两端端墙内方为站内，相邻两车站端墙之间为区间。

路基是轨道的基础，也叫做下部建筑，它是城市轨道交通运输的基础。垂直线路中心线的路基横截面，称为路基横断面。路基的形式共有六种：路堤式、路堑式、半路堤式、半路堑式、不填不挖式、半堤半堑式。常见的路基为路堤(图 1.4)和路堑。

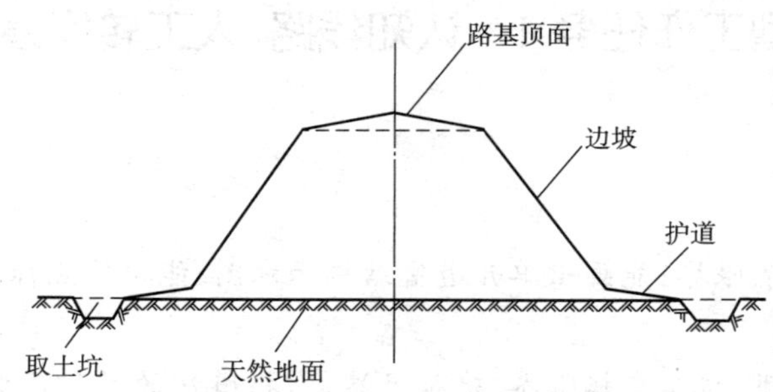

图 1.4 直线地段一般黏性土路堤

2. 轨道的组成及各部分的作用

轨道是由钢轨、轨枕、连接零件、道床、道岔和其他附属设备等不同力学性质的材料组成的构筑物。现代的轨道通常用两根专门轧制的工字形截面的钢轨固定在轨枕上而形成。轨道是一个整体性工程结构，经常处于列车运行的动力作用下，其作用为直接承受车轮传来的巨大压力，并把它传给路基及桥隧建筑物；起着机车车辆运行的导向作用。轨枕一般横向铺设，用木材、钢筋混凝土或钢材制成，通过道床将荷载传递到路基上去。

(1)钢轨

钢轨由轨头、轨腰和轨底三部分组成,钢轨断面形式如图 1.5 所示。

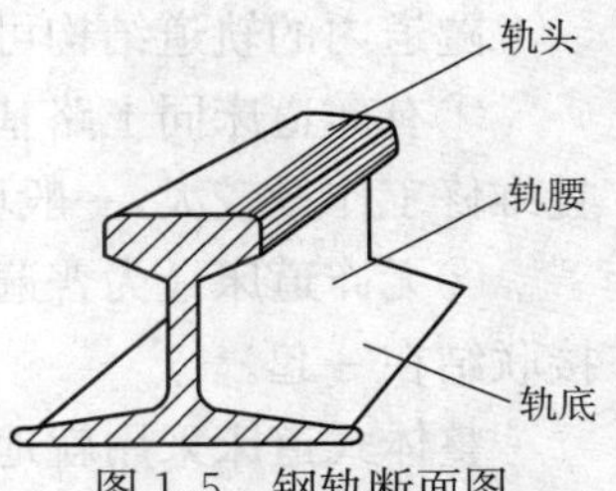

图 1.5　钢轨断面图

钢轨的功用是支承和引导机车车辆的车轮运行,并把车轮传来的压力传给轨枕以及为车轮滚动提供阻力最小的表面。此外,钢轨还有为供电、信号电路提供回路的作用。

根据《地铁设计规范》,地铁正线与辅助线应采用 60 kg/m 及以上的钢轨,车场线应采用 50 kg/m 的钢轨。钢轨应采用 25 m、12.5 m 标准轨以及标准缩短轨,接头应采用对接,在曲线内股应采用现行标准的缩短轨,当采用缩短轨接头对接有困难时可采用错接,但其错开距离不应小于 3 m。

地铁正线地段与半径为 250 m 及以上的曲线地段,应铺设无缝线路。无缝线路是将 25 m 轨端无螺栓孔的钢轨焊接成 1 km 及以上长的轨条铺设在轨枕上,接缝大大减少,因此减少了列车通过接头区的冲击力,从而减小了振动与噪声。由于在 1 km 长的钢轨内不存在轨缝,当温度升高或降低时,钢轨内部就产生了巨大的温度压力或拉力,这是无缝线路的一个显著特点,隧道内温度变化幅度较小,铺设无缝线路十分有利,如在地面线路铺设无缝线路,则需要加强养护与监控,并适时进行应力放散工作,以防止线路胀轨跑道。

普通线路是将标准钢轨用夹板连接铺设在轨枕上,钢轨接头处留有轨缝,温度升降时钢轨能自由伸缩。

正线与辅助线上钢轨应设轨底坡,其坡度为 1/40,但在道岔与道岔间不足 25 m 的直线段不应设轨底坡。

运营线路必须对钢轨进行定期与不定期探伤与检查,根据国家相关技术标准进行钢轨伤损的标识与跟踪,在高架桥与隧道内钢轨伤损达到轻伤则应及时更换,在普通线路(道岔)以及无缝线路缓冲区的重伤和折断钢轨应立即更换。

(2)轨枕

轨枕直接支承钢轨,并通过扣件牢固与钢轨相连接。

地面线路采用国家标准轨枕铺设,隧道等采用钢筋混凝土短轨枕式混凝土整体道床时,短轨枕宜在工厂预制,混凝土强度等级宜采用 C50,底部宜伸出钢筋以加强与混凝土整体道床的连接。采用连续支承混凝土整体道床时,应采用整体灌注式。每公里铺设轨枕的标准按照《地铁设计规范》规定要求进行铺设。

(3)道床

道床的作用是支承轨枕、把从轨枕传来的压力均匀传布给路基,它还有缓冲车轮对钢轨的冲击、固定轨枕的作用。在地面线还能起到排除轨道中雨水的作用。

地铁隧道普遍采用整体式道床,无需补充石砟或更换轨枕,而且整体性强、稳定性好、轨道几何尺寸易于保持、减少养护维修工作量,但不足的是工程造价高、施工难度大、一旦形成无法纠偏,出现病害难以整治,且道床弹性差。

高架线路可采用新型轨下基础,地面线路宜采用碎石道砟以降低投资。

地铁线路道床纵向排水坡度可与线路坡度一致,但不宜设置为平坡,道床面还应有不小于 3%的横向排水坡。

地铁隧道内混凝土整体道床与地面碎石道床相连时,衔接处应设置弹性过渡段。

碎石道床按国家现行有关规范的规定设置防爬装置。

隧道内的轨道结构可分有砟(有碎石道床)和无砟(无碎石道床)两种。

①有砟道床同土路基上道床一样,施工简单,防噪声性能好,但需要增加隧道的开挖量,而且维修工作量较大,一般城市轨道交通中不采用。

②无砟道床最为普遍的是混凝土整体式道床,这种结构利用扣件把钢轨和混凝土基础直接联结在一起。

整体式道床采用就地连续灌注混凝土基床或纵向承轨台,简称 PACT 型轨道。这种形式结构简单,减振性能较好,但施工较为复杂。此外也可以把预制好的混凝土枕与混凝土道床浇筑成一个整体,或者采用预制的钢筋混凝土支承块与混凝土道床浇筑成一体,这被我国铁路隧道广为采用。

高架桥上的道床与隧道内相似,也分为碎石道床和混凝土整体道床。桥上整体道床结构也称无砟无枕梁结构,是通过扣件直接把钢轨和混凝土桥面联结起来。应用较广泛的是在混凝土梁上二次浇筑混凝土纵向承轨台。

(4)减振垫层与扣件

由于整体道床轨道结构没有碎石道床提供必要的弹性,因而一般要配用弹性较好的扣件以减小振动和噪声。

①减振垫层

减振垫层为压缩型橡胶垫板,放在钢轨与承轨台之间,能显著减小车辆振动,降低噪声。

②扣件

扣件是联结钢轨与轨枕间的中间零件,其作用是将钢轨固定在轨枕上,保持轨距并阻止钢轨的横纵向移动。

3. 道岔

道岔是一种能使机车车辆从一股道转入另一股道的线路连接设备,是在线路上大量使用的基础设备,如图 1.6 所示。道岔构造复杂,零件较多,过车频繁,技术标准要求高,是城市轨道交通线路设备的薄弱环节之一,道岔对城市轨道交通运输有较大的影响。

图 1.6　道岔

掌握道岔的基本结构、类型、操作技能和故障处理及合理选用道岔等知识对城市轨道交通运营管理人员具有重要意义。

(1)道岔的组成

道岔的主要形式有线路连接、线路交叉及线路连接与交叉三种形式。常见的线路连接有普通的单开道岔、单式对称道岔及三开道岔。线路交叉有直角交叉及菱形交叉。

单开道岔是各种道岔中的主要形式,在城市轨道交通应用最为普遍。单开道岔主线为直线,侧线由主线向左侧或右侧岔出,分为左开及右开两种形式,如图 1.7 所示。单开道岔由尖轨和转辙器、辙叉及护轨、连接部分组成,如图 1.8 所示。

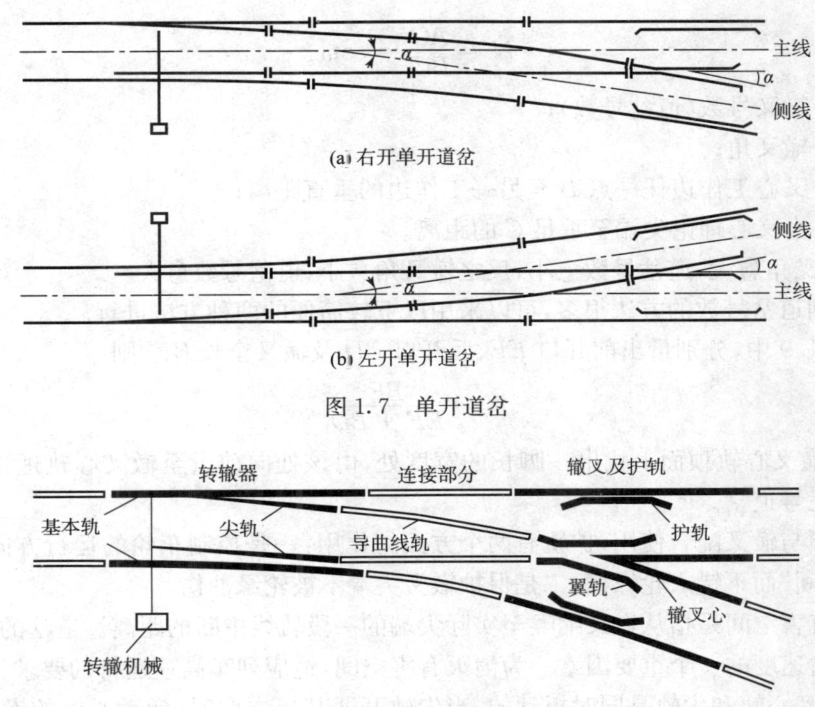

(a) 右开单开道岔

(b) 左开单开道岔

图 1.7　单开道岔

图 1.8　普通单开道岔组成

①转辙器

由两根尖轨、两根基本轨、连接零件(包括连接杆、滑床板、垫板、轨撑、顶铁、尖轨跟端结构等)和转辙机械组成。操作转辙机械可以改变尖轨的位置,确定道岔的开通方向,引导机车车辆进入不同方向。

②辙叉及护轨

辙叉及护轨包括辙叉心、翼轨、护轨、主轨及其他连接零件,其作用是保证车轮安全通过两股轨线的相互交叉处。

辙叉与护轨组成一个整体,共同配合发挥作用。辙叉按其构造分为锰钢整铸式和钢轨组成式;按翼轨与心轨的相对关系分为固定式和可动心轨式;按平面形状分为直线式和曲线式以及钝角辙叉与锐角辙叉等。

辙叉号数也称道岔号数,是表示辙叉角大小的一种方式。因为辙叉角是以度(°)、分(′)、秒(″)表示的,运用很不方便,故在实际工作中都以辙叉号数 N 表示。

我国规定,以辙叉角的余切值表示辙叉号数,如图 1.9 所示,其计算方法如下:

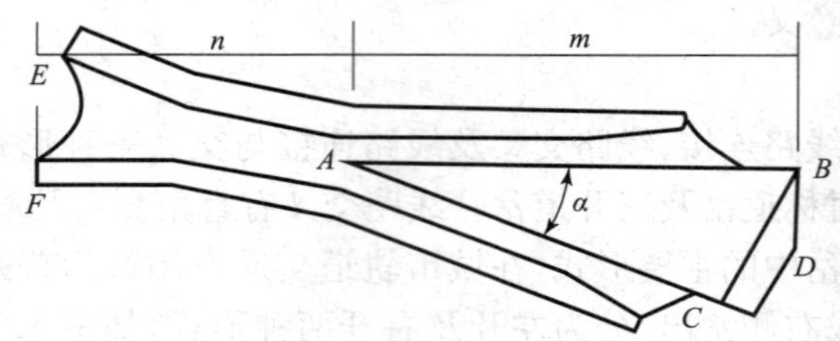

图 1.9 辙叉号数示意图

$$N=\frac{AC}{BC}=\cot\alpha$$

式中 N——辙叉号数(道岔号数);

α——辙叉角;

BC——叉心工作边任一点 B 至另一工作边的垂直距离;

AC——由叉心理论尖端至垂足 C 的距离。

显然,辙叉角愈大,道岔号数愈小;反之辙叉角愈小,道岔号数愈大。

现场鉴别道岔号数的方法很多,可以采用以下较简便的两种方法进行。

a. 在图 1.9 中,分别量出前开口 EF、后开口 BD 及辙叉全长 BF,则

$$N=\frac{BF}{EF+BD}$$

b. 先在辙叉心轨顶面上找出一脚长的宽度处,由该处向前量至辙叉心轨理论尖端处,实量几脚就是几号道岔。

护轨必须与辙叉配合使用,护轨有两个方面的作用:一是控制车轮的运行方向,使之正常通过"有害空间"而不错入轮缘槽;二是保护辙叉尖端不被轮缘冲伤。

道岔的有害空间是指从辙叉咽喉至实际尖端的一段轨线中断的距离。道岔的有害空间是限制列车过岔速度的一个重要因素。为消灭有害空间,适应列车高速运行的要求,可采用活动心轨道岔,辙叉心轨和尖轨是同时扳动的,当尖轨开通某一方向时,活动心轨的辙叉心轨就与开通方向一致的翼轨密贴,与另一翼轨分开,从而消灭了有害空间(如图 1.10 所示)。

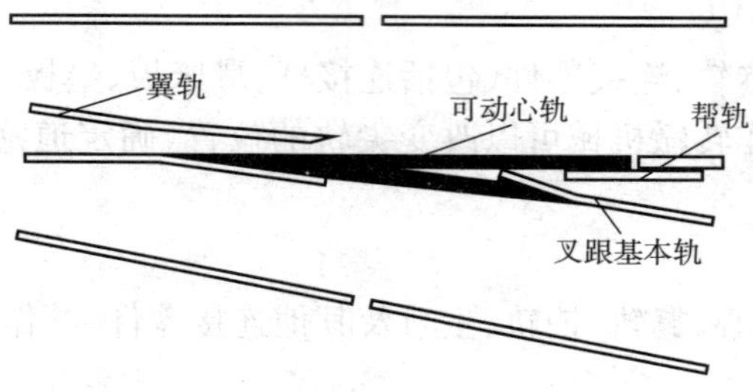

图 1.10 活动心轨辙叉

护轨在中间的一段应为与主轨平行的直线,其长度为由咽喉至叉心顶宽 50 mm 间的距离再附加 100～300 mm,该直线段内护轨与主轨轮缘槽宽度为 42 mm。然后两端各向轨道内侧弯折一段长度,称为过渡段或缓冲段,其弯折角应近似等于尖轨的冲击角,使车轮进入护轨时

起缓冲和引导作用。护轨末端的外侧面，将轨头在 150 mm 长度内斜切去一部分，形成喇叭口，该处的宽度规定为 90 mm。

护轨是用普通钢轨经过刨切弯折成的，并用间隔铁、螺栓等零件与主轨联结。间隔铁为可调整宽度的双螺栓型，以便在护轨侧面磨耗达到限度时，可以调整轮缘槽的宽度。

③连接部分

连接转辙器与辙叉的部分称为连接部分，作用是连接转辙器、辙叉及护轨部分，使之成为一组完整道岔。它包括两股直线钢轨和两股曲线钢轨。

钢轨长度是根据道岔号数及导曲线半径大小经过计算确定的，其最短长度不应小于 4.5 m。导曲线平面形式一般为圆曲线。其半径大小与道岔号数、道岔长度及侧向过岔速度等因素有关。为了保持导曲线的位置和圆顺度，除可在连接部分铺设支距垫板外，还可在导曲线钢轨的外侧安装一定数量的轨撑，必要时对小号道岔还可增设轨距杆。

由于连接部分的四根钢轨都被钉在同一根岔枕上，导曲线一般不设超高，所以导曲线是限制侧向过岔速度的因素之一。

(2)道岔用中心线表示法及其几何要素

①道岔用中心线表示法

道岔中心线表示法如图 1.11 所示。

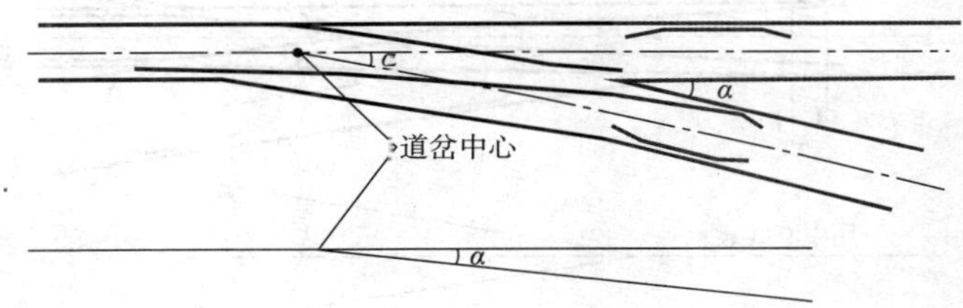

图 1.11　道岔中心线表示法

在已知道岔两线路中心线的交点和辙叉号数、道岔类型时，可按选定的比例尺用单线把道岔表示出来。

②道岔几何要素

单开道岔主要几何要素如图 1.12 所示。

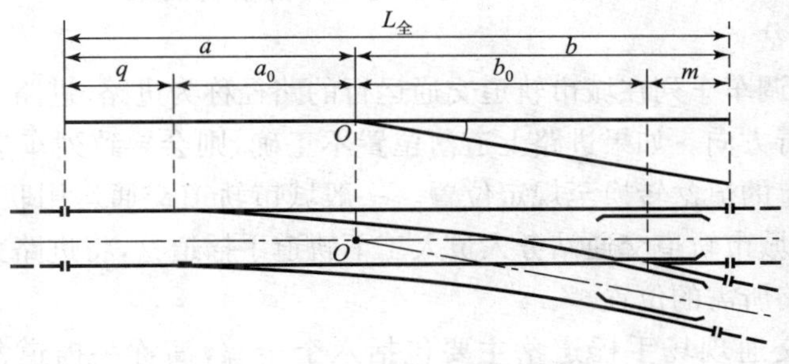

图 1.12　单开道岔主要几何要素

图中 O 表示道岔中心(直线线路中心线与侧线线路中心线的交点)；a 表示道岔前部实际长度(从道岔始端轨缝中心至道岔中心的水平距离)；b 表示道岔后部实际长度(从道岔终端轨

缝中心至道岔中心的水平距离)；$L_{全}$表示道岔全长(道岔始端至道岔终端的水平投影长度)；a_0表示道岔前部理论长度(尖轨尖端至道岔中心的水平距离)；b_0表示道岔后部理论长度(道岔中心至辙叉心轨理论尖端的水平距离)；q 表示尖轨尖端前的基本轨长度；m 表示辙叉跟长。

③其他类型道岔与交叉设备

a. 双开道岔：道岔衔接的两条线路各自向两侧分岔，如图 1.13 所示。

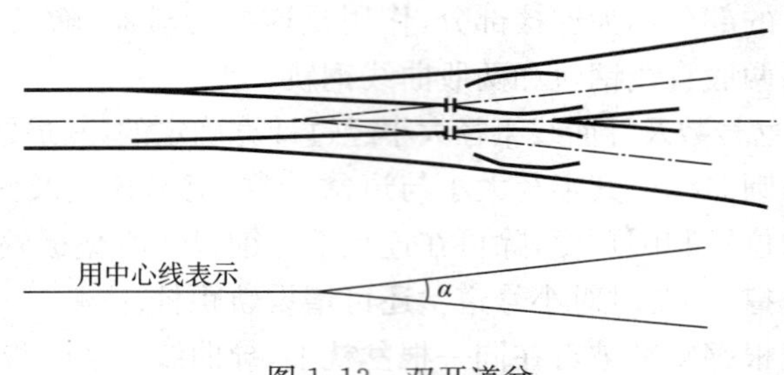

图 1.13　双开道岔

b. 三开道岔：可以同时衔接三条线路，如图 1.14 所示。

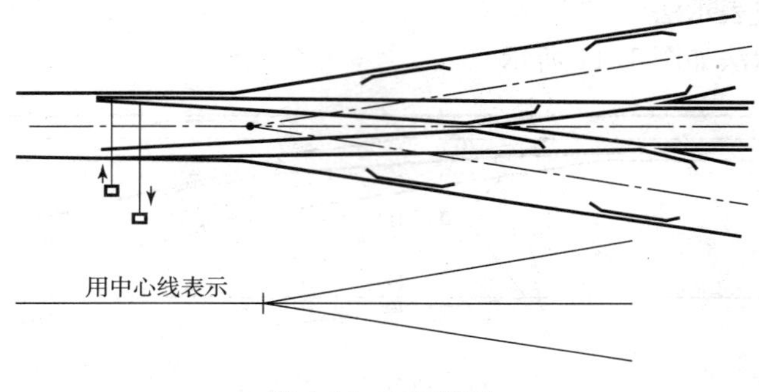

图 1.14　三开道岔

c. 交分道岔：四组单开道岔和一副菱形交叉设备的结合体。

d. 交叉设备：只有辙叉而无转辙器部分，机车车辆通过交叉设备时，只能沿着原来的线路继续运行而不能转线。

e. 交叉渡线：由四副单开道岔和一组菱形交叉设备组合而成。

(3)人工转换道岔

一般地，列车或调车车列在城市轨道交通运行的路径称为进路，进路上道岔的位置决定列车或调车车列的运行方向。如果进路上道岔位置不正确，则会导致列车进入异线或挤岔。因此需按要求将进路上的道岔转换至规定位置。一般城市轨道交通运用联锁设备转换道岔，当联锁设备故障时，需城市轨道交通站务人员人工下轨道手摇道岔，将进路上的道岔人工手摇至列车或调车车列进路所需的位置。

一般城市轨道交通现场手摇道岔主要包括六个步骤，简称手摇道岔“六步曲”，具体内容为：

一看：看道岔开通位置是否正确，尖轨及辙叉心处是否有杂物，是否需要改变位置。

二开：打开盖孔板及勾锁器的锁，拆下勾锁器。

三摇：摇道岔转向所需的位置，在听到“咔嚓”的落槽声后停止。

四确认：手指尖轨，口呼“尖轨密贴开通×位”，并和另一人共同确认。

五加锁：另一人在确认道岔位置开通正确后，用勾锁器锁定道岔尖轨，盖上盖孔板并上锁。

六汇报：向站控室汇报道岔开通位置正确，人员出清。

(4)道岔对行车速度的影响

道岔是轨道的薄弱环节，当列车运行速度超过道岔的允许通过速度时，轻者会造成脱轨，严重者会引起列车颠覆。

道岔对行车速度的影响在于以下因素：

①道岔存在有害空间。

②尖轨和道岔结构的不平顺。

③连接部分存在导曲线，在导曲线上不设缓和曲线和超高，对列车侧向过岔速度限制较大。

由于以上原因，故机车车辆经过道岔时，列车运行速度会受到较大的影响。

地铁行车组织规则目前全国没有统一，一般是各地铁企业针对每一具体地铁线路的设备条件，制订该线路的行车组织规则。如某地铁4号线行车组织规则规定正线采用60 kg/m钢轨的9号固定辙叉、9号可动心轨道岔及12号道岔，车厂试车线采用60 kg/m钢轨的9号道岔，其他采用50 kg/m钢轨的5号道岔，道岔类型及侧向构造速度等见表1.1；5号线行车组织规则规定正线采用60 kg/m钢轨的9号固定辙叉、12号固定辙叉，车厂试车线采用60 kg/m钢轨的9号道岔，其他采用50 kg/m钢轨的7号和5号道岔，道岔类型及侧向构造速度等见表1.2。

表1.1　某地铁4号线道岔类型及侧向构造速度

道岔类型	5号道岔	9号道岔	9号可动心轨道岔	12号道岔
尖轨类型	AT弹性可弯尖轨	AT弹性可弯尖轨	AT弹性可弯尖轨	AT弹性可弯尖轨
辙岔类型	高锰钢整铸	高锰钢整铸	可动心轨	高锰钢整铸
钢轨类型	50 kg/m	60 kg/m	60 kg/m	60 kg/m
铺设位置	车厂内道岔调车、车辆进出车厂；共49组	正线、试车线及辅助线；全线47组，其中试车线1组，正线及辅助线46组	正线W1402道岔	正线W1406、W1408、W1410、W1412道岔，共4组
侧向速度(km/h)	20	35	50	50

表1.2　某地铁5号线道岔类型及侧向构造速度

道岔类型	5号道岔	7号道岔	9号道岔	12号道岔
钢轨类型	50 kg/m	50 kg/m	60 kg/m	60 kg/m
铺设位置	车厂内道岔，共44组	车辆段及综合基地10组7号道岔，1组7号交叉渡线	正线及辅助线、试车线：全线设置38组9号道岔，文冲站1组9号道岔4.6 m间距交叉渡线，车辆段1组9号道岔	滘口站采用1组12号道岔4.4 m间距交叉渡线
侧向速度(km/h)	20	25	35	50

4. 线路标志

城市轨道交通线路上应设置百米标、坡度标、制动标、圆曲线和缓和曲线始点及终点标、曲线标、竖曲线始点及终点标、水准基点标、限速标、警冲标、停车位置标志等。

地铁隧道内百米标、限速标、停车位置标志应设在行车方向的右侧;警冲标应设在两会合线间,其位置应根据设备限界及安全量确定,隧道外的标志可按国家现行有关规范的规定设置。其中停车标,设于各车站站台端部对开的隧道壁位置和存车线、折返线、信号机前,在接近车站 300 m、200 m 处分别设置接近车站预告标;100 m 位置设站名标,车挡表示器。

5. 限界

限界的作用是确保机车车辆在城市轨道交通线路上运行的安全,防止机车车辆撞击邻近的建筑物或其他设备。一切建筑物,在任何情况下,不得侵入建筑限界;地铁一切设备,在任何情况下,不得侵入地铁设备限界;机车、车辆无论空、重状态,均不得超出机车、车辆限界。

城市轨道交通限界包括车辆限界、设备限界、建筑限界、接触网(轨)限界。

(1)车辆限界

车辆限界是指限制机车车辆横断面最大容许尺寸的轮廓。当机车车辆停留在平直铁道上,车体的纵向中心线和线路的纵向中心线重合时,机车车辆的任何部位,在正常情况下(特殊情况除外)都不得超出机车车辆限界规定的尺寸。

车辆限界应根据车辆主要尺寸等有关参数,并考虑在静态和动态情况下所达到的横向和竖向偏移量及偏转角度,按可能产生最不利情况进行组合计算确定。

(2)设备限界

设备限界是指邻近线路的设备(与机车车辆相互作用的设备除外)不得侵入的最小横断面尺寸轮廓。应根据车辆限界、轨道状态不良引起车辆偏移和倾斜,并计及适当的安全量等因素计算确定。

(3)隧道建筑限界

隧道建筑限界是指邻近线路的建筑物不得侵入的最小横断面尺寸轮廓。区间直线地段各种类型的隧道建筑限界与设备限界之间的间距,应能满足各种设备安装的要求。其他类型与施工的隧道建筑限界,应按照《地铁设计规范》规定进行加宽与加高。

隧道建筑限界主要包括车站站台、屏蔽门与线路中心线之间的净距、高架车站安全门与线路中心线之间的净距、疏散平台、感应板等的规定。

(4)接触网、接触轨限界

接触网、接触轨限界应根据受流器的偏移、倾斜和磨耗、接触轨安装误差、轨道偏差、电间隙等因素确定。

与铁路不同,由于城市轨道交通线路的车辆类型、运行速度不同,城市轨道交通限界目前没有统一的规定值。以某一地铁线路为例,其限界如图 1.15、图 1.16 所示。

6. 线间距

线间距指相邻线路中心线间的距离。作用是保证行车安全、站内作业安全;两线间装设行车设备。

线间距影响因素包括车辆限界、设备限界、建筑限界、线间设备计算宽度和线间办理作业性质需要的安全量等。

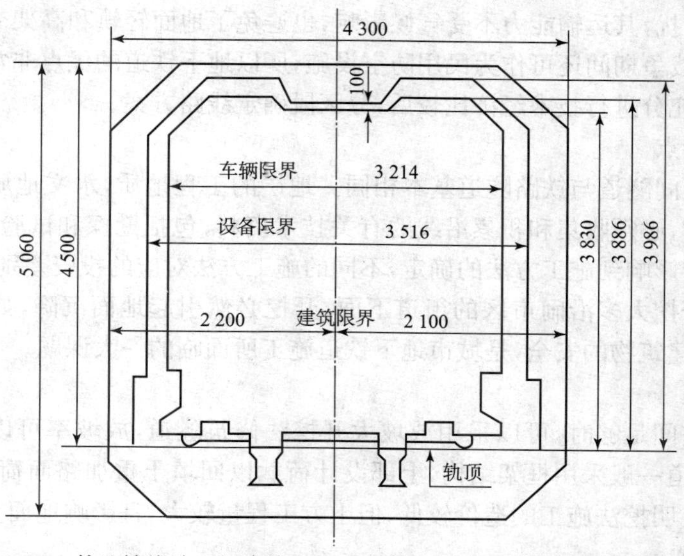

图 1.15　某地铁线路区间直线段矩形隧道、设备及车辆限界(单位:mm)

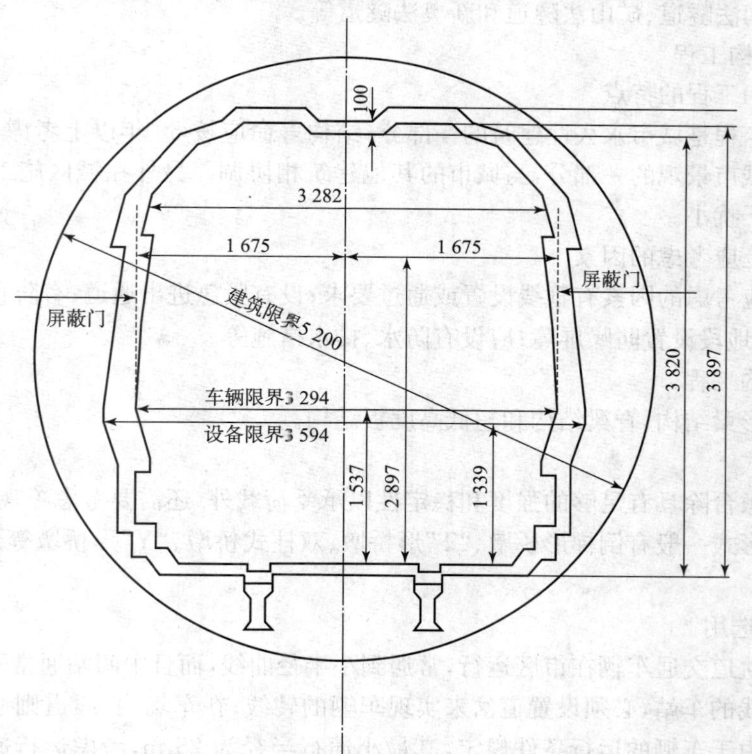

图 1.16　某地铁线路区间直线地段圆形隧道、设备及车辆限界(单位:mm)

1.1.5　知识拓展

1. 城市轨道交通桥隧建筑物

(1)地下隧道

在城市轨道交通中占有较大比重的是地下铁道。地下铁道由于在地下运行,对地面上的其他交通工具无干扰，其运输能力不受气候影响，也避免了地面轻轨和高架交通所产生的噪声对城市的污染，在战争期间还可作为民用防空设施，所以地下铁道的优点非常明显。但是地下铁道造价昂贵，应充分进行技术经济比较后，分区段确定线路方案。

①区间隧道特点

地下铁道的区间隧道与铁路隧道基本相同。地层的工程地质，水文地质资料是隧道设计的重要依据。因此，必须收集和积累沿线的有关技术资料，包括勘探和试验资料、数据等。地层情况的变化直接影响到施工方法的确定，不同的施工方法对应的投资差别较大。

区间隧道的开挖大多沿闹市区的街道下面，开挖必然引起地面沉降，如何控制地面沉降量，不致影响既有建筑物的安全，是城市地下铁道施工所面临的一大课题。

②明挖法隧道

当城市地面空间足够时，可以采用放坡大开挖法修筑隧道，放坡率可以根据地质情况确定，对应的区间隧道一般采用框架结构，上部设计荷载以回填土重加路面荷载来考虑，侧面荷载考虑侧土压力。明挖法施工的造价较低，但土方工程量较大，且影响地面交通。

③暗挖法隧道

主要有盾构法隧道、矿山法隧道和新奥法隧道等。

(2)高架结构工程

①高架结构工程的特点

高架结构工程是城市永久性建筑的一部分，结构寿命应按 50 年以上考虑，因而城区高架结构可以作为城市景观的一部分，与城市的其他建筑相协调。另外在城区施工，要求速度快，对现有的交通干扰小。

②高架桥上应考虑的因素

高架桥上应考虑的因素有管线设置或通过要求；设有紧急进出通道；有防止列车倾覆的安全措施；在必要地段设置防噪屏障；应设有防水、排水措施等。

③高架结构工程

一般有槽形梁结构、脊梁结构和超低高度板结构。

④墩台形式

高架桥的墩台除具有足够的强度和稳定性以承受荷载外，还需要考虑美观，并与城市环境相协调。墩台形式一般有倒梯形桥墩、“T”形桥墩、双柱式桥墩、“Y”形桥墩等形式，如图 1.17 所示。

2. 道岔的选用

由于城市轨道交通车辆在市区运行，常遇到小半径曲线，而且中间站通常不设配线。在设有渡线和折返线的车站，必须设置道岔来实现车辆的转线；在车场内，股道则通过道岔逐级与走行线连接。由于车辆的运行条件规定，其最小通行半径为 25 m，考虑运行速度及节约用地要求，应在不同场合选用不同的辙叉号数和道岔结构。

城市轨道交通道岔辙叉号的确定要根据以下三个原则：

(1)道岔的直股设计速度。

当动车最大运行速度为 80 km/h 时，道岔直股结构应满足 80 km/h 通过的要求，如留有安全储备，道岔的直股设计速度为 100 km/h。如用于车场道岔，由于无较高的速度要求，采用 40 km/h 作为道岔的直股设计速度。

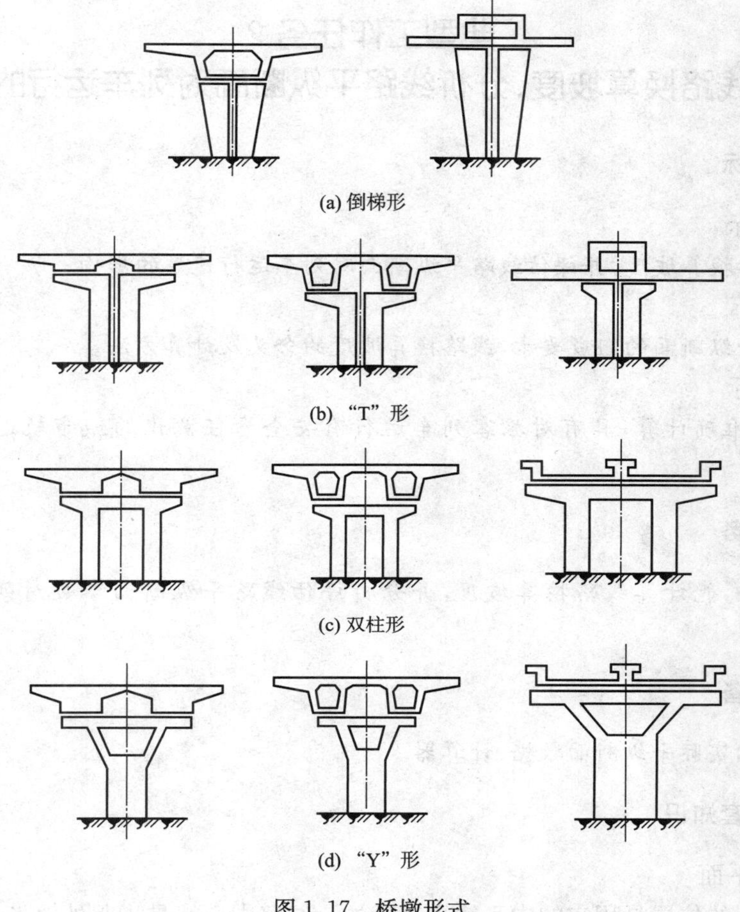

图 1.17　桥墩形式

(2)道岔侧股的允许通过速度。

道岔侧股的允许通过速度主要取决于动车通过道岔侧股的运行速度要求。在折返站，动车在出发前由邻线转入，以改变运行方向，属于调车性质，最高运行速度可定为 25 km/h。用于车场的道岔，动车通过道岔侧股均为调车，考虑节约用地，最高运行速度可定为 15 km/h。

(3)动车以最高运行速度通过道岔侧股时，最大允许的未被平衡超高值(欠超高)，比照区间线路，定为 90 mm。

1.1.6　相关规范、规程与标准

1.《地铁设计规范》(GB 50157—2013)中“5 限界”“6 线路”“7 轨道”“8 路基”的相关规定。

2.《城市轨道交通技术规范》(GB 50490—2009)中“6 限界”“7 土建工程”的相关规定。

3. 广州地铁 1～5 号线行车组织规则中关于“限界”“线路”的相关规定。

4. 深圳市地铁车站值班员、地铁站务员职业技能鉴定考核标准。

典型工作任务 2 计算线路换算坡度，分析线路平纵断面对列车运行的影响

1.2.1 教学目标

1. 能力目标

能计算线路换算坡度，并评估线路平纵断面对列车运行速度的影响。

2. 知识目标

掌握线路平纵断面的组成要素，线路换算坡度的含义及计算方法。

3. 素质目标

严谨认真、准确计算，具有对旅客列车运行有安全责任意识的城市轨道交通行车工作素质。

1.2.2 工作任务

通过本任务，能计算线路换算坡度，并分析评估线路平纵断面参数对列车运行的具体影响。

1.2.3 所需配备

某一线路的实际平纵断面数据、计算器。

1.2.4 相关配套知识

1. 线路的平面

线路在空间的位置是用它的中心线来表示的。线路中心线是指距外轨半个轨距的铅垂线与两路肩边缘水平连线交点的纵向连线。线路中心线在水平面上的投影，叫做线路的平面，它表明线路的曲、直变化状态和走向；线路的平面由直线、圆曲线以及连接直线与圆曲线的缓和曲线组成。

(1)曲线

线路在转向处所设的曲线为圆曲线，其基本组成要素有：曲线半径 R，曲线转角 α，曲线长 L，切线长度 T，如图 1.18 所示。

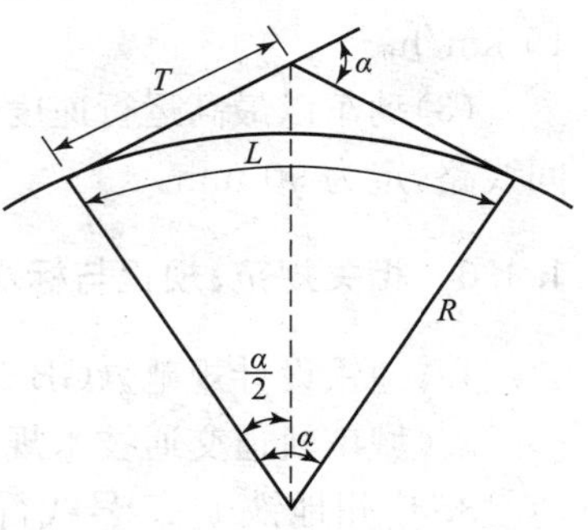

图 1.18 圆曲线要素

在线路设计时，一般是先设计出 α 和 R，再按下式计算出 T 及 L：

$$T=R\cdot\tan\frac{\alpha}{2}\qquad(\text{m})$$

$$L=\frac{\pi}{180}\cdot R\cdot\alpha\qquad(\text{m})$$

曲线半径愈大，行车速度愈高，但工程量也愈大，工程费用愈高。

小半经曲线地段需要适当限速运行，当列车通过曲线时，为了提高运营安全性与乘车旅客

的舒适性，在圆曲线地段应根据曲线半径和实测行车速度，在曲线外股钢轨合理设置超高 H，$H=11.8\,v^2/R$(mm)(v 为列车运行平均速度)，曲线超高一经设定则不能任意调整，《地铁设计规范》规定地铁最大超高为 120 mm。

线路直线与圆曲线往往不是直接相连的，中间要加一段缓和曲线。地铁或轻轨曲线半径宜从大到小选择，最大不超过 3 000 m，当曲线半径小于 400 m 时，轮轨磨损大、噪声大，应尽量少用。为了使列车按规定速度安全平稳运行，需要根据行车速度、车辆轮对有关尺寸等因素规定线路曲线的最小半径。线路曲线半径最小值是地铁主要技术标准之一，根据国家标准《地铁设计规范》规定，线路平面圆曲线最小由线半径应符合表 1.3 的规定。

表 1.3　地铁或轻轨线路平面圆曲线最小曲线半径　　单位：m

车型 / 线路	A 型车		B 型车	
	一般地段	困难地段	一般地段	困难地段
正　线	350	300	300	250
联络线、出入线	250	150	200	150
车场线	150	—	150	—

注：除同心圆曲线外，曲线半径应以 10 m 的倍数取值。

(2)缓和曲线

为保证列车安全，使线路平顺地由直线过渡到圆曲线或由圆曲线过渡到直线，以避免离心力的突然产生和消除，常需要在直线与圆曲线之间设置一个曲率半径变化的曲线，这个曲线称为缓和曲线，如图 1.19 所示为设有缓和曲线的线路。

缓和曲线的特征为：从缓和曲线所衔接的直线一端起，它的曲率半径 ρ 由无穷大逐渐减小到它所衔接的圆曲线半径 R。它可以使离心力逐渐增加或减小，不致造成列车强烈的横向摇摆，这对改善运营条件、保证行车安全和平顺都有很大的作用，如图 1.20 所示。

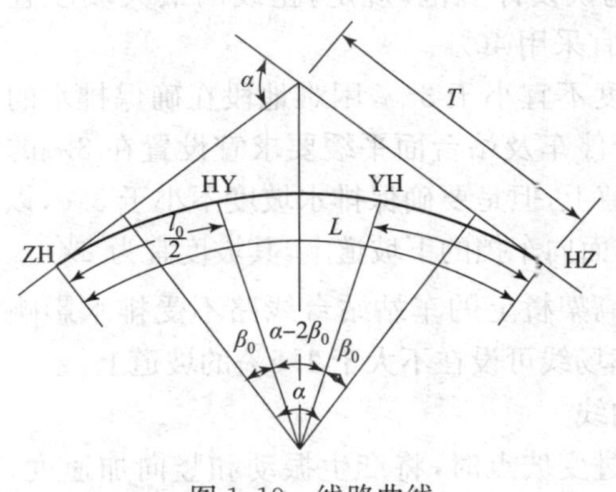

图 1.19　线路曲线

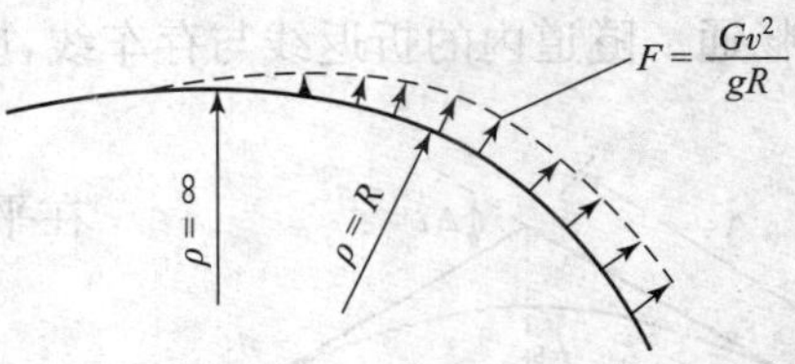

$F=\frac{Gv^2}{gR}$　$\rho=\infty$　$\rho=R$

图 1.20　离心力变化示意图

《地铁设计规范》规定，缓和曲线长度为 20～85 m，即不短于一节车辆全轴距长。

(3)夹直线

两相邻曲线，转向相同，称为同向由线；转向相反，称为反向曲线。两条相邻曲线间应设置一定长度的直线，以保证列车运行的平稳。车辆运行在同向曲线上，因相邻曲线半径不同，超高高度不同，车体内倾斜度不同；车辆运行在反向曲线上，因两曲线超高方向不同，

车体时而向左倾斜，时而向右倾斜，这两种情况都会造成车体摇晃振动。为了保证运营安全，提供平稳的行车条件，线路不宜连续设置多个曲线，并在曲线之间必须保证足够长度的夹直线。

《地铁设计规范》规定，在正线与辅助线上夹直线长度不应小于 20 m，在车场线上夹直线长度不应小于 3 m。

2. 线路的纵断面

线路中心线展直后在铅垂面上的投影，叫线路的纵断面，它可表明线路的坡度变化。线路纵断面由平道、坡道及设于变坡点处的竖曲线组成。

(1)坡道的坡度

坡度是一段坡道两端点的高差 H 与水平距离 L 之比，用 i‰表示，如图 1.21 所示。

$$i = 1\ 000\,\frac{H}{L} = 1\ 000\ \tan\alpha$$

式中　i——坡度值；

α——坡道段线路中心线与水平线夹角。

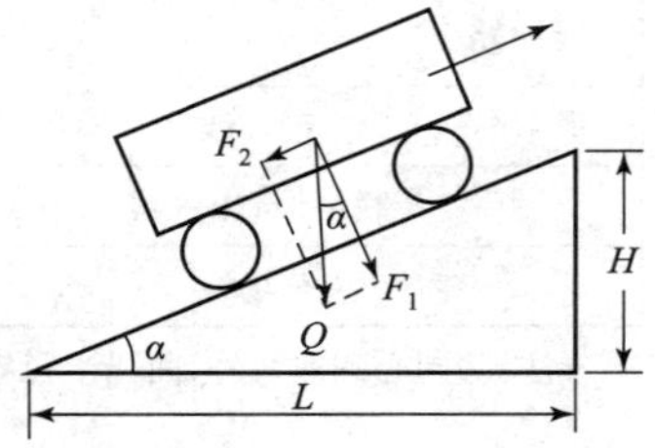

图 1.21　坡道坡度及坡道附加阻力示意图

线路根据地形的变化，有上坡、下坡和平道。上、下坡是按列车运行方向来区分的，通常用"＋"号表示上坡，用"－"号表示下坡，平道用"0"表示。例如，＋4‰是表示线路每 1 000 m 的水平距离升高 4 m；－4‰则表示线路每 1 000 m 的水平距离降低 4 m。

线路纵断面上坡度的变化点，叫变坡点。相邻变坡点间的距离，叫坡段长度。地铁或轻轨线路纵坡长度不小于远期列车长度，还应满足两相邻竖曲线间的夹直线坡段长度不小于 50 m。

地铁线路尽可能采用较平缓的坡度。一条线路最大坡度的确定，必须考虑各类车辆在最大坡道上停车时的启动与防溜，同时考虑必要的安全系数。

最大坡度也是地铁主要技术标准之一，《地铁设计规范》规定，正线的最大坡度宜采用 30‰，困难地段可采用 35‰，辅助线的最大坡度宜采用 40‰。

地铁隧道线路考虑排水需要，正线最小坡度不宜小于 3‰，困难地段在确保排水的条件下，可采用小于 3‰的坡度。车站站台线路由于停车及站台面平缓要求宜设置在 3‰的坡道上，困难条件下可设置在 2‰或不大于 5‰的坡道上，但是要确保排水坡度不小于 3‰，以利于排水畅通。隧道内的折返线与存车线，应布置在面向车挡的下坡道上，其坡度宜为 2‰。

地面及高架桥上的车站站台线路不受排水影响宜设在平坡上，车场线可设在不大于 1.5‰的坡道上。

(2)竖曲线

车辆经过变坡点时，将产生振动和竖向加速度，引起旅客不舒适，同时由于坡度变化，车钩会产生一种附加应力，车辆经过凸凹地点时，相邻车辆处在不同坡道上，易产生车钩上下错移。为保证列车运行平稳，防止脱钩、断钩，应在相邻坡段间用一圆顺曲线连接，使列车顺利地由一个坡段过渡到另一个坡段，这个纵断面上变坡点处所设的曲线，叫做竖曲线，如图 1.22 所示。

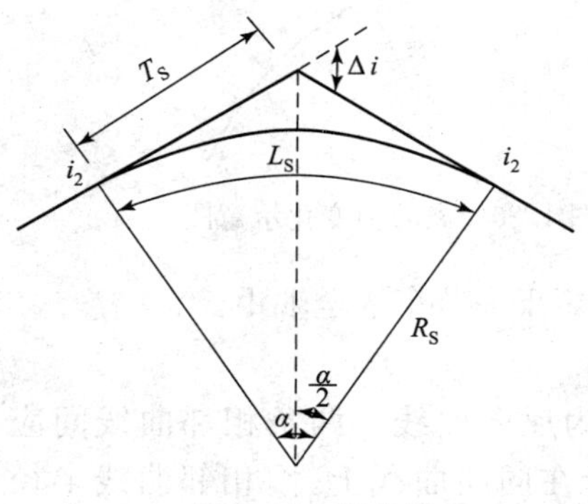

图 1.22　竖曲线

由上图可知，竖曲线切线长 T_S 为

$$T_S = R_S \cdot \tan\frac{\alpha}{2} = \frac{1}{2\ 000}R_S \cdot \Delta i \qquad (\mathrm{m})$$

式中　Δi——相邻坡段坡度代数差的绝对值。

竖曲线曲线长(Ls)：$Ls \approx 2Ts$

地铁或轻轨线路中，两相邻坡段的坡度代数差等于或大于 2‰时，应设竖曲线。竖曲线就是纵断面上的圆曲线，竖曲线的曲线半径采用见表 1.4。

表 1.4　竖曲线半径　　单位：m

线　别		一般情况	困难情况
正线	区间	5 000	2 500
	车站端部	3 000	2 000
联络线、出入线、车场线		2 000	

《地铁设计规范》规定，车站站台和道岔范围不得设置竖曲线，竖曲线离开道岔端部的距离不应小于 5 m。

3. 曲线附加阻力

(1)基本阻力

基本阻力指列车在空旷地段沿平、直轨道运行时所受到的阻力，包括车轴与轴承之间、轮轨之间以及钢轨接头对车轮的撞击阻力等。基本阻力在列车运行时总是存在的。

(2)附加阻力

附加阻力指列车在线路上运行时，受到的额外阻力，如坡道阻力、曲线阻力、起动阻力等。附加阻力随列车运行条件或线路平、纵断面情况而定，阻力方向与列车运行方向相反。

(3)曲线附加阻力的计算

当列车通过曲线时，由于惯性力的作用，外侧车轮轮缘紧压外轨，使其磨耗增大。又由于曲线外轨长于内轨，外轮在外轨上的滑行等原因，运行中的列车所受阻力比在直线上所受阻力大，两者之差称为曲线附加阻力。

曲线附加阻力与列车重量之比，叫单位曲线附加阻力，用 w_r 来表示，它的大小通常用试验公式求得：

当曲线长度≥列车长度，列车整列运行在曲线上[如图 1.23(a)所示]时，

$$w_r = \frac{600}{R} \quad (\mathrm{N/kN}) \quad \text{或} \quad w_r = \frac{10.5\alpha}{L_r} \quad (\mathrm{N/kN})$$

当曲线长度<列车长度，列车只有一部分运行在曲线上[如图 1.23(b)]时，

$$w_r = \frac{600}{R} \times \frac{L_r}{l} \quad (\mathrm{N/kN}) \quad \text{或} \quad w_r = \frac{10.5\alpha}{l} \quad (\mathrm{N/kN})$$

式中　600——实验常数；

L_r——曲线长度，m；

R——曲线半径，m；

l——列车长度，m 。

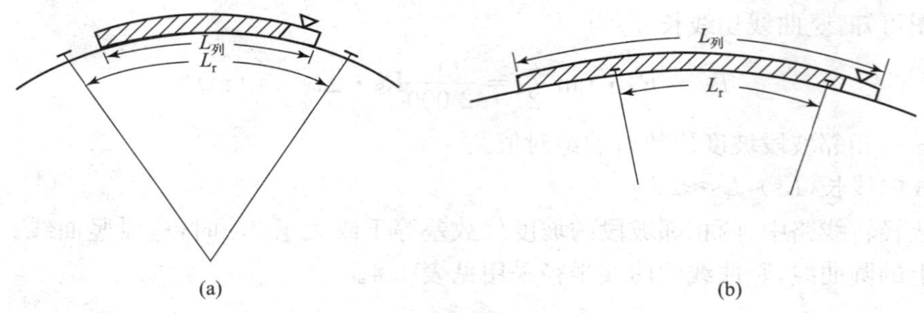

图 1.23　列车位于曲线上

同理,列车同时运行在几个曲线上时:

$$w_r = \frac{600}{R_1} \times \frac{L_{r1}}{l} + \frac{600}{R_2} \times \frac{L_{r2}}{l} + \cdots\cdots \qquad (\text{N/kN})$$

从式中可知,曲线阻力与曲线半径成反比。曲线半径越小,曲线阻力越大,运营条件就越差,说明采用大半径曲线对列车运行的影响较小。而小半径曲线亦具有容易适应地形困难的优点,对工程条件有利。因此,在设计地铁路线时,必须根据地铁线路所允许的载客列车的最高运行速度,由大到小合理地选用曲线半径。

根据 $\omega_r = 600/R$ 可知曲线半径愈小,曲线附加阻力愈大,还会给运营工作带来以下不利影响:

①限制行车速度。从列车通过曲线的最大允许速度 $v_{\max} = \sqrt{\dfrac{R(h+\Delta h)}{11.8}} \approx 4.3\sqrt{R}$ 可知,列车通过曲线的最大允许速度与曲线半径的平方根成正比。曲线半径愈小,列车通过曲线的速度受到的限制也愈大。

②增加轮轨磨耗。列车运行在曲线上时,由于内侧与外侧钢轨长度不等,使车辆的内轮与外轮在钢轨上产生相对纵向滑行,钢轨与轮缘磨耗增加。曲线半径愈小,这种磨耗愈严重。

③增加轨道设备。列车运行在曲线上时,为防止外轮对外轨挤压而引起的轨距扩大以及钢轨带动轨枕在道床上的横向移动,对小半径曲线地段的轨道应增加轨枕根数,加设轨距杆、轨撑。

④增加轨道养护维修费用。小半径曲线地段的轨距、水平、方向都极易发生变位,因此养护维修工作量较大,增加了养护维修费用。

4. 坡道附加阻力

列车在坡道上行驶时其重量 Q 可以分解为 F_1 和 F_2 两个分力(如图 1.20 所示),平行于坡面的 F_2 即为坡道的坡度引起的坡道附加阻力。

$$F_2 = Q_g \cdot \sin\alpha(\text{kN}) = Q_g \cdot \tan\alpha(\text{kN}) = Q_g \cdot 1\,000\tan\alpha(\text{N}) = Q_g \cdot i(\text{N})$$

坡道附加阻力与列车重量之比,叫做单位坡道附加阻力,用 ω_i 来表示。

当列车整列位于坡道上时:

$$w_i = \frac{F_2}{Q_g} = \frac{Q_g \cdot i}{Q_g} = i \qquad (\text{N/kN})$$

当列车一部分位于坡道上,而另一部分位于平道上时:

$$w_i = \pm i \times \frac{L_i}{l} \qquad (\text{N/kN})$$

列车在线路上运行,有时上坡,有时下坡,所以坡道附加阻力也有正、负。上坡时,坡道附

加阻力与列车运行方向相反，坡道附加阻力为正；下坡时，坡道附加阻力与列车运行方向相同，坡道附加阻力为负，负阻力也就是加速力。

5. 换算坡度

如果在坡道上有曲线，列车在坡道上运行时所遇到的单位附加阻力应为单位曲线附加阻力与单位坡道附加阻力之和。由于曲线附加阻力无负值，而坡道附加阻力有正、负之分，所以总单位附加阻力：

$$w_{总}=w_r+w_i \quad (N/kN)$$

根据前述的 $w_i=\pm i$ 的对应关系，将总的单位附加阻力换算为坡度，则有

$$i_{换}‰=(w_r+w_i)‰=(i_r\pm i)‰$$

如此求得的坡度，称为换算坡度，又称加算坡度。由此可知，当坡道上有曲线时，列车上坡运行时坡道就显得更陡；而下坡运行时，坡道则显得平缓了。

【例】 试按图 1.23 所示资料（列车长 800 m），求列车运行在 BC 段的换算坡度。

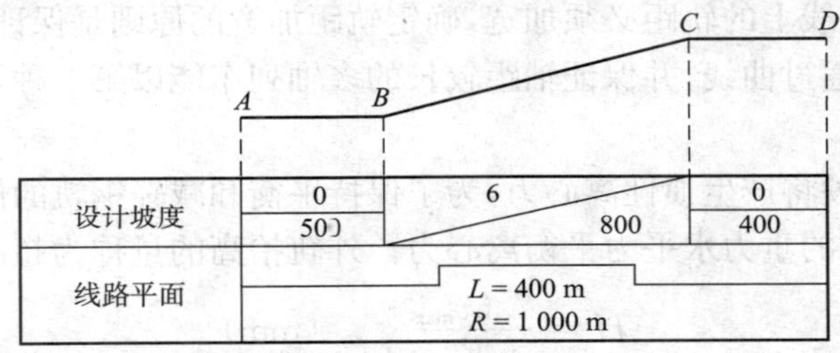

【解】 列车上坡运行时的换算坡度

$$i_{换}^{BC}‰=(\bar{\omega}_r+\bar{\omega}_i)‰=\left(\frac{600}{1\ 000}\times\frac{400}{800}+6\right)‰=6.30‰$$

列车下坡运行时的换算坡度

$$i_{换}^{BC}‰=(\bar{\omega}_r+\bar{\omega}_i)‰=\left(\frac{600}{1\ 000}\times\frac{400}{800}-6\right)‰=-5.70‰$$

所以，BC 段的换算坡度上坡时为 6.30‰，下坡时为－5.70‰。

1.2.5　知识拓展——轨道的平顺

1. 直线地段轨道的标准轨距

我国规定的直线地段轨道的标准轨距为 1 435 mm，用道尺测量轨距的允许误差为－2～＋6 mm，轨距变化率不得大于 3‰。轮对宽度要略小于轨距，使轮缘与钢轨内侧保持必要的间隙，以利于在轨道上行驶的车辆轮对能顺利通过。轮对左右两车轮内侧面之间的距离加上两个轮缘厚度为轮对宽度。

2. 高低要求

直线地段两股钢轨顶面应保持同一高度，使两根钢轨负荷均匀。也允许有一定误差，可根据线路等级不同，分别不大于 4～6 mm。轨道在一段不太长的距离内不允许左右两轨高差交替变化，形成三角坑，以致引起列车剧烈摇晃，甚至引起脱轨事故。

轨道纵向的平顺情况称为高低，若高低不平，将增大列车通过时的冲击力，对轨道的破坏力增大。根据相关规定，经过维修或大修的正线或到发线轨道，前后高低差用 10 m 弦量不得超过 4 mm。

轨道方向应远视顺直,若直线不直,方向不良,会造成列车蛇行运动。在无缝线路地段,还会诱发胀轨跑道。

3. 曲线外轨超高

曲线地段轨道的内、外股钢轨的顶面应保持一定高差,两轨间的距离要比直线路段加宽,同时在曲线两端与直线连接处应设置缓和曲线。

车辆进入曲线轨道时,因惯性作用,仍然要保持原来的行驶方向,当前轴外轮碰到外轨,受到外轨引导时,才沿着曲线轨道行驶。这时车辆的转向架与曲线在平面上保持一定的位置和角度。车辆运行在曲线上,可能会出现三种情况,第一种情况是:当轨距足够宽时,只有前轴外轮的轮缘受到外轨的挤压力或称导向力,后轴则居于曲线半径方向,两侧轮缘与钢轨间有一定的间隙,行车阻力最小;第二种情况是:当轨距不够宽时,后轴的内轮轮缘也将受到内轨的挤压,产生第二导向力,行车阻力较前者大为增加;第三种情况是:轨距更小时,前后轴同时受内外轨挤压,车轮被楔在两轨之间,不仅行车阻力大,甚至可能把轨道挤开。

为此,在小半径曲线上的轨距必须加宽,确定轨距加宽的原则是保证最常用的车辆转向架能以第一种情况自由通过曲线,并保证轴距较长的多轴列车能以第二种情况通过,而不致出现第三种情况。

列车在曲线上行驶将产生惯性离心力,为了保持平衡和减轻钢轨的侧面磨耗,须将外轨抬高,利用车体内倾产生的重力水平力平衡离心力。外轨抬高的量称为超高,用下式估算:

$$H=\frac{7.6v_{\max}^2}{R} \qquad (\mathrm{mm})$$

式中 $v_{\max}$——列车设计最高运行速度,km/h;

R——曲线半径,m。

上式虽以列车最大时速表示,实际是代表列车平均运行时速的近似估算式。所以,当列车运行速度大于平均时速,由于超高不足(欠超高)而产生未被平衡的离心加速度,为满足旅客的舒适度,这一值不得超过 0.4~0.5 m/s^2,对应的欠超高一般不超过 60~75 mm,在特殊困难情况可达 90 mm。

直线与圆曲线间要设置曲率渐变的缓和曲线,使圆曲线的轨距加宽及外轨超高在缓和曲线范围内逐渐完成,缓和曲线的曲率从零变至与圆曲线曲率相等,是一个渐变的过程,相应的超高也是渐变的,车体在缓和曲线内所受的离心力和向心力也是渐变的。

1.2.6 相关规范、规程与标准

1.《地铁设计规范》(GB 50157—2013)中“5 限界”“6 线路”“7 轨道”“8 路基”的相关规定。

2.《城市轨道交通技术规范》(GB 50490—2009)中“6 限界”“7 土建工程”的相关规定。

3. 广州地铁 1~5 号线行车组织规则中关于“限界”“线路”的相关规定。

项目小结

线路是行车的基础,是重要的行车设备,从事运营管理的人员必须认知线路设备,掌握线路对运营工作的影响。线路平纵断面和线路标志、高架结构与地下隧道、轨道、限界等知识是从事轨道交通运营管理人员必须掌握的基础知识,其中手摇道岔等职业技能是运营管理人员

必须掌握的关键技能之一。

本项目重点学习以下内容：

(1)线路的组成，常见的路基横断面。

(2)线路的平面。内容包括线路平面的概念、组成、作用和曲线要素的计算及其与行车速度的关系；特别地，为更好地理解和掌握线路的平面与运营工作的相互关系，拓展了曲线附加阻力的计算和分析了曲线给运营工作带来的不利影响。此外，介绍了城市轨道交通线路的分类和选线等知识。

(3)线路的纵断面。内容包括线路纵断面的概念和组成要素及不同线路及其平纵断面对行车的影响；同样地，为更好地理解和掌握线路的纵断面与运营工作的相互关系，拓展了坡道附加阻力和换算坡度的计算方法。

(4)轨道的组成及各部分的作用。除介绍钢轨的组成和曲线外轨超高等知识外，重点讲述了道岔的定义、组成和道岔用中心线表示法及道岔的几何要素，道岔的选用方法，道岔对行车速度的影响等知识。

(5)限界。学习限界的概念、分类和限界图，简要介绍了地下隧道和高架结构工程。

复习思考题

1. 城市轨道交通线路由哪几部分组成？其分类是怎样的？

2. 什么是限界？城市轨道交通线路限界包括哪几种？

3. 单开道岔由哪几部分组成？各部分的作用分别是什么？画出一副普通左开单开道岔示意图，并在图上标注各组成部分和主要部件。

4. 道岔对列车运行有何影响？

5. 轨道主要由哪些部件组成？轨道的作用是什么？

6. 什么是手摇道岔“六步曲”？

7. 线路平面的组成要素有哪些？

8. 线路纵断面的组成要素有哪些？

9. 什么是线路换算坡度？

10. 什么是曲线附加阻力？

项目2 车　　站

项目描述

车站是城市轨道交通系统的重要建筑物，又是客流集散的场所，它具有供旅客候车、乘降、换乘、人防的功能，某些车站还需要提供折返、停车检修、临时待避功能。为保证上述功能的实现，车站通常有通风、照明、卫生、防灾等设备，并努力为旅客提供安全、舒适、清洁的环境。通过本项目的学习，使学习者对城市轨道交通的车站功能、布局有一个全面的了解。本项目设两个典型工作任务，第一个工作任务，考察一条城市轨道交通线路的车站，分析不同车站技术设备对车站工作的影响；第二个工作任务，学习考察城市轨道交通车站，以具体车站为例，绘制车站站厅、站台层平面示意图，标注乘客进出站流线。

拟实现的教学目标

1. 能力目标

能画出简单的车站站场平面示意图，并标注正线、站线；能分析车站布局，以具体车站为例，绘制车站站厅、站台层平面示意图，标注乘客进出站流线。

2. 知识目标

掌握车站组成、分类及分等，明确不同线路在车站运营工作中的使用，会画车站线路布置平面示意图，掌握线路编号和道岔编号、线间距；明确车站功能，掌握车站布局对进出站乘客流线、紧急疏散乘客流线的影响。

3. 素质目标

培养城市轨道交通车站安全、优质服务意识。

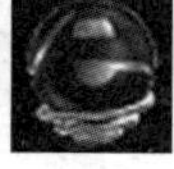

相关案例——“十”字换乘与“＝”字换乘对客流的影响

中国城市绝大多数地铁线路都是十字交叉，两线的换乘阶段，乘客需经历下车，进入站台[站厅(甚至出站)]再上车，考虑到有些车站客流本身就大，再加上换乘客流，高峰期必然使客流拥堵问题凸显；其次部分换乘客流停滞也会加剧拥堵问题，换乘是地铁乘坐当中较大的一个问题。最明显的如北京地铁某两条线交叉点，在此换乘另一地铁线需要 15 min 的步行时间，大客流长时间在站内，对车站客流组织和各种设备的运行带来极大压力，甚至可能因换乘引起拥堵。对于换乘引起的拥堵，香港地铁“＝”字换乘比较巧妙地解决了这一难题。香港地铁在换乘时，一般有两个以上相邻站点可供换乘选择，这样就有效分流了客流，而国内其他城市，很多地铁线路两条线的换乘只有一个站点，例如广州 1、2 号线，只有公园前一个换乘站，在同样的客流情况下，一个站的换乘显然比两个压力更大。除此之外，车站采用同台换乘比站厅换乘更能快速疏散客流。

典型工作任务1
分析不同车站技术设备对车站工作的影响

2.1.1 教学目标

1. 能力目标

能画简单的车站站场平面示意图，并标注正线、站线。

2. 知识目标

掌握车站组成、分类及分等，明确不同线路在车站运营工作中的使用，会画车站线路布置平面示意图，掌握线路编号和道岔编号、线间距。

3. 素质目标

培养城市轨道交通车站安全、优质服务意识。

2.1.2 工作任务

通过本任务，掌握车站组成，会画车站线路布置平面示意图，掌握线路编号和道岔编号、线间距。

2.1.3 所需配备

城市轨道交通已投入运营的一条线路的各种车站，包括起点站、终点站、换乘站。

2.1.4 相关配套知识

1. 城市轨道交通车站设计原则

(1)站址的选择

应满足城市轨道交通线路设计及运营的要求，并且同时考虑城市公共交通组织和城市规划的要求。因此，需要城市轨道交通的主管部门、城市建设管理部门以及设计部门互相协调，使站间距适宜。

地下铁道的车站在整个城市轨道交通系统中，土建投资所占的比重较大，同时又是客流汇集场所，要求具有良好的通风、照明和卫生设施，所以要合理设计好车站。

(2)车站规模

车站规模指车站外形尺寸大小、层数和站房面积多少，它直接决定着车站的外形尺寸及整个车站的建筑面积等，决定车站规模的主要因素是客流量。根据预测出的近期和远期客流量，来估算车站乘客的集散量和设备容量。

一般车站在高峰期1 h内，集中了全日乘降人数的10%～15%，但由于车站所在地区的不同，如居民、商业区等，其乘降人数的集中程度不相同，所以在规划时要充分做好预测工作，并考虑城市轨道交通启用后客流分布所发生的变化。

(3)车站布置

车站布置要方便乘客使用,迅速进出站,并且要有良好的通风、照明、卫生、防火等设备条件,以提供旅客安全和舒适的乘降环境。

(4)建筑设计

地面、高架和地下车站所处的位置不同,其建筑设计应各具特色,因地制宜地考虑建筑风格,力求与城市景观相协调。在设计时,应力求规范化和标准化,充分采用新技术、新工艺和新材料。

2. 车站的数量及其分布

(1)车站分布原则

①应尽可能靠近大型客流集散点,为乘客提供方便的乘车条件。

②在城市交通枢纽、地铁线路之间与其他轨道交会处设置车站,使之与道路网及公共交通网密切结合,为乘客创造良好的换乘条件。

③应与城市建设密切结合,与旧城房屋改造和新区土地开发结合。

④尽量避开地质不良地段,尽可能减少对周围环境的干扰。

⑤兼顾各车站间距离的均匀性。

(2)影响车站分布的因素

①大型客流集散点。

②城市规模大小。

③城区人口密度。

④线路长度。

⑤城市地貌及建筑物布局。

⑥轨道交通路网及城市道路网状况。

⑦对站间距离的要求。

(3)车站分布对市民出行时间的影响

车站数目的多少,直接影响市民乘地铁的出行时间。车站多,市民步行到站距离短,节省步行时间,可以增加短程乘客的吸引量;车站少,则恰恰相反,提高了交通速度,减少乘客在车内的时间,可以增加线路两端乘客的吸引量。市民出行对交通工具的选择,快捷省时条件排在第一位。例如,芝加哥市滨湖线的不同站间距比较,结果是大站距(1.6 km)比小站距(0.8 km)多吸引客流量3%。

(4)车站分布比选

由于车站造价高,车站数量对整个轨道交通的工程造价影响较大,在进行线路规划时,一般要做2～3个车站数量与分布方案的比选,比选时要分析乘客使用条件、运营条件、周围环境以及工程难度和造价等几个方面,通过全面、综合地评价,确定推荐方案。

(5)车站站位选择原则

①方便乘客使用。

②与城市道路网及公共交通网密切结合。

③与旧城房屋改造和新区土地开发结合。

④方便施工,减少拆迁,降低造价。

⑤兼顾各车站间距离的均匀性。

3. 车站位置与路口关系

(1)跨路口站位(如图 2.1 所示)

这种站位便于各个方向的乘客进入车站,减少了路口人流与车流的交叉干扰,而且与地面公交线路有良好的衔接。在有条件时应优先选用。

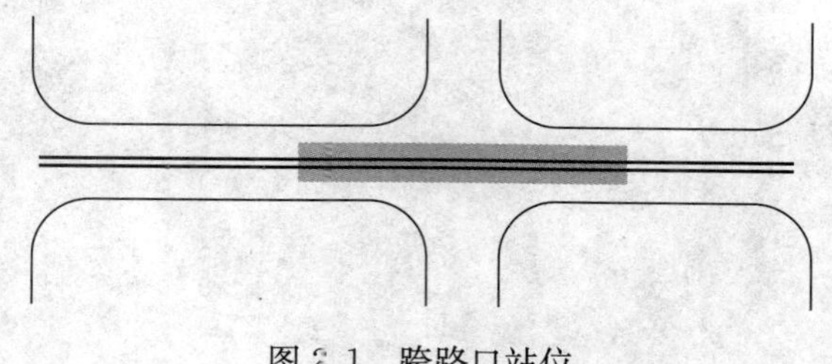

图 2.1 跨路口站位

(2)偏路口站位(如图 2.2 所示)

这种站位偏路口一侧设置,施工时可减少对城市地面交通以及对地下管线的影响,高架时,较容易与城市景观相协调。不过,其缺点是路口客流较大时,容易使车站两端客流不均衡,影响车站的使用功能。一般在高架线或路口施工难度较大时采用。

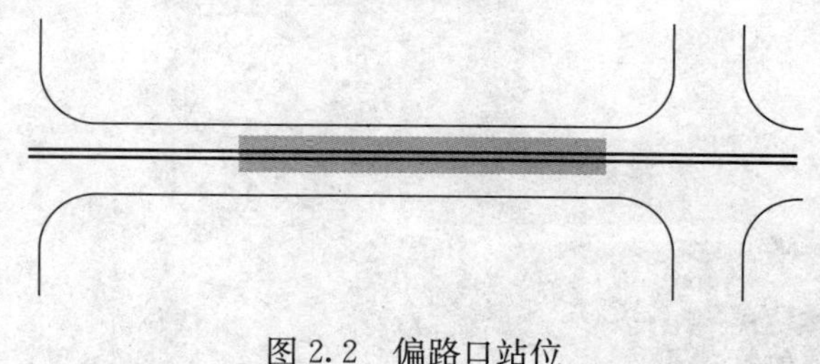

图 2.2 偏路口站位

(3)位于道路红线以外站位

典型的站位是设于火车站站前广场或站房下,以利于客流换乘;与城市其他建筑同步实施,和新开发建筑物相结合;结合城市交通规划,建设城市综合交通枢纽等。

4. 车站的分类

按不同的角度划分,城市轨道交通车站可分为不同的种类。

(1)按车站空间位置分类

按车站的空间位置进行划分,城市轨道交通车站有地下站、地面站和高架站三种形式。

①地下站

受地面建筑群的影响,轨道交通线路设置于地下,其车站也随之设置于地下,主要为节省地面空间。一般由地面出入口(如图 2.3 所示)、地下站厅及地下站台组成。地下车站中站厅站台不同层的车站较为常见。根据其埋深,又可分为:浅埋式车站和深埋式车站两种。在造价方面比较,埋深越大的车站,造价越高。

②地面站(如图 2.4 所示)

地面站设置在地面层。由于占用地面空间,最容易造成轨道交通线路所经过的地面区域分割,所以,一般在城乡结合部采用此类型的车站,它最大的优点是造价低。

图 2.3　地下站(出入口)

图 2.4　地面站

③高架站(如图 2.5 所示)

高架站是轨道交通线路架空,置于高架桥梁的桥面的车站。除了线路和站台架空在地面上以外,站厅、办公用房、生产用房等通常设在地面上,一般位于线路和站台的下层,在结构上比较简单,造价大大低于地下站。

图 2.5　高架站

(2)按车站运营功能分类

车站按其运营功能,即主要用途的不同,可分为中间站、换乘站和终点站等,如图 2.6 所示。

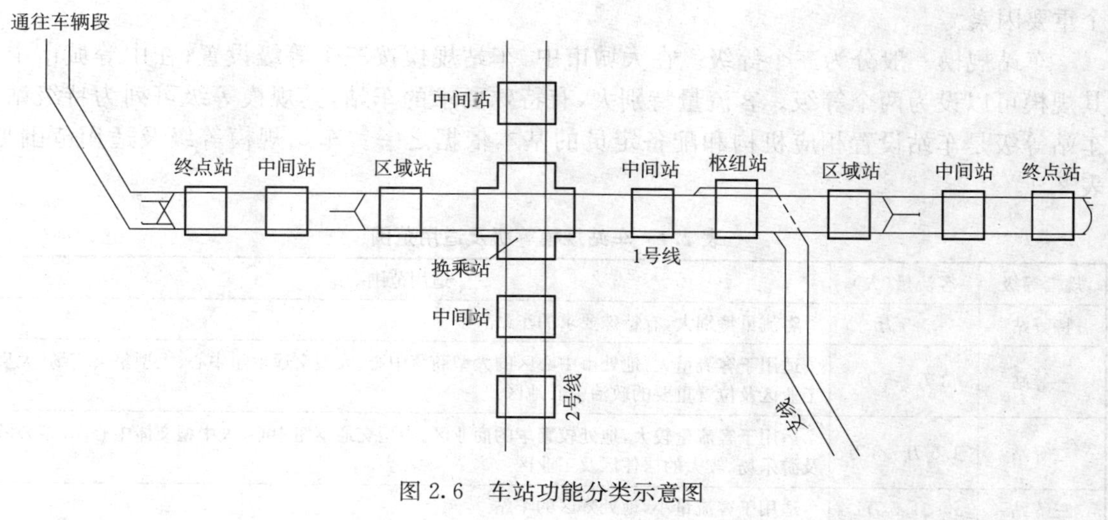

图 2.6　车站功能分类示意图

①中间站

中间站功能单一,一般只供乘客乘降之用。有的中间站设有折返设备可供列车折返和进行列车运行调整,以便在相邻区段上组织密度不同的行车和恢复正常的列车运行秩序。轨道交通路网中的车站大多属于中间站。

②换乘站

换乘站在城市轨道交通线网中起着重要作用,是位于两条及两条以上线路交叉点上的车站。除供乘客乘降之用外,还供乘客由一条线路的列车换乘到另一条线路的列车上去。在设计换乘站时,应尽可能将换乘客流和到发客流分开。

换乘站按照布置形式不同可分为平面换乘和竖向换乘。平面换乘方式指的是换乘车站的水平投影所分布的形式,一般有"十"字形、"T"形、"L"形换乘、平行换乘和通道换乘等。

③区域站

区域站又称为折返站,是设在两种不同行车密度交界处的车站。站内有折返线和设备,区域站兼有中间站的功能。

④枢纽站

位于城市轨道交通线路分岔的地方,由此站分出另一条线路的车站。该站可接、送两条线路上的乘客。

⑤联运站

车站内设有两种不同性质的列车线路进行联运及客流换乘。联运站具有中间站及换乘站的双重功能。

⑥终点站

线路两端的车站,除供乘客上、下车外,还能供列车折返、停留和临时检修用,终点站一般设有多股停车线。

(3)按车站规模分类

车站规模主要指车站外形尺寸大小、层数及站房面积多少。

车站规模主要根据本站远期预测高峰小时客流量、所处的位置的重要性、站内设备和管理用房面积、列车编组长度及该地区远期发展规划等因素综合考虑确定。其中客流量大小是一个重要因素。

车站规模一般分为三个等级。在大城市中，车站规模按三个等级设置；在中等城市中，其规模可以设为两个等级。客流量特别大，有特殊要求的车站，其规模等级可列为特级站。车站等级是车站设置相应机构和配备定员的基本依据之一。车站规模等级及适用范围见表 2.1。

表 2.1 车站规模等级及适用范围

规模等级	客流量(人)	适用范围
特等站	＞5 万	客流量特别大，有特殊要求的车站
一等站	3 万～5 万	适用于客流量大，地处市中心区的大型商贸中心、大型交通枢纽中心、大型集会广场、大型工业区及位置重要的政治中心地区
二等站	1.5 万～3 万	适用于客流量较大，地处较繁华的商业区、中型交通枢纽中心、大中型文体中心、大型公园及游乐场、较大的居住区及工业区
三等站	＜1.5 万	适用于客流量小，地处郊区的车站

(4)按信号系统功能划分

车站可分为联锁站和非联锁站。联锁站是指具有信号联锁设备，一般可以监控列车运行、排列列车进路以及对列车的运行进行控制的车站。联锁站通常有道岔，非联锁站通常无道岔。

此外，车站还可按车站施工方法分为明挖站、暗挖站；按车站结构横断面形式分为矩形断面车站、拱形断面车站和圆形断面车站等形式。

5. 车站主要技术设备

(1)车站线路

车站线路包括正线、配线、折返线和存车线，是列车在站内到达、出发及停留，或进行折返作业的线路。考虑到轨道交通线路的行车特点，同时为了降低工程投资，车站配线非特别需要一般不设置。

在线路的终点站以及部分中间站上设置折返线及存车线，折返线的布置应尽可能地保证线路最大通过能力的实现。《地铁设计规范》规定，线路的每个终点站和区段运行的折返站，应设置折返线或渡线，它的折返能力应与该区段的通过能力相匹配。当两折返站相距过长时，宜在沿线每隔 3～5 个车站的站端加设渡线或车辆停放线。

①线路种类

a. 正线

正线是指连接车站并贯穿或直股伸入车站的线路，它直接与站外区间线路连接。部分地铁规定，正线是指载客运营的线路。

b. 折返线

(a)站前折返线(如图 2.7 所示)

指列车经由站前渡线折返。其优点为：站前折返时，列车空走少，折返时间较短，乘客能同时上下车,可缩短停站时间,减少费用;缺点为:这种方式存在一定的进路交叉,对行车安全有一定威胁,客流量大时,可能会引起站台客流秩序的混乱。

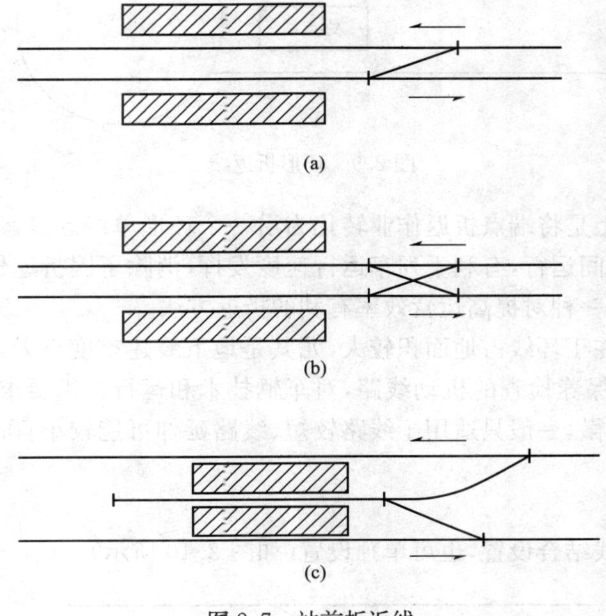

图 2.7　站前折返线

(b)站后折返线(如图 2.8 所示)

站后折返指列车由站后尽端折返线折返,可避免进路交叉。此外,列车还可采用经站后环线折返的方法。其优点为:安全性能好,站后列车进出站速度较高,有利于提高旅行速度;主要缺点在于列车折返时间较长。

站后渡线方法则可为短交路提供方便;除渡线折返外,还有环形折返,环形线折返设备可保证最大的通过能力,但占地较多,施工量大,钢轨在曲线上的磨耗也大。一般说来,站后尽端折返线折返是最常见的方式。

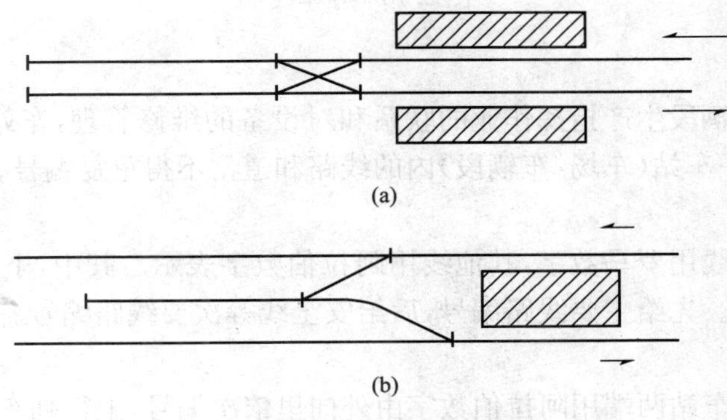

图 2.8　站后折返线

(c)环形折返线

环形折返线俗称灯泡线,如图 2.9 所示。

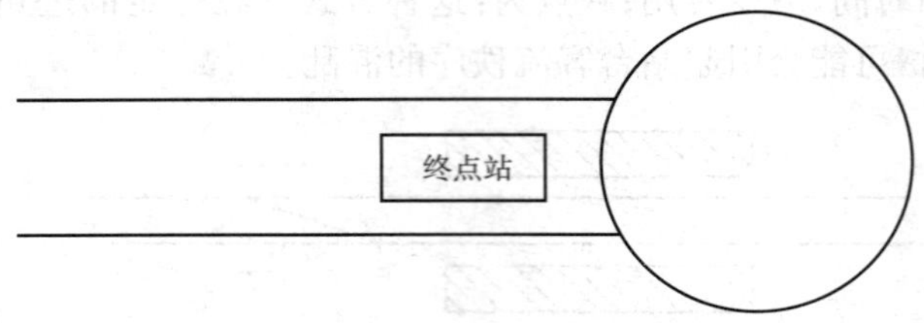

图 2.9　环形折返线

环形折返线实际上是将端点折返作业转化为沿一个环形单线区段运行的作业，实质上取消了折返过程，变为区间运行，有利于列车运行速度发挥，消除了因折返作业而形成的线路通过能力的限制条件，是一种对提高运营效率有利的折返方法。

环线折返的缺点在于环线占地面积较大，尤其是地下修建难度更大，投资较高；环线折返丧失了一端停车维护保养检查的机动线路，对车辆技术和运行组织要求更高，线路机动性下降，线路延伸可能性甚微，一般只适用于线路较短、线路延伸可能较小且该端点站又在地面的情况。

c. 存车线

存车线可与折返线结合设置，也可单独设置(如图 2.10 所示)。

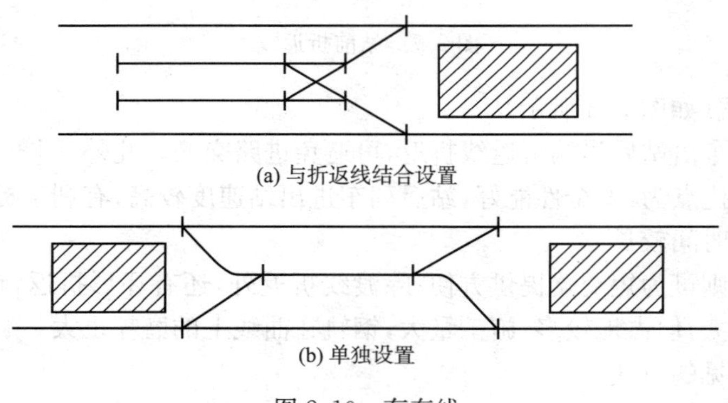

图 2.10　存车线

②线路道岔编号

为便于车站或车辆段生产指挥作业的联系和对设备的维修管理，车站对车站所属线路和道岔会进行编号，同一车站(车场/车辆段)内的线路和道岔不得重复编号。

a. 线路编号

线路编号一般正线用罗马数字，其他线用阿拉伯数字表示。其中，下行正线一侧用单数，上行正线一侧用双数。先给主要线路编号，后给安全线等次要线路编号。

b. 道岔编号

道岔编号一般从车站两端用阿拉伯数字由外向里依次编号，上行列车到达一端编为双数，下行列车到达端编为单数，同一渡线或梯线上的道岔应连续编号。

③线间距

线间距是指两相邻线路中心线之间的距离。线间距应能保证行车和车站工作人员工作时的安全，它是根据限界、线路是否通过装载超限货物的列车以及股道是否装设信号机、水鹤等设备，并考虑留有适当的余地来确定的。

站内正线与其他站线之间的最小线间距为 5 m，复线区间正线的最小线间距规定为 4 m，曲线部分的线间距应根据曲线加宽进行适当加宽。

(2)站台

站台(如图 2.11 所示)是供列车停靠和乘客候车、乘车及上、下车的地方。

①站台形式

站台形式有岛式、侧式和混合式三种，如图 2.12 所示。

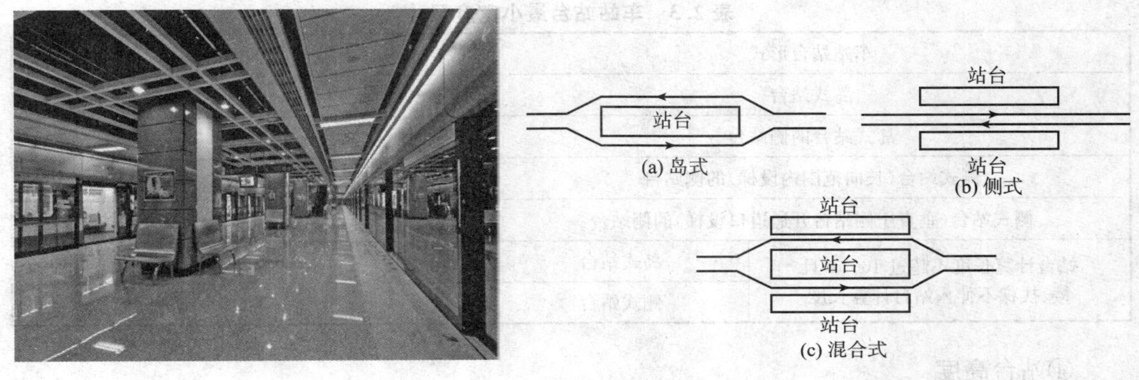

图 2.11 地铁站台　　图 2.12 站台形式

车站采用的站台形式绝大多数为岛式站台与侧式站台两种。现将两种站台的优缺点比较列于表 2.2。

表 2.2 岛式站台与侧式站台优缺点比较

项　目	岛式站台	侧式站台
站台使用	站台面积利用率高，可调节客流，乘客有乘错车的可能	站台面积利用率低，不能调节客流，乘客不易乘错车
站台设置	站厅与站台需设在两个不同高度上，站厅跨过线路轨道	站厅与站台可以设在同一高度上，站厅可以不跨过线路轨道
站内管理	管理集中，联系方便	站厅分设时，管理分散，联系不方便
乘客中途折返	乘客中途改变乘车方向比较方便	乘客中途改乘车方向不方便，需经天桥或地道
改扩建难易性	改建扩建时，延长车站很困难，技术复杂	改建扩建时，延长车站比较容易
站内空间	站厅、站台空间宽阔完整	站厅分设时，空间分散，不及岛式车站宽阔
喇叭口设置	需设喇叭口	不设喇叭口
造　价	较高	较低

②站台长度

站台长度根据远期列车长度确定，考虑到列车停车时位置的不准确和车站值班员、司机对确认信号的需要，站台长度一般还需预留 2～6 m。站台长度应为远期列车编组长度加上允许的停车不准确距离。

对于远期列车编组在 6～8 辆的轨道交通系统，站台长度一般在 130～180 m。

③站台宽度

站台有效宽度主要根据车站远期预测高峰小时客流量大小、列车运行间隔时间、结构横断面形式、站台形式、站房布置、楼梯及自动扶梯位置等因素综合考虑确定。同时,应扣除安全带及柱子、坐椅等占用宽度。确定站台宽度的主要依据是高峰小时的客流量。在高峰小时内车站汇集了全日乘客人数的10%~15%,同时在高峰小时内客流也不均匀。

岛式站台宽度一般为10~15 m,侧式站台宽度一般为4~6 m。我国《地铁设计规范》(GB 50157—2013)中规定了车站站台的最小宽度尺寸,见表2.3。

表2.3 车站站台最小宽度尺寸

车站站台形式		站台最小宽度(m)
岛式站台		8.0
岛式站台的侧站台		2.5
侧式站台(长向范围内设梯)的侧站台		2.5
侧式站台(垂直于侧站台开通道口设梯)的侧站台		3.5
站台计算长度不超过100 m且楼、扶梯不伸入站台计算长度	岛式站台	2.0
	侧式站台	3.0

④站台高度

站台高度是指线路走行轨顶面至站台地面的高度,与车型有关。站台与车厢地板面同高,称为高站台;站台比车厢地板面低一两个台阶,称为低站台。我国生产的轻轨样车,车厢地板面到轨顶面的高度为950 mm,车辆第一踏面距轨面650 mm,所以站台高度900 mm为高站台,650 mm或400 mm为低站台。采用高站台时,考虑到由于车辆弹簧的挠度,在最大乘车效率时,车厢地板下沉的范围在100 mm以内,故高站台高度宜低于车厢地板面50~100 mm为宜。

⑤轨道中心到站台边缘距离

轨道中心到站台边缘的距离由车辆的建筑限界决定,还应考虑站台的施工误差,一般施工误差为10 mm。针对样车,当车体宽为2.6 m,把轨道中心到站台边缘的距离定为1.4 m。当车站设在曲线上时,应适当加宽。

(3)站厅、通道、升降设备和跨线设施

①站厅(如图2.13所示)

站厅主要功能是集散客流兼客运服务等。具体来说,就是将乘客迅速、安全、方便地引导到站台乘车,或将下车的乘客引导至出入口出站。对乘客来说,站厅是上下车的过渡空间。乘客在站厅内需要办理上下车的手续,因此,站厅内需要设置售票、检票、问询等为乘客服务的各种设施。此外,站厅一般还应有售检票、车站管理及小卖部等用房。

站厅规模大小及建筑特征要符合城市规划与交通的要求,并与地面建筑相协调,又要各具特色,尽量简洁、明快、开朗、流畅、富于时代感。站厅面积根据高峰小时最大客流量及集散时间的要求计算确定。

地铁站厅通常划分为付费区及非付费区两大区域。付费区是指乘客需要经购票、检票后方可进入的区域,然后到达站台。非付费区也称免费区或者公用区,乘客可以在本区内自由通行。付费区与非付费区之间应分隔。付费区内设有通往站台层的楼梯、自动扶梯、补票处,在换乘车站,尚需设置通向另一车站的换乘通道。非付费区内设有售票厅、问询处、公用电话等,

图 2.13 站厅

必要时，可增设金融、邮电、服务业等机构。

②通道

通道把站台、站厅和出入口连接起来，通道一般有斜坡式和阶梯式两种。

地下车站的出入口位置应根据车站位置的地形、地势等具体条件，并满足城市规划和交通的要求，可设在人行道上、街道拐角处、街道中心广场、街心花园处、建筑物内和建筑物边。

地下铁道车站的出入口及通道的数目和宽度应根据该地区的具体条件和客流量确定，并考虑紧急情况下，站台的乘客和停在列车内的乘客必须在 6 min 内全部疏散出地下站并上到地面。

出入口及通道宽度应根据高峰小时客流量计算确定，采用宽度一般不小于 2 m，最小不得小于 1.5 m。地下通道净高一般为 2.5 m 左右。

③升降设备

地下或高架车站还需设置楼梯和自动扶梯（如图 2.14 所示）。站厅、通道和升降设备的通过能力应根据远期高峰客流的需要，适当留有余地的原则进行配备。

图 2.14 地铁自动扶梯

高架站和地下站与地面的联系必然通过垂直交通来疏导旅客，天桥或地道跨线设施也需要垂直交通。垂直交通的设计要求位置适宜，路线便捷，合理通畅的宽度。

高架站的垂直交通布置，通常有两种方式：一种为街道两侧布置垂直交通，经天桥进入高架车站，即天桥进出方式；另一种是利用桥下空间，由楼梯通向休息平台，再向两侧高架站台或通向岛式站台，即为桥下进出方式。

④跨线设施

由于城市轨道交通列车的速度快、密度高，要求整个线路封闭程度较高。考虑乘客候车安全，侧式站台上、下行线间加防护栏杆隔开，所以有上下行越线问题。岛式站台乘客进站也有越线问题，而且行人过街也同样有越线问题。

对地面站来说，除了客流量小，一般均需设跨线设施。地面站的跨线设施可以是天桥或地道两种方案。天桥方案较经济，施工方便，对交通干扰少，应优先采用。

地下站跨线设施，可以在地下站内解决。

高架站的跨线设施如在高架桥上再设天桥，对于乘客来说会加重负担，安全感差，又占用较多高架站台面积，增加高架站结构的复杂性，提高了造价，也影响景观。因此，通常应该尽量利用高架桥面以下的结构空间解决跨线功能，也可以在解决高架站的垂直交通时，同时解决跨线问题。但要注意避开道路的交会路口，以满足道路上空的限高要求。

(4)作业或设备用房

车站作业或设备用房主要分为行车、客运作业用房，车站管理用房和各种设备用房三类，也可按建筑用途分为乘客使用空间、运营管理用房、技术设备用房和辅助用房(详见本项目2.2.4相关内容)。

(5)售检票设备

20世纪80年代以来，售检票已从过去的单一人工售检票方式发展为人工售检票和计算机集中控制的自动售检票两种方式。自动售检票方式具有能缓解进出站拥挤情况，推行吸引客流的计程、计时票价，统计客流信息，加强财务管理和杜绝无票乘车等优点。一般而言，自动售检票设备由自动售票机、半自动售票机、辅币兑换机、自动检票口和控制计算机等组成。从技术类型上分，自动售检票设备目前主要有磁卡自动售检票系统、接触式IC卡自动售检票系统和非接触式IC卡自动售检票系统三种。

(6)信号与通信设备

为保证行车作业安全和提高行车作业效率，在车站设置信联闭和通信设备。信号是对行车和其他有关作业人员发出的指示，联锁设备是保证车站范围内行车安全的设备，闭塞设备是保证区间内行车安全的设备。即使在采用先进的列车自动控制系统的情况下，仍需在有道岔车站上设置道岔防护信号机，在有折返线车站设置调车信号机，在有道岔的车站设置具有自动排列进路和进路逐段解锁功能的微机联锁设备等。行车值班员可在控制台上对车站信联闭设备进行控制或监视。车站的通信设备包括调度电话、站间闭塞电话、行车自动电话、列车无线电话和广播设备等。

2.1.5 知识拓展——车站与区间的含义

为保证行车安全和分清职责，车站和它两端所衔接的区间须明确规定的界限，一般地，地铁车站与区间的分界规定为车站两端端墙内方为站内，相邻两车站端墙之间为区间。

连接车站与车辆段间的线路称为出入车辆段线，具体的地铁线路行车组织规则会规定具体某一信号机内方的线路为车辆段线。

2.1.6 相关规范、规程与标准

《地铁设计规范》(GB 50157—2013)中“9 车站建筑”的相关规定。

典型工作任务2 绘制车站站厅、站台层平面示意图

2.2.1 教学目标

1. 能力目标

能分析站台、站厅设备布置对乘客流线及客流控制的影响。

2. 知识目标

掌握车站整体布局,常见车站站厅、站台设备布置,掌握乘客流线。

3. 素质目标

培养城市轨道交通车站安全优质服务意识。

2.2.2 工作任务

通过本任务,能掌握车站站厅、站台设备布置,掌握乘客流线;分析站台、站厅设备布置对乘客流线及客流控制的影响。

2.2.3 所需配备

城市轨道交通已投入运营的一条线路的各种车站,包括起点站、终点站、换乘站。

2.2.4 相关配套知识

1. 地铁车站建筑的组成

地铁车站由车站主体(包括站台、站厅、生产、生活用房)、出入口及通道、通风道及地面通风亭及其他附属建筑等组成(如图2.15所示)。

车站主体是列车在线路上的停车点,其作用是供乘客集散、候车、换车及上、下车。它又是地铁运营设备设置的中心和办理运营业务的地方。出入口及通道是供乘客进、出车站的上部建筑设施。通风道及地面通风亭的作用是保证地下车站具有一个舒适的地下环境。对地下车站来说,这几部分必须具备;高架车站一般由车站、出入口及通道组成;地面车站可以仅设车站和出入口。

地铁车站建筑一般由下列部分组成:

(1)乘客使用空间

主要包括站厅、站台、出入口、通道、售票处、检票口、问讯处、公用电话、小卖部、楼梯及自动扶梯等。乘客使用空间在车站建筑组成中占有很重要的位置,它是车站中的主体部分,此部分的面积占车站总面积50%左右,乘客使用空间是直接为乘客服务的场所。

(2)运营管理用房

主要包括站长室、行车值班室、业务室、广播室、会议室、公安保卫、清扫员室,是为了保证车站具有正常运营条件和营业秩序而设置的办公用房。由进行日常工作和管理的部门及人员

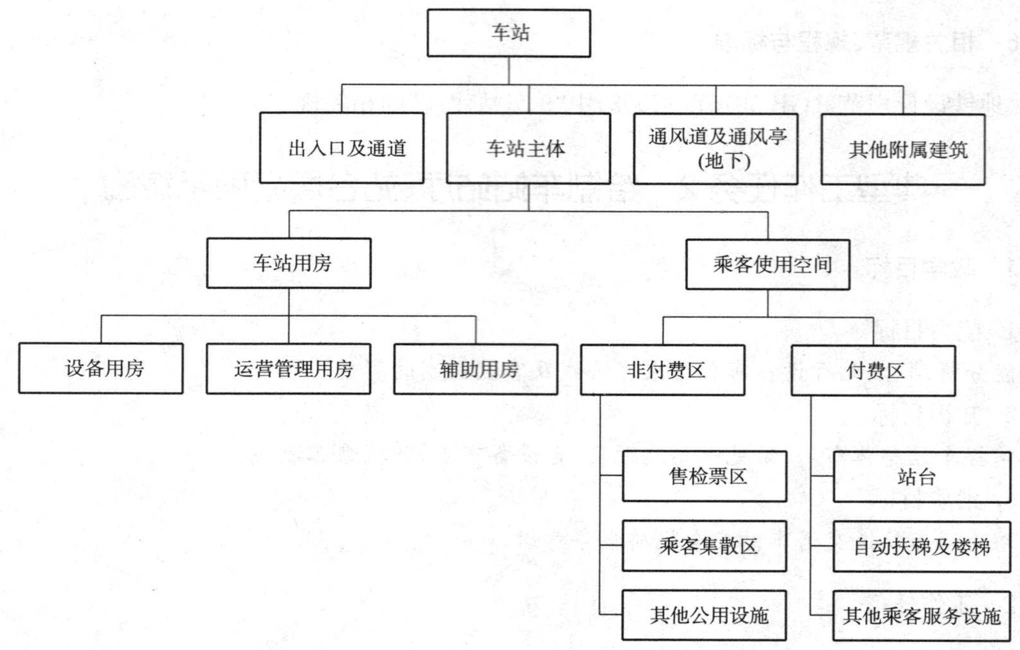

图 2.15　地铁车站建筑(设施)组成示意图

使用,是直接或间接为列车运行和乘客服务的,运营管理用房与乘客关系密切,一般布置在临近乘客使用空间的地方。

(3)技术设备用房

主要包括环控房、变电所、综合控制室、防灾中心、通信机械室、信号机械室、自动售检票室、泵房、冷冻站、机房、配电以及上述设备用房所属的值班室、防灾报警系统、环控系统、AFC室、工区用房、附属用房及设施等。技术设备用房是整个车站的心脏所在地,是为了保证列车正常运行、保证车站内具有良好环境条件及在事故灾害情况下能够及时排除灾害的不可或缺的设备用房,它直接和间接为列车运行和乘客服务。

(4)辅助用房

辅助用房直接供站内工作人员使用,是为了保证车站内部工作人员正常工作生活所设置的用房。主要包括厕所、更衣室、休息室、茶水间、盥洗室、储藏室等。这些用房均设在站内工作人员使用的区域内。

2. 车站平面总体布置

车站原则上由站台、站房、站前小广场、垂直交通及跨线设备等组成。其中站台是最基本的部分,不论车站的类型、性质有何不同,都必须设置。其余部分一般情况都设置,但在某些特殊的情况下,在满足功能要求的前提下,其中的某些部分可能被简略。城市轨道交通乘客的构成比铁路、公路简单,乘客在车站停留时间短,且没有行李寄存与货物运输等问题。在一般车站中旅客运送方向也基本上是往返方向。因此,在车站乘客活动而形成的流线及车站服务设施都比较简单。在换乘站中客流流线就比较复杂些,大型枢纽站更应认真仔细分析旅客活动流线。

车站总体布局应按照乘客进出车站的活动顺序,合理布置进出站的流线,使其不发生干扰,要求流线简捷、通畅。地下铁道车站平面总体布置应贯彻紧凑、合理、适用的原则。能置于地面的辅助用房和设备，尽量不放入地下，以有利于人员的健康和节约投资。

车站平面布置原则为：

(1)站厅层布置应分区明确，依据出入口的位置和数量、楼梯与扶梯的位置和数量、售检票系统的位置和数量以及换乘要求对客流进行合理的组织，避免和减少进出站客流的交叉，合理布置管理、设备用房，应满足各系统的工艺要求。如站厅中部为公共厅，两侧为客运管理区、机电设备区。

(2)站台层布置需以车站上下行远期超高峰小时设计客流量来计算站台宽度，根据线路走向及换乘要求确定站台形式。根据车站需要布置设备或管理用房区。

(3)车站出入口应设置于道路两边红线以外或城市广场周边，需具有标志性或可识别性，以利于吸引客流、方便乘客。有条件的出入口考虑地面人行过街的功能。出入口规模应满足远期预测客流量的通过能力，并考虑与其他交通的换乘和接驳大型公共建筑所引起的客流量。

(4)车站主要服务设施应包括自动扶梯、电梯、售票机、检票机、空调通风设施等。

3. 车站主要建筑平面布置

(1)车站出入口和地面通风亭的位置

《地铁设计规范》规定，车站出入口的数量，应根据客流需要与疏散要求设置，浅埋车站不宜少于4个出入口。当分期修建时，初期不得少于2个。小站的出入口数量可酌减，但不得少于2个。

车站出入口一般都选在城市道路两侧、交叉路口及有大量人流的广场附近。出入口宜分散均匀布置，出入口之间的距离尽可能大一些，使其能够最大限度地吸引更多的乘客，方便乘客进入车站。

车站出入口宜设在火车站、公共汽车站、电车站附近，便于乘客换车。车站出入口与城市人流路线有密切的关系。应合理组织出入口的人流路线，尽量避免相互交叉和干扰。车站出入口不宜设在城市人流的主要集散处，以便减少出入口被堵塞的可能。

车站出入口应设在比较明显的部位，便于乘客识别。

单独修建的地面出入口和地面通风亭，其位置应符合当地城市规划部门的规划要求，一般都设在建筑红线以内。如有困难不能设在建筑红线以内时，应经过当地城市规划部门的同意，再选择其位置。地面出入口的位置不应妨碍行人通行。单独修建的车站出入口和地面通风亭与周围建筑物之间的距离应满足防火距离的要求。如确有困难，不能满足防火距离要求时，应按规范规定采取分隔措施，加设防火墙、防火门窗。建筑物与车站出入口、地面通风亭之间的防火距离应根据建筑物的类别及耐火等级来确定。对一、二级耐火等级的多层民用建筑物，其间的防火距离不应小于6 m；一、二级耐火等级的工业建筑物，其间的防火距离不应小于10 m。与一、二级耐火等级的高层主体建筑的防火距离不应小于13 m；一、二级耐火等级高层建筑的附属建筑物，其防火距离不应小于6 m。

车站出入口和地面通风亭不应设在易燃、易爆、有污染源并挥发有害物质的建筑物附近，与上述建筑物之间的防火安全距离应符合有关规范的规定。

车站主要出入口应朝向地铁的主客流方向。大商场、大型公交车站、大中型企业、大型文体中心、大居住区等都是地铁乘客的主要来源地和主客流方向。有条件时，车站出入口可以与附近的地下商场等建筑物相连通，方便乘客购物和进入车站。车站出入口也可设在附近建筑物的首层，对乘客进、出车站十分方便。

(2)站厅的位置

站厅的位置与人流集散情况、所处环境条件、车站类型、站台形式等因素有关。站厅设计的合理与否,将直接影响到车站使用效果及站内的管理和秩序。站厅的布置有以下四种:

①站厅位于车站一端。这种布置方式常用于终点站,且车站一端靠近城市主要道路的地面车站。

②站厅位于车站两侧。这种布置方式常用于侧式车站。客流量不大者多采用。

③站厅位于车站两侧的上层或下层。这种布置方式常用于地下岛式车站及侧式车站站台的上层,高架车站站台的下层。客流量较大者多采用。

④站厅位于车站上层。这种布置方式常用于地下岛式车站和侧式车站。适用于客流量很大的车站。

(3)站台

岛式站台设于两股正线中间,上下行到站列车上下乘客均在同一站台集散,两端都设楼梯或自动扶梯与站厅连接;侧式站台分上、下行两个站台,设于两股正线外侧。在一个车站同时设有岛式站台及侧式站台时,称为混合式站台或侧岛式站台,通常按一岛两侧或一岛一侧设置,这种形式站台造价高,管理复杂,一般不宜采用。

在高架车站和地下车站中,侧式站台一般采用横列式布置,以便于施工和结构处理。

(4)车站主要设施布置

①楼梯

地铁车站中楼梯是最常用的一种竖向交通形式。在客流不大的车站,当两地面高差在 8 m 以内时,一般采用楼梯;大于 8 m 时,考虑乘客因高差较大,行走费力,宜增设自动扶梯。

②自动扶梯

《地铁设计规范》中规定,车站出入口的提升高度超过 8 m 时,宜设上行自动扶梯,超过 12 m 时,除设上行自动扶梯外,并宜设下行自动扶梯。站厅层与站台层的高差在 5 m 以内时,宜设上行自动扶梯,高差超过 5 m 时,除设上行自动扶梯外,并宜设下行自动扶梯。站厅层供乘客至站台层使用的自动扶梯应设在付费区内。

车站出入口设置自动扶梯时,如提升高度超过 12 m 或客流量很大的车站,除设上下行自动扶梯外,还应设置一台备用自动扶梯,自动扶梯应为可逆转式。

③电梯

有无障碍设计要求及在车站站房区内,站厅层至站台层之间宜设垂直电梯,以方便残疾人并运送站内小型机具、设备和物件。电梯应设封闭室并符合防火规范要求。

④售、检票设施

售、检票设施(图 2.16)主要是指乘客使用的售、检票系统。售票口、自动售票机、检票口一般都设在站厅层,也有些车站的地面出入口面积比较大,并且与车站用房、通风亭组合成地面厅,因此,也可以将售票口、自动售票机设在地面厅内。在人工售票的车站内应设置售票室。

自动售票机设置的位置与站内客流路线组织、出入口位置、楼梯及自动扶梯布置有密切的关系,应沿客流进站方向纵向设置。售票口、自动售票机应布设在便于购票、比较宽敞的地方,尽量减小客流路线的交叉和干扰。检票机应垂直与客流方向布置。

进站检票口、检票机应布置在通过站台下行客流方向的一侧;出站检票口、检票机应布置在站台层上行客流方向的一侧,宜靠近出入口。

图 2.16　地铁检票设施

2.2.5　知识拓展

1. 地铁车站的功能

在轨道交通运输中，车站起着极其重要的作用。就运输企业内部而言，车站不仅是线路上供列车到、发及折返的分界点，保证行车安全和必要的通过能力；而且也是客运部门办理客运业务和各工种联劳协作进行运输生产的基地。就运输企业外部而言，车站是乘客旅行的起始、终到及换乘的地点，它是运输企业与服务对象的主要联系环节。

车站的运输生产主要由行车组织和客运组织两部分工作构成。车站行车组织工作包括接发列车作业和列车折返作业等。车站客运组织工作包括售检票、组织乘客乘降和换乘，以及文化、生活等其他方面的服务。车站工作的组织水平在很大程度上影响着运输工作的数量和质量指标。因此，车站作业的科学管理是提高轨道交通运输工作水平的重要环节。

车站的建筑布置，应能满足乘客在乘车过程中对其活动区域内的各部位使用上的需要。将乘客进、出站的过程用流线的形式表示出来，这种流线叫做乘客流线。乘客流线是地铁车站的主要流线，也是决定建筑布置的主要依据。站内除乘客流线外，还有站内工作人员流线、设备工艺流线等。这些流线具体地、集中地反映出乘客乘车与站内房间布置之间的功能关系。

2. 城市轨道交通车站、隧道等建筑规定

(1)车站应满足预测客流的需求，应保证乘降安全、疏导迅速、布置紧凑、便于管理，并应具有良好的通风、照明、卫生、防灾等设施，为乘客提供安全的候车、乘车环境。

(2)车站的站厅、站台、出入口通道、人行楼梯、自动扶梯、售检票口(机)等部位的规模应与通过能力相互匹配。当发生事故或灾难时，应保证将一列进站列车的预测最大载客量以及站台上的候车乘客在 6 min 内全部撤离到安全区。

(3)除有轨电车系统外，车站站台和乘降区的最小宽度应满足下列规定：

①对岛式站台车站，站台乘降区(侧站台)2.5 m。

②对侧式站台车站，当平行于线路方向设置楼梯时，侧式站台的乘降区(侧站台)2.5 m；当垂直于侧站台设置楼梯时，侧式站台的乘降区(侧站台)3.5 m。

③当站台计算长度小于 100 m，且楼梯和自动扶梯设置在站台计算长度以外时，岛式站台

5 m，侧式站台 3.5 m。

④设有站台屏蔽门的地面车站、高架车站的侧站台 2 m。

(4)站台应设置足够数量的进出站通道、楼梯或自动扶梯，同时应满足站台计算长度内任一点距通道口或梯口的距离不大于 50 m。

(5)楼梯和通道的最小宽度应符合下列规定：

①天桥或通道 2.4 m。

②单向公共区人行楼梯 1.8 m。

③双向公共区人行楼梯 2.4 m。

④消防专用楼梯和站台至轨行区的工作梯 1.1 m。

(6)当车站出入口的提升高度超过 6 m 时，应设置上行自动扶梯；当车站出入口的提升高度超过 12 m 时，应设置上行和下行自动扶梯。站厅与站台间应设置上行自动扶梯，当高差超过 6 m 时，应设置上行和下行自动扶梯。当上行和下行全部采用自动扶梯时，应加设人行楼梯或备用自动扶梯。

(7)在车站付费区与非付费区之间的隔离侧栏上，应设置栅栏门；检票口和栅栏门；检票口和栅栏门的总通行能力应满足乘客安全疏散的需要。

(8)车站应至少设置一处无障碍检票通道，通道净宽不应小于 900 mm。

(9)当车站不设站台屏蔽门时，站台边缘应设置醒目的安全线。

(10)地下车站的站台、站厅疏散区和通道内不得设置任何商业设施。

(11)地面车站和高架车站应与相邻建筑物保持安全的防火间距，并应设置消防车通道。

(12)地下车站的风亭(井)应防止气流短路，并应符合环境保护要求。

(13)车站内的顶棚、墙面、地坪的装饰应采用 A 级材料；当使用架空地板时，不应低于 B1 级材料；车站公共区内的广告灯箱、休息椅、电话亭、售(检)票机等固定服务设施的材料应采用低烟、无卤的阻燃材料。地面材料应防滑耐磨；当使用玻璃材料时，应采用安全玻璃。

(14)地下工程、出入口通道、风井的耐火等级应为一级；出入口地面建筑、地面车站、高架车站及高架区间结构的耐火等级不应低于二级。

(15)控制中心建筑的耐火等级应为一级；当控制中心与其他建筑合建时，应设置独立的进出通道。

(16)地下车站站台和站厅公共区应划为一个防火分区，其他部位每个防火分区的最大允许使用面积不应大于 1 500 m^2；地上车站不应大于 2 500 m^2；两个相邻防火分区之间应采用耐火极限不低于 3 h 的防火墙分隔，防火墙上的门应采用甲级防火门。与车站相接的商业设施等公共场所，应单独划分为防火分区。

(17)消防专用通道应设置在含有车站控制室等主要管理用房的防火分区内，并应能到达地下车站各层；当地下车站超过 3 层(含 3 层)时，消防专用通道应设置为防烟楼梯间。

(18)在地下换乘车站公共区的下列部位，应采取防火分隔措施：

①上下层平行站台换乘车站：下层站台穿越上层站台时穿越部分；上、下层站台联络梯处。

②多线同层站台平行换乘车站：站台与站台之间。

③多线点式换乘车站：换乘通道或换乘梯。

④多线换乘车站共用一个站厅公共区，且面积超过单线标准车站站厅公共区面积 2.5 倍时，应通过消防性能化设计分析，采取必要的消防措施。

(19)车站出入口的设置应满足进出站客流和事故疏散的需要，并应符合下列规定：

①车站应设置不少于2个直通地面的出入口。

②地下一层侧式站台车站，每侧站台不应少于2个出口。

③地下车站有人值守的设备和管理用房区域，安全出口的数量不应少于2个，其中1个安全出口应为直通地面的消防专用通道。

④对地下车站无人值守的设备和管理用房区域，应至少设置一个与相邻防火分区相通的防火门作为安全出口。

⑤当出入口同方向设置时，两个出入口间的净距不应小于10 m。

⑥竖井爬梯、垂直电梯以及设在两侧式站台之间的过轨联络地道不得作为安全出口。

⑦出入口的台阶或坡道末端至道路各类车行道的距离不应小于3 m。

⑧地下车站出入口的地坪标高应高出室外地坪，并应满足站址区域防淹要求。

(20)当地下出入口通道长度超过100 m时，应采取措施满足消防疏散要求。

(21)换乘通道、换乘楼梯(含自动扶梯)应满足预测高峰时段换乘客流的需要；当发生火灾时，设置在该部位的防火卷帘应能自动落下。

(22)两条单线区间隧道之间应设置联络通道，相邻两个联络通道之间的距离不应大于600 m；联络通道内应设置甲级防火门。

(23)当区间隧道设中间风井时，井内或就近应设置直通地面的防烟楼梯。

(24)高架区间疏散通道应符合下列规定：

①当高架区间利用道床做应急疏散通道时，列车应具备应急疏散条件和相应设施。

②对跨座式单轨及磁浮系统的高架区间，应设置宽度不小于600 mm的纵向应急疏散平台。

(25)跨座式单轨系统车站应设置站台屏蔽门；高架车站行车轨道区底部应封闭。

(26)车站的站厅和站台公共区、自动扶梯、自动人行步道和楼梯口、疏散通道及安全出口、区间隧道、配电室、车站控制室、消防泵房、防排烟机房以及在发生火灾时仍需坚持工作的其他房间，应设置应急照明。

(27)车站的站台、站厅公共区、自动扶梯、疏散通道、安全出口、楼梯转角等处应设置灯光或蓄光型疏散指示标志；区间隧道应设置可控制指示方向的疏散指示标志。

3. 地铁运营安全评价

(1)一般规定

①土建评价包括地下、高架结构与车站建筑和车站设计2个项目，满分为100分。

②分别评价被评价地铁运营线路上的每个车站和区间隧道。

③土建评价可按表2.4的格式确定评价内容及其分值，制定评价表。

表2.4 土建评价表

评价项目及分值	分项及分值	子项序号	定性定量指标	分值
地下、高架结构与车站建筑(40)	地下、高架结构与车站建筑(40)	N01	建立建筑结构设计缺陷(不符合现行建筑设计规范和防火规范)档案	5
		N02	建立维护和巡检制度，且切实落实	10
		N03	对建筑结构设计缺陷和劣化或破损由分析、监控、记录	10
		N04	针对建筑结构设计缺陷和劣化或破损制定对策措施	15

续上表

<table>
<tr><th>评价项目及分值</th><th>分项及分值</th><th>子项序号</th><th>定性定量指标</th><th>分值</th></tr>
<tr><td rowspan="15">车站设计(60)</td><td rowspan="4">站台(20)</td><td>N05</td><td>站台计算长度应采用远期列车编组长度加停车误差</td><td>3</td></tr>
<tr><td>N06</td><td>站台宽度应按车站客流量计算确定，最小宽度并应满足下表：<table><tr><th>名称</th><th>最小宽度(m)</th></tr><tr><td>岛式站台</td><td>8</td></tr><tr><td>岛式站台的侧站台</td><td>2.5</td></tr><tr><td>侧式站台(长向范围内设梯的侧站台)</td><td>2.5</td></tr><tr><td>侧式站台(垂直于侧站台开通道口)的侧站台</td><td>3.5</td></tr></table></td><td>10</td></tr>
<tr><td>N07</td><td>距站台边缘 400 mm 处设置不小于 80 mm 宽的纵向醒目安全线。采用屏蔽门时不设安全线</td><td>3</td></tr>
<tr><td>N08</td><td>站台边缘距车辆外边之间空隙，在直线段宜为 80～100 mm，在曲线段不应不大于 180 mm</td><td>4</td></tr>
<tr><td>楼梯与通道(25)</td><td>N09</td><td>楼梯与通道的最大通过能力(每小时通过人数)应满足下表：<table><tr><th colspan="2">名称</th><th>每小时通过人数</th></tr><tr><td rowspan="3">1 m 宽楼梯</td><td>下行</td><td>4200</td></tr><tr><td>上行</td><td>3700</td></tr><tr><td>双向混行</td><td>3200</td></tr><tr><td rowspan="3">1 m 宽通道</td><td>单向</td><td>5000</td></tr><tr><td>单向</td><td>5000</td></tr><tr><td>双向混行</td><td>4000</td></tr></table></td><td>8</td></tr>
<tr><td rowspan="2">楼梯与通道(25)</td><td>N010</td><td>楼梯与通道的最小宽度应满足下表：<table><tr><th>名称</th><th>最小宽度(m)</th></tr><tr><td>通道或天桥</td><td>2.4</td></tr><tr><td>单向公共区人行楼梯</td><td>1.8</td></tr><tr><td>双向公共区人行楼梯</td><td>2.4</td></tr><tr><td>与自动扶梯并列设置的人行楼梯</td><td>1.2</td></tr><tr><td>消防专用楼梯</td><td>0.9</td></tr><tr><td>站台至轨道区的专用梯(兼疏散梯)</td><td>1.1</td></tr></table></td><td>8</td></tr>
<tr><td>N011</td><td>人行楼梯和自动扶梯的总量布置应满足站台层的事故疏散时间不大于 6 min</td><td>9</td></tr>
<tr><td rowspan="2">车站出入口(5)</td><td>N012</td><td>车站出入口的数量不少于 2 个</td><td>3</td></tr>
<tr><td>N013</td><td>地下车站出入口地面标高应高出室外地面，并应满足防洪要求</td><td>2</td></tr>
<tr><td rowspan="2">对策措施(10)</td><td>N014</td><td>建立车站设计缺陷档案</td><td>1</td></tr>
<tr><td>N015</td><td>针对车站设计缺陷制定对策措施</td><td>9</td></tr>
</table>

(2)地下、高架结构与车站建筑

①地下、高架结构与车站建筑评价包括地下、高架结构与车站建筑1个分项。

②地下、高架结构与车站建筑评价应符合下列要求：

a. 评价标准

(a)建立建筑结构设计缺陷(不符合现行建筑设计规范和防火规范)档案。

(b)建立维护和巡检制度，且切实落实。

(c)对建筑结构设计缺陷和劣化或破损制定对策措施。

b. 评价方法

(a)查阅建筑结构设计缺陷档案。

(b)查阅维护和巡检记录、对策措施。

(3)车站设计

①车站设计评价应包括站台、楼梯与通道、车站出入口、对策措施4个分项。

②站台评价应符合下列要求：

a. 评价标准

(a)站台计算长度应采用远期列车编组长度加停车误差。

(b)站台宽度应符合《地铁设计规范》(GB 50157—2013)的有关规定。

(c)站台边缘设置安全线应符合《地铁设计规范》(GB 50157—2013)的有关规定。

(d)站台边缘距车辆外边之间的空隙应符合《地铁设计规范》(GB 50157—2013)的有关规定。

b. 评价方法

(a)查阅车站相关资料。

(b)现场检查。

③楼梯与通道评价应符合列要求：

a. 评价标准

(a)楼梯与通道的最大通过能力应满足《地铁设计规范》(GB 50157—2013)的有关规定。

(b)楼梯与通道的最小宽度应满足《地铁设计规范》(GB 50157—2013)的有关规定。

(c)人行楼梯和自动楼梯的总量布置应满足站台层的事故疏散时间不大于《地铁设计规范》(GB 50157—2013)的有关规定值。

b. 评价方法

(a)查阅车站相关资料。

(b)现场检查。

④车站出入口评价应符合下列要求：

a. 评价标准

(a)车站出入口的数量应符合《地铁设计规范》GB 50157—2003的有关规定。

(b)地下车站出入口地面标高应高出室外地面，并应满足防洪要求。

b. 评价方法

(a)查阅车站相关资料。

(b)现场检查。

⑤对策措施评价应符合下列要求：

a. 评价标准

(a)建立车站设计缺陷档案。

(b)针对车站设计缺陷制定对策措施。

b. 评价方法

(a)查阅车站设计缺陷。

(b)查阅制定的对策措施。

2.2.6 相关规范、规程与标准

1.《城市轨道交通技术规范》(GB 50490—2009)中“7 土建工程”的相关规定。

2.《地铁运营安全评价标准》(GB/T 50438—2007)中关于“土建评价”的相关规定。

3.《地铁设计规范》(GB 50157—2013)中“9 车站建筑”的相关规定。

项目小结

本项目安排了两个典型工作任务,一是考察一条城市轨道交通线路的车站,分析不同车站技术设备对车站工作的影响;二是学习考察城市轨道交通车站,以具体车站为例,绘制车站站厅、站台层平面示意图,标注乘客进出站流线。

通过本项目的学习,要求学生能掌握车站组成、分类及分等,明确不同线路在车站运营工作中的使用,会画车站线路布置平面示意图,掌握线路编号和道岔编号、线间距;明确车站功能,掌握车站布局对进出站乘客流线、紧急疏散乘客流线的影响。

复习思考题

1. 地铁车站建筑一般由哪几部分组成?
2. 地下车站由哪几部分组成?
3. 地下车站站台有哪几种类型?
4. 车站主要技术设备有哪些?
5. 影响车站分布的因素有哪些?
6. 地铁车站有哪些主要功能?

项目3　车辆段设备

项目描述

城市轨道交通车辆运行到一定公里或一定时间时，就要按车辆检修规程和车辆部件检修工艺的要求对车辆及其部件进行检查、维护或修理。根据修程对城市轨道交通车辆进行的各级检修工作必须在专门的车辆检修基地(以下简称检修基地)进行。列车退出运营后也要进入检修基地进行洗刷、清扫、定期消毒等工作。因此，检修基地是城市轨道交通车辆停放、检查、维修、保养的专门场所，它是保证城轨交通车辆良好的技术状态和城市轨道交通正常运营的重要基础。

本项目设两个典型工作任务，任务1介绍了车辆检修基地的功能和检修基地的选址、布置原则，重点论述了车辆运用、检修库房及其主要设备；任务2详细介绍了检修基地主要线路的作用，分析了检修基地各种信号设备。

拟实现的教学目标

1. 能力目标

能理解检修基地的功能和选址、布置原则；了解检修基地的布局；能叙述一般检修项目及其对应的设备；能识别车辆段示意图中各种主要线路，理解其功能与特点；能在车辆段示意图中区分各种类型的信号设备。

2. 知识目标

掌握检修基地的功能和检修基地的选址、布置原则；掌握车辆一般检修项目及其对应的设备；掌握主要线路的功能与特点；掌握各种信号设备作业功能和显示意义。

3. 素质目标

培养城市轨道交通安全生产意识，作业过程与设备操作必须严格遵章守纪。

相关案例——某车厂列车挤岔一般事件

1. 事件概况

2010年7月15日4:00，某车厂调度收到检修调度提供的“车辆运营日计划(Z3124)”后，核对车底号和停放股道时没有检查出计划表上的1501次(车底:4950)的停放股道被错打成L—20道(实际停放在L—19道)。随后将车底、车次、发车股道输入“××车厂发车时刻表(Z3124)”并发信号楼。信号楼收到“××车厂发车时刻表(Z3124)”后，前、后台值班员核对股道及车底号时也均没有检查出1501次(4950车)股道L—19道错打成L—20道。

5:39,1501 次司机到达车库检车,没有确认股道是否与状态卡一致(状态卡上记录 4950 车停放在 L—20 道),就上了 L—19 道 4950 车,报信号楼开始整备作业。整备完毕后,信号楼排列 L—20 道往转换轨Ⅱ道的列车进路,并通知司机“L—20 道往 Sc 出厂信号黄灯好”。司机未认真确认 S19 信号机状态,就以 RM25 模式限速从 19 道以 3 km/h 出库,运行中未确认 L67 号道岔位置正确,经过 L67 号道岔时,导致列车挤岔。同时信号楼值班员发现 L67 号道岔黄闪,微机挤岔报警。于是马上呼叫让司机原地停车待令后,通知车厂调度、行调及通号人员。车厂调度询问司机是否已越过 L67 号道岔、道岔有没有异常、道岔是否在正确位置,司机回复列车已越过 L67 号道岔,道岔在正确位置,没有异常。此时,挤岔报警铃声音消失,于是信号楼通知司机动车继续出厂。6:12,车厂调度回到调度室,再次核查“车辆运营日计划(Z3124)”时,发现其中 4950 车所停股道填写错误,于是问信号楼是否排错进路,信号楼答复没有排错进路,但 L67 号道岔至转换轨Ⅱ道光带无法解锁,影响后续出厂列车发车。车厂调度马上报告行调,迅速组织换车出厂。10:14,经信号及工务人员处理,L67 道岔恢复正常。

2. 原因分析

(1)当班司机在整备作业时,没有认真核对车底、股道与状态卡上内容是否一致就开始整备作业;动车前,没有认真确认行车凭证,错误把左侧 L—20 道开放的信号看作是本股道的开放信号就盲目动车;运行中,未认真确认进路上的道岔是否正确。这是导致本次事件发生的主要原因。

(2)车厂调度收到检修调度出车计划后,未认真确认列车停放位置与模拟屏对应股道位置是否一致,把错误的出厂计划发给信号楼,是导致本次事件发生的次要原因。

(3)乘务值班员接到车厂调度出车计划后,未认真确认微机上的车号、股道与出厂计划是否一致,在与司机联系整备作业、整备完毕、排列列车进路、通知司机动车环节中均没有发现列车的停放位置与实际不符,导致开放的股道信号与实际动车的股道不一致,是造成本次事件的一定原因。

(4)乘务值班员在列车经过 L67 号道岔时发生黄闪和挤岔报警后,仅凭司机反映道岔没有异常和挤岔报警铃消失就认为道岔状态正常,通知司机继续动车出厂,导致挤岔后的列车出厂,存在一定的安全风险。

(5)车厂调度及乘务值班员对挤岔现象判断不准确,导致信息汇报滞后。

3. 防范措施

(1)车厂调度在晚上收车后,必须到现场核对所有列车的实际停放位置与模拟屏上列车标志牌位置一致,确认完毕后,填写发车计划表发信号楼执行。

(2)信号楼接到车厂调度“××车厂发车计划”,后台乘务值班员须对照微机显示的车号、股道进行核对并打勾,然后交前台乘务值班员进行复核,复核完后双方进行确认签名。

(3)司机到达列车停放股道时,必须核对“客车状态记录卡”上的内容是否与实际相符,核对正确后再开始检车;发现不一致时要立即报告车厂调度。

(4)司机动车前必须确认满足“五要素”(道岔、进路、信号、制动、车门)动车,特别要认真确认动车后的第一个信号机和道岔,发现异常时采取停车措施并报车厂调度和信号楼。

(5)列车出入车厂需一度停车,必须凭出/入车厂信号黄灯和乘务值班员的动车指令动车。

上述案例告诉我们，为保证列车每天正常安全地运行，车辆段承担了大量的列车运用和列车检修作业，为此，车辆段要进行大量的调车作业。那么，工作人员要对列车进行哪些日常的检修或者故障检修项目呢？这些工作又是在什么地方完成的呢？本项目主要解决这些问题。

典型工作任务1 认知城市轨道交通车辆检修基地

3.1.1 教学目标

1. 能力目标

能理解检修基地的功能和检修基地的选址、布置原则；了解检修基地的布局；能叙述一般检修项目及其对应的设备。

2. 知识目标

掌握检修基地的功能和检修基地的选址、布置原则；掌握车辆一般检修项目及其对应的设备。

3. 素质目标

培养城市轨道交通安全生产意识，作业过程与设备操作必须严格遵章守纪。

3.1.2 工作任务

通过本任务，了解检修基地的布局；能叙述一般检修项目及其对应的设备；掌握车辆一般检修项目及其对应的设备。

3.1.3 所需配备

已投入运营的一座城市轨道交通车辆段，不落轮镟床模型一套，列车自动清洗机模型一套，地面式驾车机模型一套，地下式架车机模型一套。

3.1.4 相关配套知识

1. 城市轨道交通检修基地的功能

检修基地以车辆运用、检修为主，但考虑到城市轨道交通系统管理需要，方便组织城市轨道交通各专业的维修工作，可以将工务、通信、信号、机电设备等专业的维修与检修基地一并考虑，这样有利于协调各专业接口，对各专业维修工作进行有效的协调管理，可以合理规划、统一使用场地和设备，节约土地和投资。同时也有利于实现计算机网络和现代化管理。车辆检修基地根据功能和规模的大小可划分为停车场、车辆段。

(1)停车场

停车场是车辆停放的场所，承担的任务有：车辆的停放、洗刷、清扫以及车辆列检和乘务工作，停车场所在正线运营列车的故障处理和救援工作，车辆定修(年检)以下车辆的各级日常检查维修的修程。遇到车辆的重大临修则采用部件互换的修理方式。每条城市轨道交通线路按其线路长度和配属车辆的多少，设置停车场或根据需要再增加设置辅助停车场，辅助停车场仅设置停车、列检设施，只承担车辆的停放、清洁、列检工作。

停车场配备车辆运用、整备和日常检查维修及配套设施，主要有停车列检库、不落轮镟床库、调机库、临修库和车辆自动洗刷库及出入段线、洗车线、试车线、各种车库线，以及牵出线、存车线、走行线等各种辅助线路；主要设备有：调机车（内燃机）、不落轮镟床、自动洗车机和车辆救援设备以及为车辆重大临修服务的架车机、起重机等。

（2）车辆段

车辆段除具有停车场的功能外，还是对城市轨道交通车辆进行较大修程的场所。车辆段主要拥有以下功能：

①承担所属线路的车辆停放、清洁、列检工作。

②承担所在线路车辆的定修（年检）及以下车辆检查维修和临修工作。

③承担所属线路和由多条联络线互相沟通的线路的车辆架、大修工作。

④承担车辆部件的检测、修理工作，满足车辆各修程对互换部件的需求。其维修能力的设置也可使其成为城市轨道交通网络的车辆部件维修点，为其他车辆段服务。

车辆段要在停车场的基础上增加车辆架、大修的设施设备，车辆主要检修方式采用部件互换修。同时，根据工艺要求，要具备车辆零部件的检修能力。

车辆段配备的车辆检修设施主要有架、大修库、静调库和部件检修间以及油漆间、机加工间、熔焊间和必要的辅助间等。车辆架、大修主要设备有：架车机、移车台或车体吊装设备、公铁两用牵引车、转向架、车钩、电机等各种部件的试验和修理设备、车辆油漆设备、列车静态调试和动态调试设备。承担列车转向任务的车辆段还设置列车的回转线。

车辆段内无物资总库时还要设置材料库，并配备必要的运输和起重设备。

车辆段主要划分为检修区和运营区，所有的检修工作均集中在检修区进行，运营区主要负责段属车辆的停放、列检和乘务工作。

车辆段一般还兼有综合检修基地功能，是保障线路各系统正常运行的保障基地和管理部门。在停车场一般设置各系统的维修工区，属综合检修基地管辖。

2. 检修基地的选址、布置原则和建设规模

（1）选址原则

检修基地位置的选定要从技术需要、经济合理和环境可能等诸因素综合考虑。选址的主要原则是：

①要有一定的场地面积，相邻单位和居民要少，尽量减少拆迁费用，同时在保证基地用地布置需要的同时，尽可能减少对周围环境的影响。

②能布置通畅的道路与外界道路相通，便于各种运输车辆的进出；并且临近铁路，与铁路有较好的联系，便于地铁列车、调车机车、工程列车、货物列车与铁路之间的接泊和转运。

③设置于城市轨道交通网络的较佳点，便于列车的出车和收车，减少列车空走距离，做到方便、可靠、迅速、经济，达到节能、高效的目的。

④根据城市轨道交通网络规划，留有远期发展的余地。

⑤避开工程地质、水文地质不良（如滑坡、活断层、流沙、高地下水位、永冻土层等）地段，降低建设造价和保证工程的质量。

⑥场地标高具有良好的自然排水条件。尽量避开受洪水影响的地形，当无法避开时应有切实可行的防洪措施。

⑦有利于电力、通信等线路和供、排水等管路的引入。

⑧维修基地的纵轴尽可能与本地区的主导风向一致或成较小角度。

⑨对于用地困难的城市，可以因地制宜。采用半地下、双层、三层等结构，上部可作为办公或进行综合开发使用，以减少占地面积。

(2)布置原则

检修基地的总体布置应首先满足停车功能和检修功能，还要根据占地的形状和地形，因地制宜，综合考虑。

一般来讲，细长的占地形状便于布置，有利于节约用地，可以将检修区和停车区分别集中布置，便于管理，减少干扰。

车辆段(大修段)承担停车和包括架大修等较高级修程的各级修程检修任务，一般停车库和检修库串联(纵列式)布置(如图 3.1 所示)。停车场承担列车停车和日检、双周检、双月检、定修(年检)等较低级修程的检修任务，一般停车库和检修库并列(横列式)布置(如图 3.2 所示)，这样既便于工作互相联系，又减少占地面积。

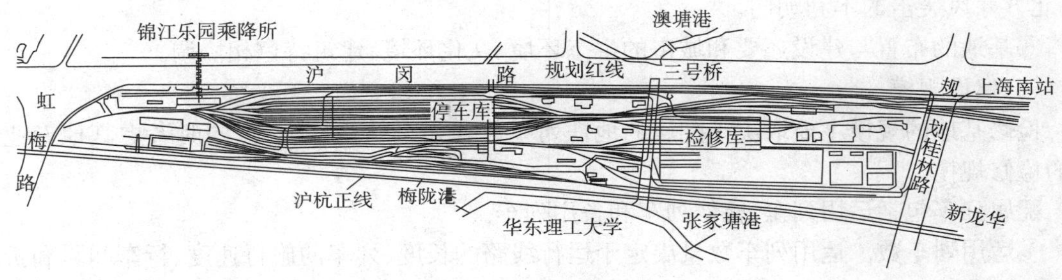

图 3.1　检修库和停车库的纵列式布置

图 3.2　检修库和运用库的横列式布置

将对车辆各级修程的检修工作都集中在检修区，这样便于检修的集中管理，对车辆检修的大型设备辅助车间、设备和备品、备件库及工具间也可以协调统一使用，提高它们的使用率和工作效率。

停车库尽可能布置成贯通式，列车由停车库两端进出，可以大大缓解车场道岔咽喉区的列车通过能力，这种布置方式一般还设置连通两端的联络线，对列车的灵活调度、运用，缩短出、入库时间具有明显的优点。

检修基地的总体布置还要遵循以下基本的原则：

①根据车辆运行组织、车辆检修规程使作业流程顺畅、安全、便利，减少各工序流程间的冗

余时间及车辆空走和运输距离。

②基地内道路尽量避免与生产运输的道路交叉。需要交叉时，交叉角应在45°～90°，交叉道口不应有明显影响车辆司机瞭望视线的障碍物，必要时可以设置人工监护或自动道口栏杆及报警装置，以保证列车与人身安全；道口应采用混凝土硬化地面，平整顺畅。

③基地的布置根据设施的不同功能分区布局，一般分为车辆运用区、车辆检修区、行政管理和后勤服务区，各功能区域宜尽可能集中设置，这样便于设备的统一使用，减少生产运输路程，可以集中考虑水、电、通信等各种线路、管道设施的布置，对废水、废液、废气和噪声等统一处理，有利于建立消防、安全保卫系统，并且方便职工的就餐、就医、上下班交通等生活需要。

④在满足功能的前提下，尽量减少用地面积，提高土地使用率，并要为长远发展留有余地。

⑤建筑物的纵轴尽可能与主导风向一致或成较小夹角，主要建筑物尽量不要处于南方西晒、北方寒风袭击的不利朝向。

⑥基地的布置与建设还要和城市的生态环境、文化环境、建筑特色相协调。

(3)建设规模

检修基地的规模主要取决于配属的地铁列车数和列车的检修模式，同时考虑其他专业设备的检修规模。

配属列车包括运用列车、检修列车和备用列车。

①运用列车数。运用列车数量决定于运行线路的长度、列车的旅行速度、行车间隔和折返时间。

②备用列车数。备用列车数是作为车辆临时发生故障时投入使用的储备列车数量。

③检修列车数。检修列车数取决于运用车辆数、检修周期及检修的停库时间。

3. 车辆运用、检修库房和车间及其主要设备

(1)停车列检库及其附属车间

停车库兼有停车、整备、清扫、日常检查、司机出乘等多种功能，为实现这些功能，停车库除设有停车线外，还设有运用车间、运转值班室、司机待班室等司机出乘用房，还设有列车以及列车车载信号检修用房。由于列车本身价值昂贵，在地铁运行中占据着重要地位，因此在停车库都设置自动防灾报警设备，和整个消防系统联系在一起。架空触网或接触轨应进库，接触轨应加防护装置，每条库线两端和库外线之间及停车台位之间设置隔离开关，可以对每条停车线的接触网(接触轨)独立停、送电，每条停车线还应有接触网(接触轨)送电的信号显示和列车出、入库的音响报警装置。停车线兼作车辆列检线时，应有检查地沟。

地铁车辆除了由自动洗刷机洗刷外，对自动洗刷不到的部件进行人工辅助洗刷，还要对列车室进行每日的清扫、洗刷和定期消毒。这些工作在清扫库进行，清扫库一般毗邻停车库，库内应设置上、下水及洗刷平台。

在停车库两端应有一段平直硬化地面，作为消防、运输通道，通道应该设置可动防护栏杆，平时封锁，仅在必要的特殊情况下使用。

(2)检修库及其辅助车间

检修库及其辅助车间的平面布置主要取决于车辆的配属量、车辆的修程、检修方式及其工艺流程，同时要综合考虑自然地形条件、工件运输线路以及安全、防火和环保要求等因素。

①双周、双月检库

双周、双月检都要在库内对列车的走行部、车体及车顶设备进行检查，为便于作业和保证安全，线路采用架空形式，除线路中间设置地沟外，在检修线两侧设有三层立体检修场地，底层地坪低于库内地坪(若以轨面标高为±0.00 m，其地坪标高约为－1.0 m)，可以对走行部以及车体下布置的电气箱、制动单元、蓄电池进行检查，中间为标高＋1.1 m左右平台，可对车体、车门进行检查作业，车顶平台标高＋3.5 m，主要对车辆顶部的受电弓、空调设备进行检修，车顶平台设有安全栏杆。双周、双月检库立体检修平台示意图如图3.3所示。

图3.3 双周双月检库立体检修平台

双周、双月检库根据作业的要求可设有悬臂吊，可以对需要进行拆、装作业的受电弓和空调设备进行吊装。还配置了液压升降车、蓄电池等电气箱搬运车等运输车辆。

为了对车辆进行双周、双月检、定修(年检)，还应设置受电弓、空调装置、车载信号、试验设备等辅助工间以及备品工具间。

②定修库

定修库和周、月检一样，线路采用架空形式，线路中间设置检修地沟，线路两侧设置3层检修场地。车库设2 t起重机。车辆的定修和临修有时也可以在一个车库进行，合并为定修、临修库，这时必须根据列车编组在库内设置架车机组，在列车解钩后可以同步架起一个单元的车辆。车库内设有10 t起重机，其起重量可吊装车辆的大部件。其辅助工间应和其他检修库统一考虑。

③架修、大修库

架修、大修库的布置应根据车辆检修工艺流程确定。对车辆设备和零部件的检修方式采用互换修为主，作业流程根据实践情况，一般采用流水作业和定位修方式相结合。采用部件互换修可以减少列车的停库时间，并且可以合理地安排计划，做到均衡生产，避免因某一部件检修周期长，影响整列车的检修进度。联合检修厂房内设置车辆的待修、修竣部件和部件的存放场地。

架修、大修库内主要设备有：地下式架车机、移车台、假转向架、桥式起重机、公铁两用牵引车、必要的运输工具、工作平台等。图3.4为地下式架车机。

④辅助检修车间及其设备

地铁车辆是一种涉及多种专业、极其复杂的设备，在对车辆进行架、大修时，都要架车、分解，对部件进行检修。这些检修工作都在辅助检修车间进行。这些辅助检修车间根据列车架、

图 3.4　地下式架车机

大修的工艺流程，大部分都布置在检修主库的周围。

a. 转向架、轮对间

转向架、轮对间通过轨道和转向架转盘架、大修库相连接。主要由转向架检修区、轮对检修区和轮对等零、部件的存放区组成。

转向架检修区对转向架进行分解，分解后的零、部件送到相应检修位置进行检修，恢复技术状态，然后进行组装。转向架检修区的主要设备有转向架冲洗机、转向架回转台、构架试验台、转向架综合试验台、地下式转向架托台以及减振器试验台、一系悬挂弹簧试验台等。

轮对间主要对轮对以及轴箱、轴承进行检修。主要设备有从轴颈上组装、拆卸轴承的感应加热器、组装车轮的轮对压装机、加工车轮内孔的立式车床、加工轴颈的轴颈磨床和加工轮对踏面的轮对车床等大型设备。还有对轴箱轴承进行清洗和检查以及分解轴箱的感应加热器等设备。由于轮对的车轴受有循环应力，其破坏形式是疲劳破坏，应定期对其进行探伤，还要配置超声波及磁粉探伤设备。由于对轴承的检修工作专业性强，需要大量的设备和占地，但是每年的工作量很小，所以一般都将轴承检修工作委托社会专业单位承担。有条件的地方。也可以将探伤工作委托社会专业单位承担。

转向架、轮对间要适应互换修方式，有足够的转向架、轮对及其他零部件的存放场地，还应配备相应的起重设备。

b. 电机间

电机间是对车辆牵引电机、空气压缩机电机以及其他车辆设备（如制动电阻冷却风机等）的动力电机进行检修的辅助车间。需要配备电机分解、检测、组装、试验的设备和必要的起重、运输设备。

主要设备有牵引电机试验台、其他电机试验台，采用直流电机还有整流器下刻机、点焊机、动平衡试验机等。牵引电机试验台如图 3.5 所示。

电机大修专业性强，检修量少，并且需要绕线、浸漆、烘干等设备。一般都委托专业工厂进行。

c. 电器、电子间

电器间承担对车辆电气组件的检修作业，对列车的主控制器、主逆变器、辅助逆变器、各类

图 3.5　牵引电机试验台

高速开关、直流接触器等各种电器进行试验、检修、检验，装备有综合电气试验台，辅助逆变器试验台，高速开关试验台，主接触器试验台、速度传感器试验等各类试验台以及供电气测试的各种仪器仪表。

电子间主要对列车牵引、制动、空调等计算机控制系统的各类电子控制板进行检修作业，由于电子间的检修、测试对象都是精密的电子元件。因此电子间要求采取无尘、防静电、控制环境温度和湿度等措施，是一个环境要求很高的车间。

辅助车间还有车门、制动、车钩、受电弓、空调检修间，相应的配备有车门试验台、制动试验台、阀类试验台、车钩试验台、受电弓试验台、空调试验台以及必要的检修设备。

上述辅助车间一般都布置在架、大修主库的周围，可以使检修工序、流程合理紧凑简洁，减少运输路程，提高工作效率。

(3)其他库房及车间

检修基地内有些库房及车间由于环境保护和劳动保护要求、检修的特殊要求等因素，或者是由于设施和检修基地的检修共同使用，要单独设置。

①不落轮镟床库

地铁车辆转向架的轮对在运行中有时会发生踏面的擦伤、剥离和轮缘磨耗达不到运行技术要求的问题，需要及时镟削。使用不落轮镟床可以不拆卸轮对直接对车辆的轮对踏面和轮缘即时地进行镟削。运行的实践说明，不落轮镟床是保证地铁车辆正常运行不可缺少的重要设备。开始建设时就要对此作充分考虑。图 3.6 为 U2000 型不落轮镟床。

不落轮镟床需要在温度、湿度得到控制的环境使用，为减少投资，在库内为镟床单独设置隔离的环境空间。

不落轮镟床库及其前后一辆车辆范围的线路为平直线路。作业线的长度要满足列车所有车辆轮对镟削的要求，列车出入库和轮对的就位一般由专门的牵引设备承担。

②列车洗刷库

列车洗刷库建在洗刷线的中部，库内设有自动洗刷机，可对列车端部和侧面进行化学洗涤和清水洗刷。在洗刷过程中，列车的行进可利用自身动力，也可用专设的小车带动，分为水喷淋、喷化学洗涤剂、刷洗等多道工序，在寒带地区还应有车体干燥工序。列车自动洗刷机如图 3.7 所示。

图 3.6　U2000 型不落轮镟床

图 3.7　列车自动洗刷机

为避免列车洗刷作业影响对其他线路的进路。洗刷机前后线路的长度都不应小于一列车的长度。

③蓄电池间

蓄电池间主要对地铁车辆的碱性蓄电池进行充电和检修，另外也对各种运输车辆的酸性蓄电池进行充电和检修。蓄电池间要配置相应的试验、充电设备和通风、给排水和防腐设施。碱性和酸性蓄电池操作间应分开设置，防止酸气进入碱性蓄电池，酸、碱发生中和作用，影响蓄电池的质量。蓄电池间要单独设置，并布置在长年主导风向下风侧。还要有防爆措施。

④中心仓库

中心仓库承担城市轨道交通全线各专业所需机电设备、机具、工具、材料、备品备件的供应工作。主要工作环节有采购、入库、仓储、发放。仓库中应有仓储起重、运输等设备和设施，还应附有露天存放场和材料专用轨道线。还要设置专门的环控库房，存放环境要求高的精度配件。

对于易燃易爆物品要单独设立危险品仓库，危险品仓库应单独设置在对周围建筑影响最

小的位置,并与外界隔离,根据易爆、易燃物品的性质要分不同房间存放,建筑物的通风、消防等要符合有关规定。有时为了减少与邻近建筑物之间的防火距离,易燃品库也可采取半地下式或地下式的建筑。

城市轨道交通设备配件种类繁多(仅车辆配件就有数千种),价值昂贵。仓库对物流的管理涉及社会流通领域和城市轨道交通内部生产流域。它既是各专业检修生产工艺的组成部分,与检修生产密不可分,要保证供应;又有着非常强的"成本中心"的作用,对材料、备件的消耗管理和物流本身对资源的占用和消耗都和检修成本有着直接关系。

随着现代物流技术、计算机信息管理技术和电子商务的发展,使中心仓库采用自动化立体仓库仓储技术、建设"城市轨道交通自动化综合物流系统"成为可能。

自动化立体仓库主要由货物存储系统、货物存取和运输系统以及控制和管理三大系统组成,还有与之配套的供电系统、消防报警系统、网络通信系统等。

除此之外,根据需要还有调机(内燃机车)库、消防间,污水处理站、配电站、变电站、机加工中心、汽车库等库房,车间也需要单独设置。

3.1.5　知识拓展——城市轨道交通车辆的修程

城市轨道交通车辆检修制度是车辆安全、可靠运行的基本而重要的保证,也是确定城市轨道交通车辆的检修体制以保证车辆检修工作顺利进行的基础。城市轨道交通车辆检修制度对车辆修程的类型和等级、实施修程的车辆运行公里或时间、完成修程的车辆停运时间作出具体规定。

城市轨道交通车辆采用定期预防性维修,修程及其检修周期的依据是车辆及其设备、零部件的产生磨损和发生故障的规律。产生磨损和发生故障的规律又和车辆的技术水平、运行条件、检修技术密切相关。

车辆设计和生产的模块化、集成化程度逐步提高,车辆的设备、部件和零件具有良好的互换性,这就使车辆在运行可靠性得到提高的同时大大减少了车辆的检修量,并为采用部件互换性方式提供了有利条件,可以大大缩短车辆检修的停运时间。与此同时,车辆部件朝着少维修、免维修方向发展,也提高了它们的维修周期。

车辆采用微机控制和故障诊断技术以及对车辆一些部件进行在线自动测试技术的应用,又使对车辆一些部件的检修逐步朝着状态修的目标发展。

各运营单位都对车辆零件的磨损、车辆设备和部件的故障进行记录、统计、分析,在总结车辆运行、检修实践经验的基础上,对车辆的修程及其检修周期、检修停运时间不断进行优化,对检修制度进行改革,确定新的修程,并逐步向均衡计划检修方式过渡。

1. 香港地铁修程的变化(见表3.1)

表3.1　香港地铁车辆修程

维修级别	原修程	现修程	工作分工
1	日检 周检 月检 半年检	15 d 45 d 半年检 1年检 2年检	停车场

续上表

维修级别	原修程	现修程	工作分工
2	1年检 2年检 3年检 小修(6年) 大修(12年)	3年检 小修(6年) 大修(12年)	大修厂
3	部件修	部件修	大修厂或社会专业工厂

2. 上海地铁修程的变化(见表3.2)

上海地铁1号线、2号线车辆分别自1993年、1998年开始运行,上海地铁对1号线车辆已进行了所有修程的检修,对2号线车辆也已进行了架修以下的所有修程的检修。上海地铁及时记录车辆运行的技术状况,定时统计、分析车辆发生故障的频次和原因,不断总结车辆检修的经验、教训,在充分掌握车辆零、部件的最小检修周期和使用期限的基础上,对车辆检修的设备、设施和车辆检修的组织和管理方式不断进行完善和革新,对于定修以下修程的内容做过多次调整。在此基础上又对车辆检修的修程进行了改革。第一次是用月检(A)、月检(B)代替原有的双周检、双月检,第二次是将定修以下修程的车辆检修内容进行综合调整,用月检1～月检12代替原有的定修、月检(A)、月检(B)的车辆检修修程,并安排在车辆运行的间隙时间进行车辆的检修工作,车辆检修停运时间大大减少,大大提高了出车率。

表3.2 上海地铁车辆修程

维修级别	原修程	调整修程	现修程	工作分工
1	日检 双周检 双月检 定修(1年检)	日检 月检(A) 月检(B) 定修(1年检)	日检 月检1～月检12	停车场
2	架修(5年) 大修(10年)	架修(5年) 大修(10年)	架修(5年) 大修(10年)	车辆段
3	部件修	部件修	—	车辆段或社会专业工厂

3.1.6 相关规范、规程与标准

《地铁设计规范》(GB 50157—2013)中“27 车辆基地”的相关规定。

典型工作任务2 识读车辆段线路、信号平面布置图

3.2.1 教学目标

1. 能力目标

能识别车辆段示意图中各种主要线路,理解其功能与特点;能在车辆段示意图中区分各种类型的信号设备。

2. 知识目标

掌握车辆段主要线路的功能与特点;掌握车辆段各种信号设备作业功能和显示意义。

3. 素质目标

培养城市轨道交通安全生产意识,作业过程与设备操作必须严格遵章守纪。

3.2.2 工作任务

通过本任务,要求能掌握车辆段主要线路的功能与特点;掌握车辆段各种信号设备作业功能和显示意义。

3.2.3 所需配备

已投入运营的一座城市轨道交通车辆段,停车场沙盘一个,车辆段沙盘一个。

3.2.4 相关配套知识

1. 检修基地的主要线路

(1)停车线

停车线应为平直线路,一般设停车库,停放车辆同时兼作检修线,分为尽头式和贯通式,但贯通式便于列车灵活调度,因此尽可能采用贯通式。一般尽头式每线停放两列列车、贯通式可停放 2～3 列列车。

(2)出、入段线

供车辆出、入停车场或车辆段的线路,除特殊条件限制都要设置为双线,并避免切割正线,根据行车和信号要求留有必要的段(场)线路与运营正线的转换长度。

(3)牵出线

牵出线适应段(场)内调车的需要,牵出线的长度和数量根据列车的编组长度和调车作业的方式和工作量确定。

(4)静调线

设在静调库内,列车检修完毕在到试车线试车之前,要在静调库对列车进行静态调试,检查列车各部分的技术状态,对各种电气设备和控制回路的逻辑动作和整定值进行测试和调整。静调线全长设置地沟,地沟内设置照明光带。静调线为平直线路,静调库内还要设置车间牵引电力电源和有关的测试设备。车辆段在车辆检修后进行车辆的尺寸检查,其中要对车辆的水平度进行检查,需要轨道高差精度等标准较高的线路(称为零轨),宜设在静调线。

(5)试车线

供定修、架修、大修后列车在验收前的动态调试。试车线的长度应满足远期列车最高运行速度,性能试验、列车编组、行车安全距离的要求。一般为平直线路,线路中间要设置不小于一单元列车长度的检查坑,供列车临时检查用。为进行列车车载信号装置的试验,试验线还应设置信号的地面装置,试车线旁应设置试车工作间,内设信号控制和试车必需的有关设备、设施和仪器。试车线应采取隔离措施。

(6)洗车线

供列车停运时洗刷车辆用,洗车线中部设有洗车库。洗刷线一般为贯通式,尽量和停车线相近,这样可以减少列车行走时间,并减少对车场咽喉地区通过能力的压力。洗车库前后要设

置不小于一列车长度的直线段，以保证列车平顺进出洗车库。

(7)检修线

检修线为平直线路，布置在检修、定修、架修、大修库内。架大修线的线间距要根据架修作业需要，还要综合考虑架车机等检修设备以及检修平台等的布置，检修移动设备、备件运输车辆移位以及检修人员作业需要的空间确定。检修线中要有一条平直度要求较高的线路，用于车体地板高度的精确测量。

(8)临修线

列车发生临时故障和破损，在临修线上完成对车辆的临修工作，临修线的长度能停放一列车，并考虑列车解编的需要。

以上是保证列车运行和检修的主要线路，除此之外，维修基地内还必须按需要设置临时存车线、检修前对列车清洗的吹扫线、材料装卸专用线、内燃调机车和特种车辆（如轨道车、触网架线试验车、磨轨车、隧道冲洗车等）停车线、联络线和与铁路连通的地铁专用线等。

2. G 市地铁 Y 车辆段线路设备

(1)车辆段概述

①车辆段管辖区

Y 车辆段位于 G 市黄埔大道以北，中山大道以西地块内，地处 5 号线 Y 站与 S 站之间，总用地面积 25.68 hm^2，其中围墙内占地面积为 22.45 hm^2，围墙内方为车辆段管辖范围，与正线以 X2031、S2025 信号机为界。

②站场及线路总平面布置

Y 车辆段以运用部分和检修部分为主体进行总平面布置，运用部分与检修部分呈顺向纵列式布置，如图 3.8 所示（见书后插页）。

运用部分设在车辆段东端，由运用库（一）和运用库（二）组成。其中运用库（一）内含三月检/定修库、六日检库、停车棚，三月检/定修库内设 4 股道，设 2 个三月检列位，2 个定修列位；六日检库设 6 股道，共设 12 个六日检列位，如图 3.9 所示。停车棚内设 10 股道，共设 20 个停车列位，如图 3.10 所示。

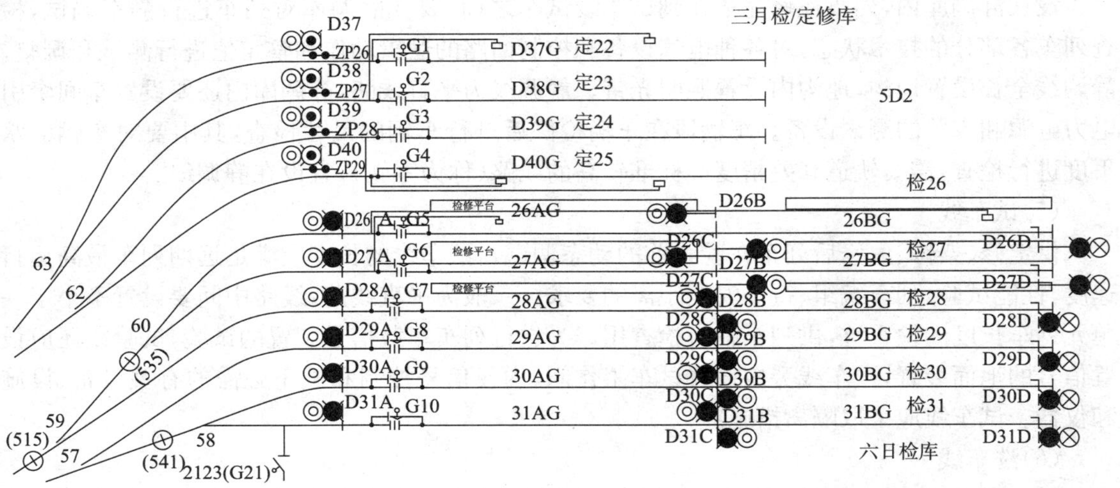

图 3.9　三月检/定修库、六日检库布置图

图 3.10　运用库(一)停车棚布置图

运用库(二)含停车棚和镟轮库,停车棚内设 12 股道,共 24 个列位;镟轮库设 1 股道,如图 3.11 所示。检修主厂房设在运用部分岔群前端的出入段线北侧,与运用部分通过牵出线连接。物资总库和污水处理场设在检修主厂房与运用部分之间的空地上。综合楼、调机库设于检修主厂房线群西端的空地上,在车辆段北侧边缘设置试车线。工程车库布置在洗车线的南侧,工程车库线全部采用 7 号道岔和 150 m 曲线半径连接,工程车库南侧设材料运输线 1 条和材料堆场。在车辆段西侧与出段线之间的三角形地块设置了主变电站和控制中心。

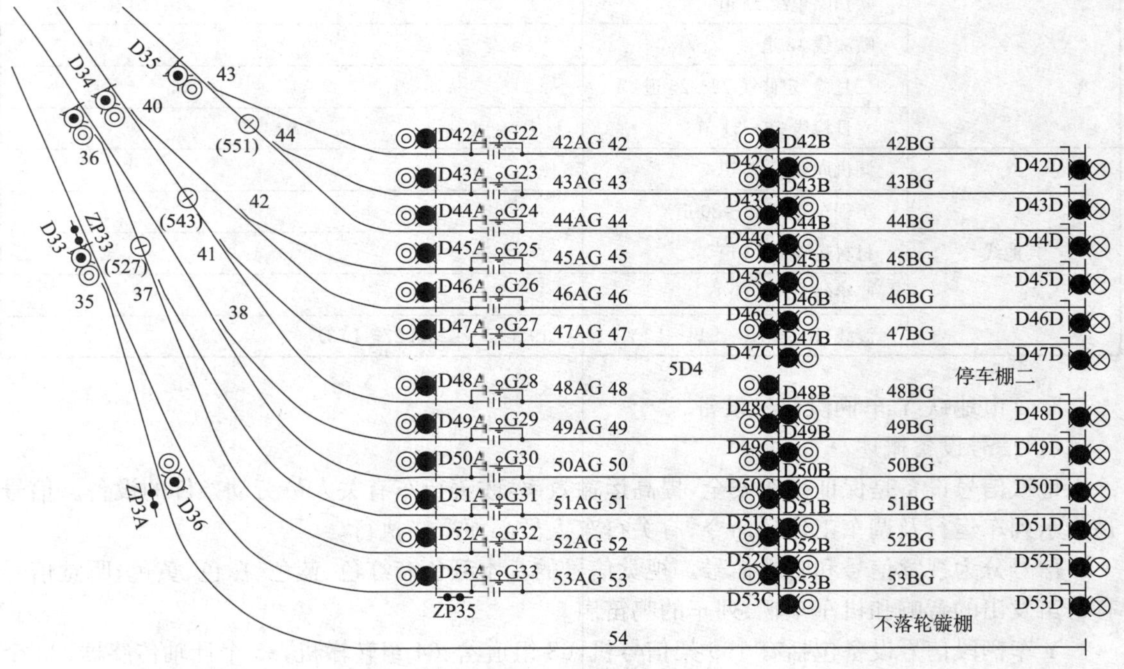

图 3.11　运用库(二)布置图

③车厂任务

a. 负担地铁 5 号线机电、通信、信号、线路、隧道、桥涵、房屋等运营设备设施的维修、保养任务。

b. 负担地铁 5 号线材料、工器具及器材的管理、供应任务。

c. 负担地铁 5 号线客车的停放、日常检查、清洗、喷漆、静调、临修、大修、架修、定修、镟轮及工程机车车辆的停放、检修等。

d. 提供运用列车投入服务。

e. 负责 5 号线列车运行出现故障时的技术检查、处理和救援工作。

(2)车辆段线路设备

车辆段线路按作业目的和功能分为运用线、检修线、其他线，详见表 3.3。

表 3.3　Y 车辆段线路及其作业

运用线	试车线 3 道
	牵出线 13 道
	走行线 14～16 道
	洗车线 17 道
	停车线 32～53 道
检修线	大修/架修线 4～6 道
	架修线 7 道
	临修线 8 道
	静调线 9～10 道
	吹扫除尘线 11 道
	喷漆线 12 道
	三月检/定修线 22～25 道
	六日检线 26～31 道
其他线	调机库线 1～2 道
	工程车库线 18～20 道
	材料运输线 21 道
	联络线 L10～L13
	渡线(L16～L17、L14～L15、L18～L19、L25～L26、L27～L28)

3. G 市地铁 Y 车辆段信号设备

(1)信号设备概述

地铁信号设备是保证行车安全，提高运输效率，改善行车有关人员劳动条件的设备。信号是指示列车运行及调车工作的命令，有关行车人员必须严格执行。

信号分为视觉信号和听觉信号。视觉信号的基本颜色有红色、蓝色、白色、黄色；听觉信号有口笛发出的音响和机车车辆、列车的鸣笛声。

Y 车辆段信号设备包括有 169 架信号机，63 组道岔、64 组转辙机，35 个计轴传感器、23 个计轴区段，91 个轨道电路区段。其中入厂信号机 2 架、入厂复示信号机 2 架、发车信号机 4 架、调车信号机 156 架。

(2)信号机分类及显示意义

车厂内所有信号机设置在列车运行方向的右侧。各种信号机作业功能及显示意义见表3.4。

表3.4 信号机作业功能及显示意义

<table>
<tr><th>信号机名称</th><th>作业功能</th><th>显示意义</th></tr>
<tr><td>入厂信号机</td><td>作为列车入车厂的凭证,指示列车由转换轨开往车厂走行线(14道、15道、16道)、洗车线17道和18G停车。高柱三显示,共2架</td><td>黄灯——允许列车入车厂
红灯——禁止越过该信号机
黄/红灯——引导信号,允许列车进车厂(黄、红灯位间设空灯位)</td></tr>
<tr><td>复示信号机</td><td>由于入厂信号机受地形、地物影响,达不到规定的显示距离,在该信号机前装设了复示信号机,表示入厂信号机开放状态。采用方形背板</td><td>绿灯——表示入厂信号机在开放状态,允许越过该复示信号机,凭入厂信号机入厂
无显示——表示入厂信号机在关闭状态,允许越过该复示信号机,须在入厂信号机前停车</td></tr>
<tr><td>出厂信号机</td><td>指示列车由走行线和18G开到X2031或S2025信号机前停车,凭X2031或S2025信号机开放占用转换轨。矮柱三显示,共9架(X14、X15、X16、X18、S14、S15、S16、S17、S18),其中S14、S15、S16、S17、S18五架信号机封黄显示,设置在走行线14道、15道、16道、洗车线17道、18G</td><td>黄灯——允许列车发车
红灯——禁止越过该信号机
月白灯——准许越过该信号机调车</td></tr>
<tr><td>调车信号机</td><td rowspan="2">调车信号机是指示调车机车车辆能否进入该信号机的防护区段或线路上进行调车作业。车厂内运用线、检修线和其他线均装设有调车信号机。长遮檐式调车信号机69架,装设在库外岔群;短遮檐式调车信号机52架,装设在六日检库、停车棚一、停车棚二内;高柱调车信号机1架,装设在牵出线13道;半高柱信号机4架,装设在六日检库26道、27道A、B段间。均为两显示</td><td>蓝灯——禁止越过该信号机调车
月白灯——准许越过该信号机调车</td></tr>
<tr><td>停车线调车信号机</td><td>红灯——禁止越过该信号机
月白灯——准许越过该信号机调车</td></tr>
<tr><td>尽头式调车信号机</td><td>矮柱尽头调车信号机28架,设置于试车线尽头、运用库内尽头;半高柱尽头式调车信号机2架,设置于六日检库26道、27道尽头</td><td>均为单红显示,禁止越过该信号机</td></tr>
</table>

(3)其他信号设备

①计轴传感器

车厂内有35个计轴传感器,安装在钢轨侧。

②车挡表示器

车厂内所有尽头线线路终端均设有车挡。试车线采用液压滑动式车挡,两端线路终端各一个;库内线路终端采用YCD型月牙车挡,共47个;牵出线13道及材料线21道线路终端采用直壁式车挡,共2个。

车厂内所有车挡上均设置有车挡表示器,昼间显示一个红色方牌,夜间显示为一个红色反光牌。

③信号标志

车厂内的信号标志装设在列车运行方向的右侧,特殊情况装设在左侧[设在左侧的信号标志有:走行线14道的停车收靴(转换受电模式)标、21道的停车位置标等],车厂内各种信号标志及其功能见表 3.5。

表 3.5 各种信号标志及其功能

信号标志	设置位置	功 能
警冲标	设于两会合线路线间距为 4 m 的中间	指示列车或调车车列停车位置
停车位置标	装设在试车线尽头式调车信号机 D41、D44 前方 50 m 处、牵出线 13 道 D1 信号机前 120 m 处、54 道库前、材料装卸线 21 道车挡前 10 m 处等	指示司机对标停车
预告标	设在试车线尽头式调车信号机 D41、D44 信号机前方 350 m、250 m、150 m 处	作为预告接近尽头式调车信号机的标志
接触网终点标	设在 54 道库前、牵出线 13 道、试车线两端接触网终端	警告客车司机运行时不准客车司机室后第一个客室门越过该标，防止客车脱弓
一度停车标	装设在平交道口前 1 m 处	指示司机对标停车，确认平交道口与库门的状态，防止发生冲突或压人
停车收靴（转换受电模式）标	装设在走行线 14 道 S14 信号机前 10 m 处、15 道 S15 信号机前 20 m 处、16 道 S16 信号机前 50 m 处、洗车线 17 道洗车信号机 P1 前 4 m 处、试车线 D43 信号机前 15 m 处	指示司机对标停车，并在此处停车收靴，转换为受电弓模式受电
停车降弓（转换受电模式）标	装设在走行线 14 道 X14 信号机前 8 m 处、15 道 X15 信号机前 8 m 处、16 道 X16 信号机前 8 m 处	指示司机对标停车，并在此处降下受电弓，转换为集电靴模式受电
停车降弓标	装设在不落轮镟修线 54 道库前，于平交道口前 1 m 处，与接触网终点标齐平	指示司机进入该线路的客车须降弓
3 km/h 限速标	装设在牵出线 13 道、洗车线 17 道，速线路，越过该标时须限速 3 km/h 运行	提示司机前方为进入尽头线或设备要求限速线路，越过该标时须限速 3 km/h 运行
50 km/h 限速标	装设在试车线距停车位置标 300 m 处，两端各安装一块	指示司机驾驶机车车辆在试车线运行时，越过此标时速度不能高于 50 km/h，如在此标处速度仍为 50 km/h 时，需施加全制动停车
停车位置转换模式标	装设于转换轨 X2029、S2023、Sc、Sr 信号机前 10 m 处	指示司机在此处停车转换驾驶模式

3.2.5 拓展知识

1. 综合维修基地

综合维修基地承担全线各种设备、设施的定期维修、维护和故障维修。综合维修基地一般都和车辆维修基地（车辆段）设置在一起，也可以单独设置，但必须设置在车辆维修基地的紧邻地区。

在城市轨道交通运营线路较长或者担当两条以上运营线路的设备、设施维修任务时，维修任务大，可以设立综合维修中心，维修中心下可设各专业段（或车间）。在维修量不大，也就是在运营线路不长或在地铁运营的初、近期阶段，可设立综合维修段（所），下设各专业维修工区。

按照专业，一般可分为下述几个段（工区），根据专业特点需要有相应的检修间，并配备必要的检修设备。

通（信）、（信）号段（工区）承担全线通信（包括有线通信、无线通信、车站和车载广播、电视监控系统）和信号（包括 ATC 设备、地面和车载设备及车场折返线的道岔电气集中联锁控制

系统)设备、设施的维修、维护工作,综合维修基地与工作相适应,要设立通信维修间和信号维修间。

机电段(机电工区、接触网工区)承担全线主变电站、牵引变电站、降压变电站的运行及设备维护、维修和接触网、车站通风、空调等环控设备以及自动扶梯、电梯、照明、防灾报警等辅助设备的维护、维修工作。设置机电维修间和接触网架线、实验车和相关的机械加工设备。

修建段(工区)承担全线地下隧道及建筑、高架桥梁及建筑、线路、道岔等设备、设施的巡检、维护、维修工作。在综合维修中心设有工务维修间,并配备有轨道探伤、检测设备、磨轨机、隧道清洗车等必要的生产设施。

在综合维修基地还要配备相应的生产设施和特种车辆存放线和车库以及办公、生活设施。

综合维修基地的功能和任务如下:

①承担所辖线路沿线隧道、线路和桥梁等设施的检查、保养和维修工作。

②承担所辖线路车站建筑和地面建筑的保养和维修工作。

③承担所辖线路变电所、接触网、供电线路和设备的运行管理、检查、保养和维修工作。

④承担所辖线路各机电系统及设备的运行管理、检查、保养和维修工作。

⑤承担所辖线路通信、信号系统的运行管理、检查、保养和维修工作。

⑥承担所辖线路自动售检票系统和设备的运行管理、检查、保养和维修工作。

⑦承担所辖线路防灾报警系统、设备监控系统的检查、保养和维修工作,基地各系统和设备的大、中修等工作。

⑧承担所辖线路运营、检修所需的各类材料、设备、备品配件的采购、储备、保管和发放工作。

综合维修基地主要设施:综合维修基地检修车间、材料总库、特种车辆库、办公楼等。

2. 广州地铁5号线厦滘车辆段内列车运行速度(见表3.6)

表3.6 车辆段内运行速度

序号	项 目	速度(km/h)	说 明
1	空线牵引运行	18	1. 客车侧向过岔或通过小于65 m曲线半径的线路限速运行限速15 km/h,工程机车车辆侧向过岔或通过小于65 m曲线半径的线路限速15 km/h 2. 接近停车位置三、二、一车距离时,分别限速8 km/h、5 km/h、3 km/h 3. 维修线有地坑地段限速10 km/h 4. 试车线进行调试作业时,按调试速度要求执行
2	空线推进运行	15	
3	调动装载超限货物的车辆时	5	
4	在尽头线调车时	10	
5	在维修线调车时	10	
6	在运用库内停车线调车时	10	
7	货物线上对位时	5	
8	接近被连挂车辆三、二、一车时	8、5、3	
9	接近被连挂车辆时	3	

3.2.6 相关规范、规程与标准

1.《城市轨道交通运营管理规范》(GB/T 30012—2013)中“7 车辆及其设施管理”的相关规定。

2.《地铁设计规范》(GB 50157—2013)中“27 车辆基地”的相关规定。

3. 广州地铁行车组织规则中关于“信号显示”的规定。

项目小结

本项目安排了两个典型工作任务，一是了解城市轨道交通车辆检修基地，二是识读车辆段线路、信号平面布置图。任务1介绍了车辆检修基地的功能任务和车辆检修基地的选址、布置原则，详述了车辆检修的主要项目及其相应具备的维修设备。任务2论述了车辆段主要线路的功能与特点，详述了各种信号设备作业功能和显示意义。

通过本项目的学习，要求学习者能理解车辆检修基地的功能和检修基地的选址、布置原则；了解检修基地的布局；能叙述一般检修项目及其对应的设备；能识别车辆段示意图中各种主要线路，理解其功能与特点；能在车辆段示意图中区分各种类型的信号设备。

复习思考题

1. 停车场主要承担什么任务？
2. 车辆段主要拥有哪些功能？
3. 车辆段的布置形式有哪些？
4. 列表说明各检修库及其辅助车间的检修作业与配套设备。
5. 车辆段主要有哪些线路？各自的功能是什么？
6. 信号设备如何分类？
7. 说明主要信号机的种类及其显示意义。
8. 叙述各种信号标志的设置位置和功能。

项目4　供电设备

项目描述

供电系统是城市轨道交通的动力源泉。没有供电系统的可靠安全供电，就不可能有城市轨道交通的正常运行。本项目设两个典型工作任务，任务1概述城市轨道交通供电系统的功能、组成，城市轨道交通供电制式及外部供电系统对城市轨道交通的三种供电方式；任务2介绍变电所的类型和主要电气设备，接触网的结构形式以及牵引变电所向接触网的供电方式。

拟实现的教学目标

1. 能力目标

能画出城市轨道交通系统集中供电和牵引供电系统示意图；能分析一条地铁线路的供电臂供电范围；能画出直流牵引变电所的接线原理图并复述其原理；能区分各种类型的接触网，理解其特点。

2. 知识目标

理解城市轨道交通供电系统的功能；理解城市轨道交通供电系统采用直流制式的原因；了解三种外部供电方式的特点；掌握牵引供电系统的功能和组成；了解接触网的结构形式；掌握牵引变电所向接触网的供电方式。

3. 素质目标

培养安全生产责任意识，具备对供电设备进行安全操作的职业素养。

相关案例——某车辆段列车进入无电区事件苗头

1. 事件概况

2009年1月27日0:52，某车辆段变电所211开关△I保护动作跳闸，12 s后重合闸成功。1:07，变电所值班员报电调:0:52:13，211开关△I动作，动作电流3 023 A，3号轨电位动作一次。2:00，供电专工报跳闸电流3 024 A，峰值16 000 A。初步判断当时故障电流存在，要求对211开关小车进行检查。电调远动分开211开关、2111刀闸，并通知供电专工，3D1区已停电，检修要求在4:00前结束。经供电专工检测，回复电调：现场属一般短路，211开关触头有小于0.5 mm^2的烧伤痕迹，引弧栅有熔银，灭弧罩有烧黑，灭弧栅片无穿孔、变形，经打磨处理后具备送电条件。电调经与车厂调度和供电专工口头确认后，在MMI上合上2111刀闸和211开关，对3D1区送电。

3:54,列车运行至L35道岔附近,司机发现列车没有牵引力,网压为0,受电弓升降灯不亮,主断合灯亮,司机马上拉停列车、施加停车制动、降弓,报车厂调度及信号楼。车厂调度通知司机降弓并原地待令。经供电人员确认重新分/合闸一次,确认是合闸位置,设备正常。(此时供电值班人员擅自分开211开关,将211小车推到运行位后又合闸送电,3D1区带电)后经供电三分部初步判断是车辆故障引起。

2. 原因分析

(1)当值电调违章调度指挥,未认真确认211小车状态,211开关在试验位的情况下合闸送电,3D1区实际上没有带电,造成调车作业时列车从有电区(3D3)进入了无电区(3D1),是本次事件的主要原因。

(2)当晚天正下雨,03A018车刚洗完车回库后,降弓位置传感器的电缆塑料套管表面有碳粉,使电缆塑料套管的绝缘能力降低,从而形成高压电对车顶短路,是导致211开关跳闸的直接原因。

(3)发现列车进入无电区后,电调通知供电人员确认211开关位置状态,供电值班员在没有接到调度命令的情况下,擅自对211开关停、送电,违反了《××地铁变电所(站)安全工作规程》第5.4.3.9"对由电调管辖的设备,遇有危及人身和设备安全的紧急情况,值班人员(巡检人员)可先行断开有关的断路器和隔离开关,再报告电调,但再合闸时,必须有电调的命令。"等规定,存在严重安全隐患。

(4)由于当晚阴雨天气,车辆段接触网3D1区在停电后仍存在较高感应电压或残压(大于29.5 V),导致211小车在试验位启动测试功能后仍能满足检测条件,从而使断路器合闸成功,导致电调在MMI上能够合上211开关。

3. 防范措施

(1)加强监督检查力度,发现并制止违章调度指挥现象。

(2)电调在倒闸操作之前,要认真确认设备状态,有不清楚的要及时向现场人员确认,禁止臆测送电。

(3)加强规章制度学习,熟悉工作制度和工作许可制度,指挥调度过程中明确指挥沟通对象,避免信息转达太多,造成信息失真,延误时间。

(4)加强值班主任供电系统相关知识的培训,送电前要求确认相关的隔离开关、小车设备等已经操作完成,送电后确认母排的电压值、小车运行状态,把好互控关。

上述案例告诉我们,电力牵引供电系统是城市轨道交通系统的重要组成部分,它相当于人体的中枢系统。没有可靠安全的供电系统的供电,就没有牵引系统足够的动力支持,也就不可能有城市轨道交通的正常运行。那么,供电系统和牵引系统是如何起到作用的呢?本项目主要解决这两大问题。

典型工作任务1　绘制城市轨道交通牵引供电系统示意图

4.1.1　教学目标

1. 能力目标

能画出城市轨道交通集中供电系统示意图;能画出城市轨道交通牵引供电系统示意图。

2. 知识目标

理解城市轨道交通供电系统的功能；理解城市轨道交通供电系统采用直流制式的原因；了解三种外部供电方式的特点。

3. 素质目标

培养安全生产责任意识，具备对供电设备进行安全操作的职业素养。

4.1.2 工作任务

通过本任务，理解城市轨道交通供电系统的功能，掌握供电系统的工作原理、供电方式及供电系统的组成。

4.1.3 所需配备

已投入运营的城市轨道交通线路一条，城市轨道交通牵引供电系统示教板一套。

4.1.4 相关配套知识

1. 城市轨道交通供电系统的功能和组成

城市轨道交通供电系统是为城市轨道交通运营提供所需电能的系统，不仅为城市轨道交通电动列车提供牵引用电，而且还为城市轨道交通运营服务的其他设施提供电能。

(1)城市轨道交通供电系统的功能

城市轨道交通供电系统应具备安全、可靠、调度方便、技术先进、功能齐全、经济合理的特点，并应具备以下功能：

①全方位的服务功能

城市轨道交通供电系统的服务对象，是包括电动车辆、空调设施、自动扶梯、自动售检票系统、屏蔽门、排水泵、排污泵、通信信号设备、消防设施和各种照明设备等在内的一个庞大的用电群体，供电系统必须满足这些不同用途的用电设备对电源的不同需求。

②故障自救功能

无论供电系统如何构成，采用什么样的设备，安全、可靠地供电总是第一位的。在系统中发生任何一种故障，系统本身都应有备用措施，以保证城市轨道交通系统的正常运营。供电系统设计以双电源为基本原则，当一路电源故障时，另一路电源应能保证系统的正常供电。

③系统的自我保护功能

系统应有完善、协调的保护措施，供电系统的各级继电保护应相互配合和协调，当系统发生故障时，应当只切除故障部分的设备，从而使故障范围缩小。系统的各级保护应当满足可靠性、灵敏性、速动性、选择性的要求。对牵引供电系统而言，为保证旅客的安全，保护的速动性是第一位的，其保护的原则是“宁可误动作，不可不动作”。

④防止误操作的功能

系统中任何一个环节的操作都应有相应的联锁条件，不允许因误操作而导致发生故障。尤其是各种隔离开关(无论是电动还是手动)或手车式开关的隔离触头，都不允许带负荷操作。防止误操作是使系统安全、可靠地运行所不可缺少的环节。

⑤方便灵活的调度功能

系统应能在控制中心进行集中控制、监视和测量，并应能根据运行需要，方便灵活地进行调度，变更运行方式，分配负荷潮流，使系统的运行更加经济合理。

⑥完善的控制、显示和计量功能

系统应能进行本地和远动控制，并可以方便地进行操作转换，系统各环节的运行状态应有明确的显示，使运行人员一目了然。各种信号显示应明确，事故信号、预告信号分别显示。各种电量的测量和电能的计量应准确，并便于运行人员查证和分析。

⑦电磁兼容功能

供电系统及其设备在地铁这个电磁环境中，首先是作为电磁骚扰源存在的，同时也是敏感设备。在城市轨道的电磁环境中，供电系统与其他设备、装置或系统应是电磁兼容的。在技术上应采取措施，抑制骚扰源、消除或减弱电磁耦合、提高敏感设备的抗干扰能力，以达到各系统的电磁兼容，使城市轨道交通车辆安全可靠地运行。

(2)城市轨道交通供电系统的组成

城市轨道交通作为城市电网的一个重要用户，其组成如图 4.1 所示。归纳起来主要由外部供电系统、牵引供电系统和动力照明供电系统三大组成部分。

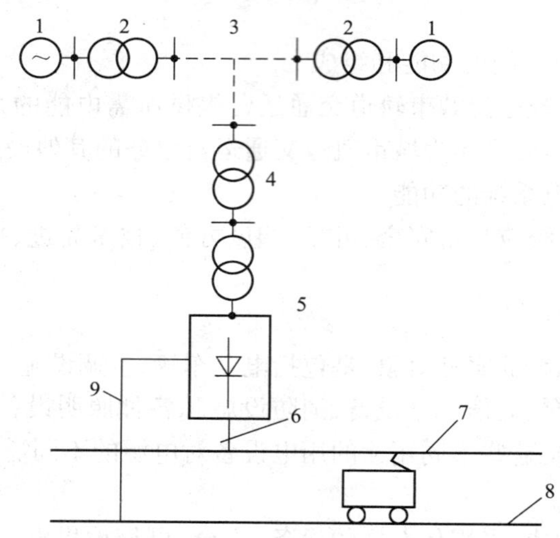

图 4.1　城市轨道交通供电系统

1—发电厂(站)；2—升压变压器；3—电力网；4—主降压变电站；
5—直流牵引变电所；6—馈电线；7—接触网；8—走行轨；9—回流线

①外部供电系统

发电厂(站)是发出电能的中心。为减少线路的电压损失和能量损耗，发电厂发出的电能，要先经过升压变压器升高电压，然后以 110 kV 或 220 kV 的高压，通过三相传输线输送到区域变电站。

在区域变电站中，电能先经过降压变压器把 110 kV 或 220 kV 的高压降低电压等级(如 10 kV 或 35 kV)，再经过三相输电线输送给本区域内的各用电中心。城市轨道交通牵引用电既可从区域变电所高压线路得电，也可以从下一级电压的城市地方电网得电，这取决于系统和城市地方电网的具体情况以及牵引用电容量的大小。

对于直接从系统高压电网获得电力的城市轨道交通系统，往往需要再设置一级主降压变电站，将系统输电电压(如 110 kV 或 220 kV)降低到 10 kV 或 35 kV 以适应直流牵引变电所

的需要。从管理的角度,主降压变电站可以由电力系统(电业部门)直接管理,也可以归属于城市轨道交通部门管理。

如图 4.2 所示,虚线 2 以上,即从发电厂(站)经升压、高压输电网、区域变电站至主降压变电站部分通常被称为城市轨道交通供电系统的“外部(或一次)供电系统”。

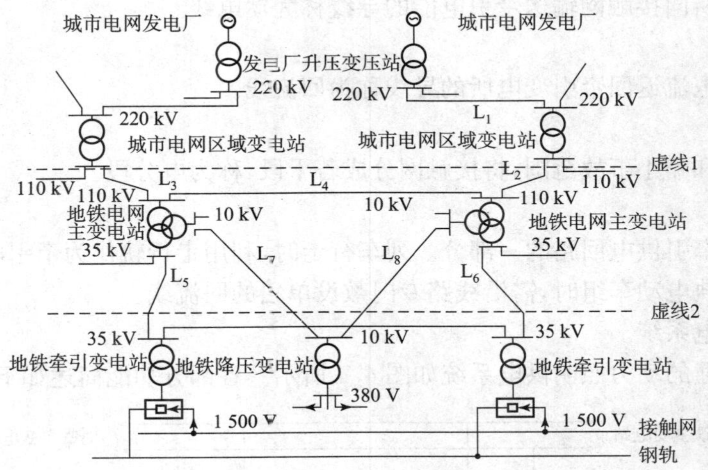

图 4.2 城市电网外部供电系统和城市轨道交通牵引供电系统

②牵引供电系统

如图 4.2 所示,从主降压变电站及其以后部分统称为“牵引供电系统”,它应该包括:直流牵引变电所、馈电线、接触网、走行轨及回流线等。在城市轨道交通牵引供电系统中,电能从牵引变电所经馈电线、接触网输送给电动列车,再从电动列车经钢轨(称轨道回路)、回流线流回牵引变电所。由馈电线、接触网、轨道回路及回流线组成的供电网络称为牵引网。因此,城市轨道交通牵引供电系统由直流牵引变电所和牵引网组成,如图 4.3 所示。

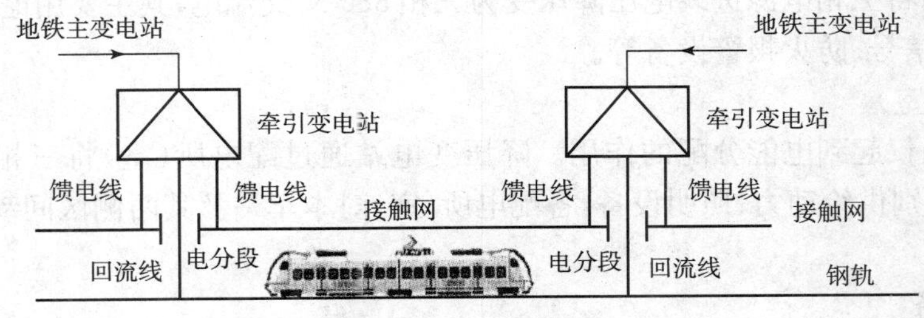

图 4.3 城市轨道交通牵引供电系统

a. 直流牵引变电所

供给城市轨道交通一定区域内牵引电能的变电所,是牵引供电系统的核心。一般由进出线单元、变压变流单元及馈出单元构成。其主要功能是将中压环网的 AC 35 kV 或 AC 10 kV 三相高压交流电源经变压变流单元后转换为城市轨道交通列车所需的电能,并分配到上下行区间供列车牵引用。

b. 接触网

接触网是沿列车走行轨架设的一种特殊供电线路,可经电动列车的受电器向电动列车供给电能。按其结构可分为架空式和接触轨式;按其悬挂方式又可分为柔性(弹性)接触网和刚性接触网。习惯上,由于接触轨式是沿线路敷设的与轨道平行的附加轨,故又称第三轨;而采用架空方式时,才称为“接触网”。

c. 馈电线

从牵引变电所向接触网输送牵引电能的导线称为馈电线。

d. 回流线

用以供牵引电流返回牵引变电所的导线称为回流线。

e. 电分段

为便于检修和缩小事故范围,将接触网分成若干段,称为电分段。

f. 轨道

轨道构成了牵引供电回路的一部分。列车行走时,利用走行轨作为牵引电流回流的电路。在采用跨座式单轨电动车组时,需沿线路专门敷设单独的回流线。

③动力照明电系统

城市轨道交通的动力照明供电系统如图 4.4 所示。各部分功能简述如下:

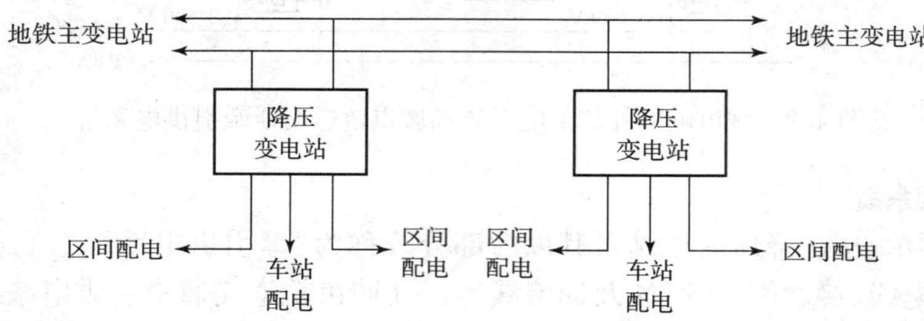

图 4.4　城市轨道交通动力照明供电系统

a. 降压变电站

降压变电站将三相电源进线电压降压变为三相 380 V 交流电,其主要用电设备是风机、水泵、照明、通信、信号、防火报警设备等。

b. 配电所(室)

配电所(室)仅起到电能分配的作用。降压变电站通过配电所(室)将三相 380 V 和单相 220 V 交流电分别供给动力、照明设备,各配电所(室)对本车站及其两侧区间动力和照明等设备配电。

c. 配电线路

配电所(室)与用电设备之间的导线为配电线路。

在动力照明供电系统中,降压变电站一般每个车站设置一个,有时也可几个车站合设一个;也可将降压(动力)变压器附设在某个牵引变电站之中,构成牵引与动力混合变电站。

地铁车站及区间照明电源采用 380 V/220 V 系统三相五线制系统配电。正常时,工作照明、事故照明均由交流供电,当交流电源失去时,事故照明自动切换为蓄电池供电,确保事故期间必要的紧急照明。

车站设备负荷可分为以下三大类。

一类负荷:包括事故风机、消防泵、主排水站、售检票机、防灾报警、通信信号、事故照明。

二类负荷：包括自动扶梯、普通风机、排污泵、工作照明。

三类负荷：包括空调、冷冻机、广告照明、维修电源。

对于一、二类负荷，一般有两路电源共电，当一台变压器故障解列时，另一台变压器可承担全部一、二类负荷。三类负荷由一路电源供电，当一台变压器故障解列时，可根据运营需要自动切除。

2. 城市轨道交通供电制式的发展

电力牵引用于轨道交通系统已有100多年的历史，随着经济和科学技术的不断发展，用于轨道交通的电力牵引方式有许多不同的制式出现。这里所说的制式是指供电系统向电动车辆或电力机车供电所采用的电流和电压制式，如直流制或交流制、电压等级、交流制中的频率（工频或低频）以及交流制中是单相或三相等。

（1）供电制式的发展

①直流制式

城市轨道交通的技术经济特征决定了城市轨道交通动力车辆必须具备良好的起动加速性能，良好的动力容量利用性能和良好的调速性能。

直流串励电动机的机械特性（转矩与转速的关系特性）可以形象地比喻为牛马特性，即牛可以拉得多一些，但跑得慢；马跑得快，但力气小，拉得少一些。这正符合城市轨道交通动力车辆重载时速度低、轻载时速度高的要求。此外，直流串励电动机良好的启动性能和调速方法也是比较容易实现的。当然，为了克服直流串励电动机刚接通电源时启动电流太大以及正常运行时为了减速而降低其端电压的缺点，最早采用的方法是在电动机回路中串联大功率电阻，以此达到限流和降压的目的。这种方法的实现是容易的，但在启动和调速过程中却带来了大量的能量损耗，很不经济。尽管如此，由于早期技术发展水平的局限，直流串励电动机成为最早的牵引动力，也是迄今为止仍被应用的形式。这就是供电系统直接以直流电向电动车辆或电力机车供电的电力牵引"直流制式"。

②低频单相交流制

随着矿山和干线电力牵引的发展，列车需要的功率越来越大，如果采用直流供电制式，则因受直流串励电动机端电压不能太高的限制，会导致供电电流很大，因而供电系统的电压损失和能量损耗必然增大，由此出现了"低频单相交流制"。

"低频单相交流制"是交流供电方式，交流电可以通过变压器升降压，因此，可以升高供电系统的电压，到了列车以后再经车上的变压器将电压降低到适合牵引电动机应用的电压等级。由于使用低频电源将使供电系统复杂化，需要由专用低频电厂供电，或由变频电站将国家统一工频电源转变成低频电源再输出，因此没有得到广泛应用，只在少数国家的工矿和干线上应用。

③工频单相交流制

工频单相交流制式既保留了交流制可以升高供电电压的长处，又仍然采用直流串励电动机作为牵引电动机。电力机车上装有降压变压器和大功率整流设备，可将高压电源降压，再整流成适合直流牵引电动机应用的低压直流电。电动机的调压调速可以通过改变降压变压器的抽头或可控整流装置实现。工频单相交流制是当今世界各国干线电气化铁路应用较普遍的牵引供电制式。我国干线电气化铁路即采用这种制式，其供电电压为25 kV。

④三相交流制

三相交流制式的供电网比较复杂,必须有两根架空接触线和走行轨道构成三相交流电路,两根架空接触线之间又要高压绝缘,困难和投资更大,因此被淘汰。

(2)城市轨道交通供电采用直流制式的原因

城市轨道交通几乎毫无例外地都采用直流供电制式。世界各国城市轨道交通的供电电压都在直流 DC 550~1 500 V之间。现在国际电工委员会拟定的电压标准为:DC 600 V、DC 750 V和 DC 1 500 V 三种。我国国家标准也规定为 DC 750 V 和 DC 1 500 V。采用直流制式的原因有如下几点:

①城市轨道交通电动车辆的功率并不很大,供电半径也不大,因此供电电压不需要太高。

②在同样电压等级下,直流制因为没有电抗压降而比交流制的电压损失小。

③城市轨道交通供电系统的供电线路处在城市建筑群之间,供电电压不宜太高,以确保安全。

④由于大功率半导体整流元件(晶闸管)的出现,在直流制电动车辆上,采用整流器可对直流串励牵引电动机进行调压调速,减少了能耗,给直流制增添了新的生命力。

⑤快速晶闸管出现后,由快速晶闸管等组成的逆变器,可将直流电逆变成频率可以调节的交流电,实现了多年来想采用结构简单、结实的鼠笼式异步电动机作为牵引电动机的愿望。

这种通过改变频率以改变异步电动机速度的方法(简称变频调速),使异步牵引电动机性能满足了列车牵引特性的要求。虽然电动车辆上采用的是交流异步牵引电动机,但其供电电压还是直流的,所以还属于直流制式的范畴,这就给直流制的应用提供了一个更广阔的发展空间。

我国自 1969 年建成北京第一条地下铁道之后,相继已有天津、上海、广州、深圳等城市的轨道交通线路投入商业运营。其中北京和天津地铁采用 DC 750 V 第三轨供电,上海、广州、南京、深圳和大连采用 DC 1 500 V 接触网馈电。许多正在筹建或将要运营轨道交通的城市地铁采用 DC 1 500 V 供电。苏州、杭州、武汉和青岛采用 DC 750 V 第三轨供电。

3. 外部供电系统对城市轨道交通的三种供电方式

城市轨道交通供电系统对电源的基本要求如下:

①2 路电源要求来自不同的变电所或同一变电所的不同母线。

②每个进线电源的容量应满足变电所全部一、二级负荷的要求。

③2 路电源应分列运行,互为备用,当一路电源发生故障时,由另一路电源恢复供电。

④为便于运营管理和减少损耗,要求集中式供电的主变电所的站位和分散式供电的电源点,要尽量靠近城市轨道交通线路,减少引入城市轨道交通的电缆通道的长度。

⑤设有两座以上主变电所的应急电源系统中,在保证城市轨道交通电动车组安全快捷地运送旅客的基本功能的前提下,要求将下列负荷纳入应急电源系统:

a. 保证一定运输能力的牵引负荷。一定运输能力的负荷应是指高峰小时以下的运输能力时的负荷。

b. 保证地铁正常运行必需的动力照明负荷。通信、信号、自动售检票机、屏蔽门、工作照明、变电所自用电、自动扶梯。

根据《标准电压》(GB/T 156—2007)的规定,我国电网标准电压等级见表 4.1。

表 4.1　城市轨道交通电压等级

等级	高压送电网				高压配电网		中压配电网					低压配电网	
	1	2	3	4	5	6	7	8	9	10	11	12	13
电压标准	750 kV	500 kV	330 kV	220 kV	110 kV	63 kV	35 kV	20 kV	10 kV	6 kV	3 kV	380 V/660 V	220 V/380 V

电源由城市电网引入，根据不同城市的电网构成，采用合适的供电方式。城市轨道交通系统作为城市电网的特殊用户，一般用电范围多在几千米到几十千米之间，采用何种供电方式，与城市电网的构成及城市轨道交通线路的分布有密切的关系。供电系统的构成，在可行性研究阶段即需要与当地供电部门共同协商，得到确认，并请当地供电部门作供电电源的可行性研究报告，为城市轨道交通供电系统初步设计提供充分的依据和可靠的基础，为后续工作的顺利开展创造条件。究竟采用哪种供电方式，主要取决于城市电网的构成、分布及电源的容量。城市轨道交通供电系统对于城市电网来说是用户，对于城市轨道交通的各类负荷来说又是电源。城市电网对城市轨道交通系统的供电方式可分为以下三种形式。

(1)集中供电

由城市轨道交通专用主变电所构成的供电方案称为集中式供电。如图 4.5 所示，沿着城市轨道交通线路，根据用电容量和城市轨道交通线路的长短，建设一座或几座地铁专用的主变电所。主变电所应有两路独立的电源，一般为 110 kV 或 63 kV，由发电厂或区域变电所对其供电。主变电所经过变压后，输出 AC 35 kV 或 AC 10 kV 的电压等级，给城市轨道交通的牵引供电系统供电。

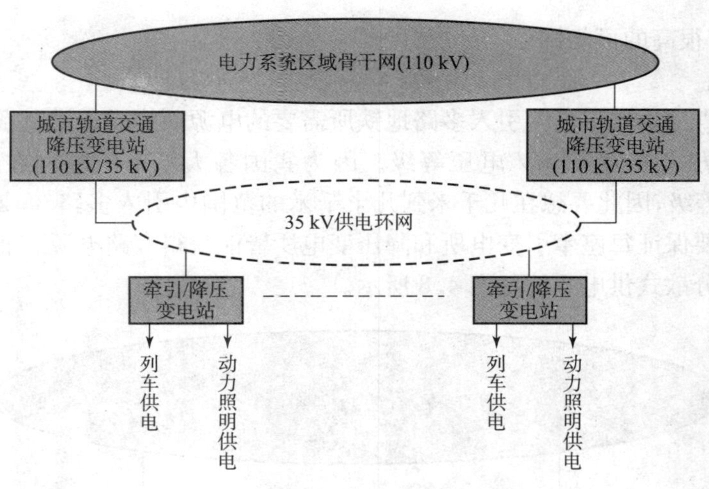

图 4.5　集中供电示意图

上海、香港地铁集中供电的牵引供电系统电压为 35 kV，供配电系统电压为 10 kV，如图 4.6 所示。目前国内只有少数城市采用这种形式。

广州地铁牵引供电系统和供配电系统电压均采用 33 kV，如图 4.7 所示。目前国内采用集中式供电的城市多为此种形式。

德黑兰地铁主变电所电源为 63 kV，牵引供电系统和供配电系统电压为 20 kV。

集中供电方式有利于城市轨道交通公司的运营和管理，各牵引变电所和降压变电所由环

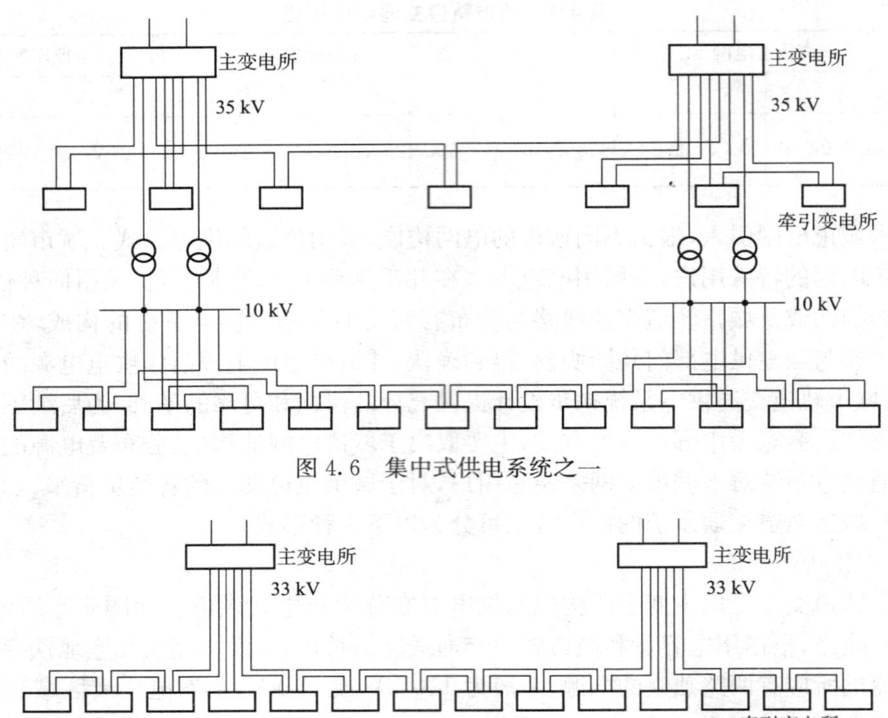

图 4.6 集中式供电系统之一

主变电所
33 kV
主变电所
33 kV
牵引变电所

图 4.7 集中式供电系统之二

网电缆供电,具有很高的可靠性。

(2)分散供电

在地铁沿线直接由城市电网引入多路地铁所需要的电源而构成的供电系统称之为分散式供电。这种供电方式多为 10 kV 电压等级。因为我国各大城市的电网在逐渐取消或改造 35 kV 这一电压等级,因此要想在几千米到几十千米的范围内引入多路 35 kV 电源是不可能的。分散式供电要保证每座牵引变电所和降压变电所皆能获得双路电源。北京地铁皆采用分散式供电方式。分散式供电系统如图 4.8 所示。

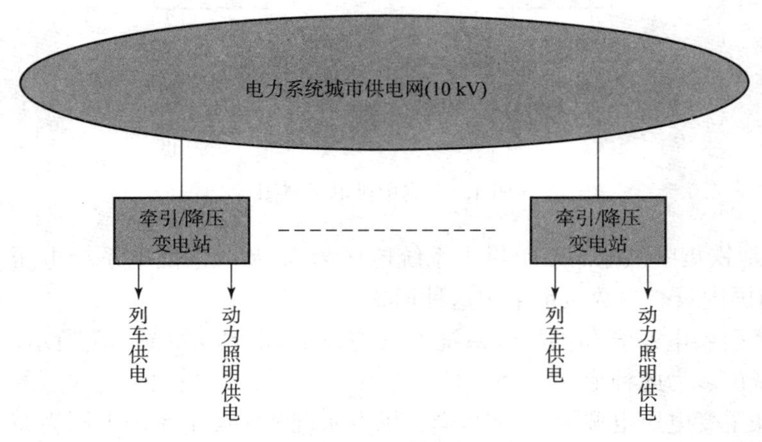

图 4.8 分散式供电系统

当然，如沿地铁线路城市电网引入的电源点少，也可以沿线建 10 kV 开闭所，对电源进行再分配。无论怎样构成分散式供电方式，都需保证每座牵引变电所或降压变电所能引入两路电源。

(3)混合供电

以集中式供电为主，个别地段直接引入城市电网电源作为补充，称之为混合式供电。它是前两种供电方式的结合，使供电系统更加完善和可靠。北京地铁 1 号线和环线工程在建成期即采用这种供电方式（以 35 kV 主变电所为主，个别地点引入 10 kV 电源），后因北京城市电网规划取消了 35 kV 电压等级，把原有的主变电所改建为 10 kV 开闭所。

总之，为保证系统的可靠性，无论采用哪种供电方式，构成系统时都应首先采用环网式供电方式。

(4)供电方案的比较

不同的供电方式各有特点，分别适用于不同的场合。集中供电与分散供电比较见表 4.2。

表 4.2　供电方案的比较

	集中供电	分散供电
供电质量	外部电源引自城市高压电网(如 110 kV)，电压等级高，输电容量大，系统短路容量大，抗干扰能力强，电网电压波动小。城市轨道交通主变电所一般装设有载调压装置，中压侧电压相对稳定，供电质量高	外部电源引自城市 10 kV 电网，一般从距离城市轨道交通线路较近的城网变电所直接引入，输电线路较短，线路损耗较少。但由于 10 kV 电压等级较低，用户较多，所以系统网压波动较大
供电可靠性	由于主变电所进线电压等级较高，电气设备绝缘等级、制造水平、继电保护配置等要求都比较高，线路故障率相对较低。同时城市轨道交通供电系统相对独立，与城网接口较少，城市其他负荷对城市轨道交通供电系统干扰较少，因而供电可靠性较高	城市轨道交通电源开闭所或车站变电所从城市电网直接引入 10 kV 电源，这种接线方式能满足系统可靠性要求。但由于城市电网 10 kV 系统接入用户较多，且 10 kV 系统处于城市电网继电保护的中末端，因此城市轨道交通供电系统的运行会受到其他用户的干扰
中压网络电压	中压网络电压等级不受城市电网电压等级的限制，可根据用电负荷、供电距离等情况比选确定。目前集中式供电的中压网络电压等级较高，一般为 35 kV。这样可以提高系统的供电能力与供电可靠性，降低供电线路功率损耗	中压网络电压等级完全受城市电网电压等级的制约，必须选择与城市电网相同的电压等级。目前我国多采用 10 kV 电压等级
对城市电网的影响	主变压器容量近期一般为 20～31.5 MV・A，远期一般为 40～63 MV・A。牵引负荷产生的电压波动和闪变在城市轨道交通供电系统内部经过两级变压器的转换，逐渐变得平衡，对城市电网其他用户的影响相对要少得多	牵引变电所直接接入城市 10 kV 电网，牵引负荷产生网压波动经过一级变压器转换后就会波及与城市轨道交通接入同一供电系统的其他用户，如果该变压器容量较小，产生的影响就会更明显
资源共享	采用集中式供电有利于主变电所电力资源共享的实施。一方面两条及以上数量的城市轨道交通线路可以共享一个主变电所；另一方面城市轨道交通主变电所可以与城市电网主变电所合建，向城市轨道交通系统及地区用户同时提供电源	对于中压网络资源丰富的城市，城市轨道交通采用分散式供电，可以充分利用既有外部城市电网中压资源，节省城市轨道交通主变电所的建设费用
工程实施	采用集中式供电时，城市轨道交通主变电所与城市电网接口较少，外部电源引入路径相对较少，建设单位与城市规划的协调工作也相对较少，易于实施	采用分散式供电时，由于城市轨道交通供电系统与城市电网接口较多，难免有部分电源电缆的敷设难以解决，尤其在中心城区，地下各种管线及构筑物交错庞杂，电缆路径更是难以解决

4.1.5 知识拓展——地下迷流

1. 迷流的形成

直流牵引供电系统在理想的状况下，牵引电流由牵引变电所的正极出发，经由接触网、电动列车和回流轨(即走行轨)返回牵引变电所的负极。但由于钢轨与隧道或道床等结构之间的绝缘电阻不是无限大，势必造成流经牵引轨的牵引电流不能全部经钢轨流回牵引电所的负极，有一部分电流会泄漏到隧道或道床等结构钢上，然后经过结构钢和大地流回牵引变电所的负极，这部分泄漏电流因大地土壤的导电性质及地下金属管道的位置不同，可以分布很广，所以称为“迷流”或“杂散电流”。图 4.9 所示为直流牵引杂散电流示意图。

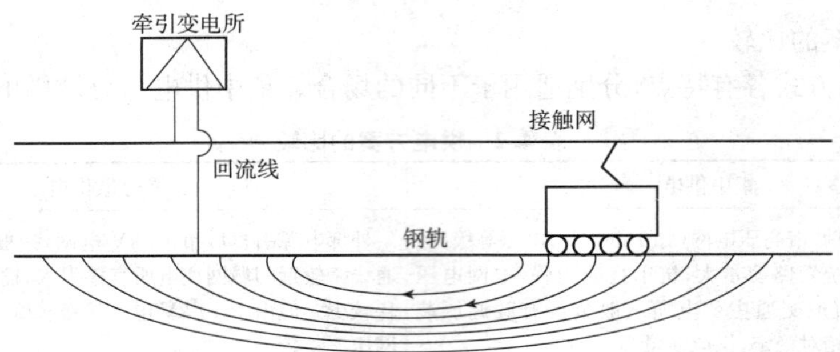

图 4.9 直流牵引地下杂散电流示意图

由图 4.9 可见，在牵引变电所回流线与钢轨相接的回流点处，地下迷流回到牵引变电所。当轨道沿地下有金属管道或建筑钢筋等导电物时，地下迷流必多沿金属导体流动，到了回流点附近再流向钢轨流回变电所。因此在回流点附近的金属管道形成了阳极区，如图 4.10 所示，而且阳极区总是在回流点处不动，这就使阳极区内的金属物正离子流向大地，发生电解腐蚀现象，从而损坏了金属。

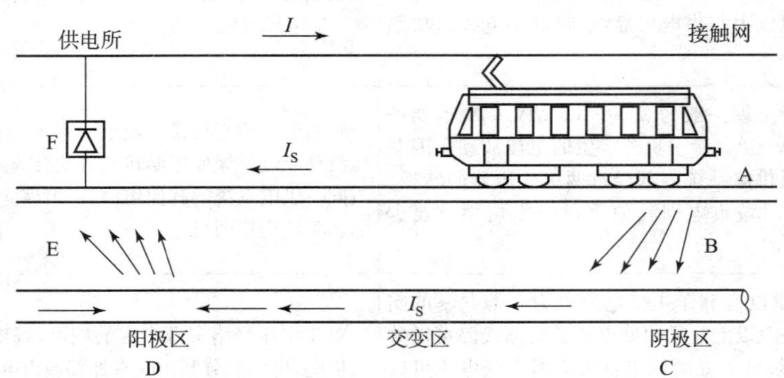

图 4.10 杂散电流的腐蚀原理

当接触网为“负”极性时，阳极区与阴极区将转变，阳极区将随着列车的移动而移动，这样阳极区是不固定的，金属物的腐蚀现象较均匀，情况不会太严重。当然接触网的选择不仅决定于此，目前还是以“正”性为多。

2. 迷流的危害

城市轨道交通轨道中的杂散电流是一种有害的电流，会对地铁中的电气设备、设施的正常运行造成不同程度的影响，对隧道、道床的结构钢和附近的金属管线也会造成危害。这种危害主要表现在如下几个方面：

(1)若地下杂散电流流入电气接地装置，会引起过高的接地电位，使某些设备无法正常工作。

(2)若钢轨(走行轨)局部或整体对地的绝缘变差，则此钢轨(走行轨)对大地的泄漏电流增大，地下杂散电流增大，这时有可能引起牵引变电所的框架保护动作。而框架保护动作则会引起整个牵引变电所的断路器跳闸，全所失电，同时还会联跳相邻牵引变电所对应的馈线断路器，从而造成较大范围的停电事故，影响地铁的正常运营。

(3)对城市轨道交通隧道、道床或其他建筑物的结构钢以及地下的金属管线(如电缆、金属管件等)造成电腐蚀。如果这种电腐蚀长期存在，将会严重损坏地铁附近的各种结构钢和地下金属管线，从而破坏结构钢的强度，缩短其使用寿命。

3. 迷流的防护

迷流的防护以治本为主，减少迷流源的泄漏，将地铁杂散电流减小到最低限度，限制杂散电流向外扩散。地铁附近的地下金属管线结构，应单独采取有效的防蚀措施。减少地下杂散电流，采取各种排流措施。

(1)在电力牵引方面

①选择较高的直流牵引供电电压，以减少牵引电流和迷流。

②缩短牵引变电站间的距离。

③采用迷流较小的双边供电方式。

④在钢轨间用铜软线焊接，尽可能减小钢轨间接触电阻。

⑤增加附加回流线，减少回流线电阻。

⑥增加道床的泄漏电阻，提高钢轨对地面的绝缘程度。

⑦按规程定期检查轨道绝缘、钢轨接触电阻和进行迷流监测。

(2)在埋设金属物方面

①地下金属物应尽量远离钢轨。

②在金属表面和接头处采用绝缘。

③采用防电蚀的电缆。

④在电缆上外包铜线或套钢管。

⑤地下管道涂沥青后再包油毡。

⑥在地下金属物、钢轨间加装排流装置，如图4.11所示。

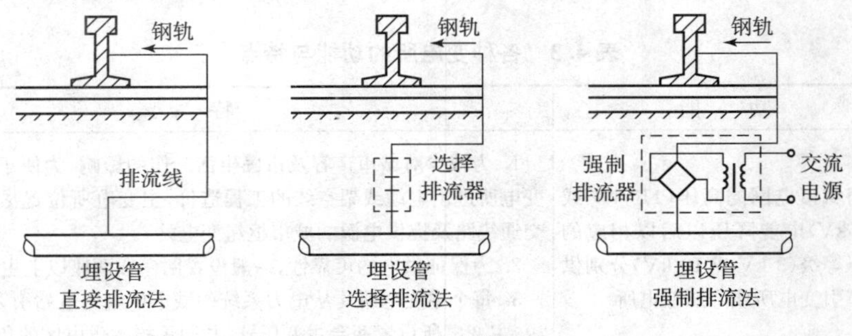

图4.11　三种排流法

4.1.6 相关规范、规程与标准

《城市轨道交通运营管理规范》(GB/T 30012—2013)中“8 设施设备运行与维护管理—供电设备”的相关规定。

典型工作任务 2 分析一条地铁线路的供电臂供电范围

4.2.1 教学目标

1. 能力目标

能分析一条地铁线路的供电臂供电范围;能区分各种类型的接触网,理解其特点。

2. 知识目标

了解牵引变电所的类型及主要电气设备;了解接触网的结构形式;掌握牵引变电所向接触网的供电方式。

3. 素质目标

培养安全生产责任意识,具备对供电设备进行安全操作的职业素养。

4.2.2 工作任务

通过本任务,分析一条地铁线路的供电臂供电范围,理解城市轨道交通牵引供电系统的基本结构,了解牵引变电所的类型及主要电气设备;了解接触网的结构形式;掌握牵引变电所向接触网的供电方式。

4.2.3 所需配备

已投入运营的城市轨道交通线路一条,接触网或接触轨模型一套,操作模拟演示软件一套,仿真受电弓、受电靴等教具一套。

4.2.4 相关配套知识

1. 城市轨道交通供电系统变电所的类型

从整个城市轨道交通供电系统而言,变电所可分为主变电所、牵引变电所、降压变电所。当中压网络采用牵引动力照明混合网络时,牵引变电所与降压变电所可合建成牵引降压混合变电所。各种变电所的功能与特点简述见表 4.3。

表 4.3 各种变电所的功能与特点

变电所类型	功　能	特　点
主变电所	将城市电网的高压(110 kV 或 220 kV)电能降压以后以相应的电压等级(3 kV 或 10 kV)分别供给牵引变电所或降压变电所	1. 为减少对城市市容及市民生活工作的影响,为便于运营管理和降低变电所进出电缆或架空线的工程造价,主变电所位置尽量靠近城市轨道交通线路及提供电源的城市枢纽变电站 2. 为保证供电的可靠性,一般设置两座或两座以上主变电所 3. 每个主变电所均从电力系统的城市枢纽变电站引入两路 110 kV 电源,主变电所设置两台主变压器,共同承担本供电区的负荷

续上表

变电所类型	功　能	特　点
牵引变电所	将城市电网区域变电所或地铁主变电所送来的中压电压等级电能经过降压和整流变成列车牵引所用直流电(1 500 V或750 V)	1. 每隔2～4 km设1座牵引变电所,牵引变电所设置在车站站台层 2. 每个牵引变电所由两路33 kV电源供电 3. 变电所采用单母线分段接线,每段母线均有一路进线电源,当一路电源故障时,可通过母联自投方式保证供电 4. 每个变电所内设置两台整流机组,整流机组输出直流1 500 V(750 V)电源向牵引网供电
降压变电所	是为车站与线路区间的动力、照明负荷和通信信号电源供电而设置,可与直流牵引变电所合并,多数是单独设置的	1. 每个车站设置1～2个降压变电所,当为两个降压变电所时,其中一个为跟随式变电所。车辆段往往如此 2. 降压变电所设在车站的负荷中心处,每个降压变电所由两路33 kV电源供电,采用单母线分段接线,内设两台动力变压器输出直流380/220 V电源向负担车站和区间的动力照明负荷供电 3. 正常运行时,降压变电所的两台变压器分别运行,分别负担其供电范围的一、二、三级负荷。当一台动力变压器退出时,0.4 kV母联断路器投入,自动切除三级负荷,由另一台动力变压器担负全所供电范围动力照明一、二级负荷的供电

主变电所、牵引变电所、降压变电所以及牵引降压混合变电所所组成的供电网络流程如图4.12所示。

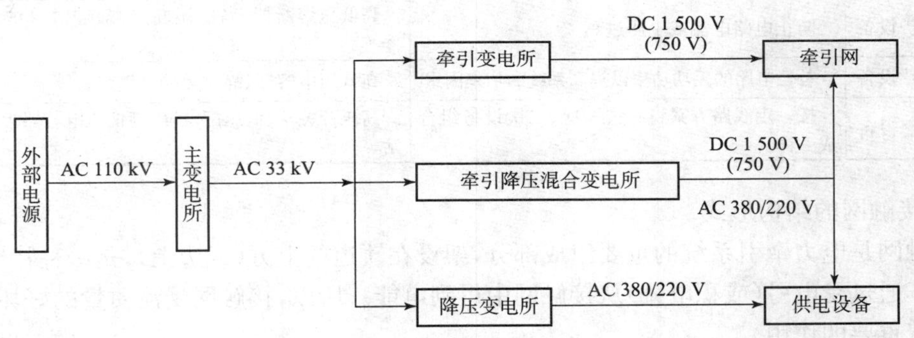

图4.12　供电网络接线图

2. 牵引变电所的类型及主要设备

牵引变电所是城市轨道交通供电系统的核心,它担负对电动列车直流电能的供应,它的站位设置、容量大小,需根据所采用的车辆形式、车流密度、列车编组,经过牵引供电计算,经多方案比选确定。

(1)牵引变电所的类型和原理

牵引变电所有两种形式:户内式变电所和户外箱式变电所,前者适宜地下线路,后者适宜地面线路。

直流牵引变电所从双电源受点,经整流机组变压器降压、分相后,按一定整流方式由大功率整流器把三相交流电变换为与直流牵引网相应电压等级的直流电,向电动车组供电,图4.13为直流牵引变电所的接线原理图。

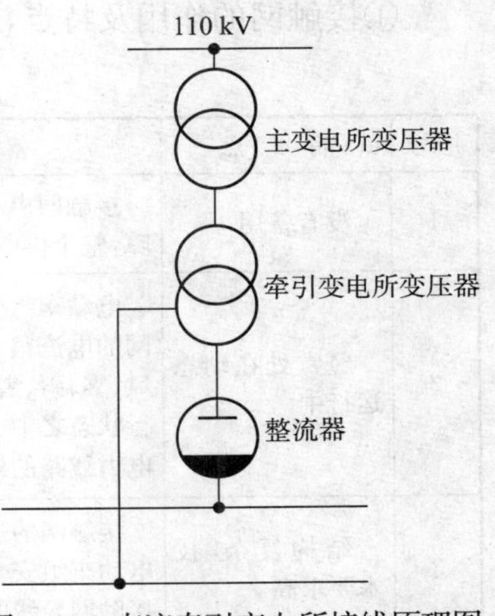

图4.13　直流牵引变电所接线原理图

地铁、城市轻轨交通直流牵引变电所，有时与降压变电所合并，形成牵引降压混合变电所。此时，主电路结构和电气设备与一般直流牵引所相比有所不同。

在有再生电能需向交流网返送的情况下，直流牵引变电所必须增设可控硅逆变机组（包括交流侧的自耦变压器），其功能和设备也相应增加，运行、技术都较复杂。直流牵引变电所间距离仅几千米，一般不设分区所和开闭所。

（2）直流牵引变电所的设备分类

为了实现牵引变电所的受电、变电和配电的功能，在牵引变电所中，必须把各种电气设备按一定的接线方案连接起来，组成一个完整的供配电系统。在这个系统中担负输送、变换和分配电能任务的电路称为主电路，也叫一次电路；用来控制、指示、监测和保护主电路及主电路中设备运行的电路称为二次电路（二次回路）。相应地，牵引变电所中的电气设备也分成两大类：一次电路中的所有电气设备，称为一次设备或一次元件；二次电路中的所有电气设备，称为二次设备或二次元件。

按一次设备在一次电路中的功用可分成若干类型，各种一次设备及其功能见表 4.4。

表 4.4　一次设备的类型与功能

序号	设备类型	设备功能	举　例
1	变换设备	变换电能电压或电流	变压器、整流器、电压互感器、电流互感器等
2	控制设备	控制电路的通断	各种高低压开关设备
3	保护设备	防止电路电流或电压过高	高低压熔断器、高低压断路器、继电保护设备、避雷器等
4	补偿设备	补偿电路的无功功率以提高系统的功率因素	高低压电容器、静止无功补偿装置等
5	成套设备	按一定线路方案将有关一次、二次设备组合成一体	高压开关柜、低压配电屏、高低压电容器柜、成套变电站等

3. 接触网的结构形式

接触网是电力牵引系统的重要组成部分，架设在轨道的上方（或边上），是一种特殊的输电线。机车通过受电弓（或积电靴）从接触网中得到电能。所以，接触网受流质量的好坏，对机车运行起着重要的作用。

（1）接触网概述

①接触网的作用及特点，见表 4.5。

表 4.5　接触网的特点

序号	特　点	说　明
1	没有备用	接触网由于与电动车组在空间上的关系，和轨道一样无法采取备用措施。一旦接触网发生故障，整个供电区间即全部停电，在其间运行的电动车组将失去电能供应，列车停运
2	经常处在动态运行中	电动车组受电弓（或受流器）以对接触网一定的压力和速度与接触网接触摩擦运行，通过接触网的电流很大。运行中不可避免地会产生受电弓离线而引起电弧，再加上在露天区段还要承受风、雾、雨、雪及大气污染的作用，使接触网昼夜不停地处在振动、摩擦、电弧、污染、伸缩的动态运行状态之中。这些因素对接触网各种线索、零件都产生恶劣影响，使其发生故障的可能性较一般电力线路的概率要大得多
3	结构复杂，技术要求高	接触网的运行环境和运行特点决定了接触网的结构较一般电力线路有很大的不同。为了保证电动车组安全、可靠、质量良好地从接触网取流，接触网的结构比较复杂，技术要求也较高，如对接触网导线的高度、拉力值，定位器的坡度，接触网的弹性、均匀度等都有定量的要求

②对接触网的基本要求

接触网的工作状态主要是指接触线和电动车组受电弓(或受流器)滑板的接触和导电情况。从电路要求上,为保证良好的导电状况,滑板与接触线的接触应保持一定的接触压力。在电动车组静止时,接触压力可以保持不变。当电动车组运行时,滑板跟着运动,与接触网形成滑动摩擦接触。这时,如能继续保持一定的接触压力,不间断地向电动车组供电,接触网才处于良好的工作状态。

实际上,上述要求是不容易做到的。由于电动车组的振动和接触线高度变化等因素,往往造成滑板和接触线间的压力变化很大,有时甚至产生脱离现象,致使滑板和接触线之间的脱离处发生电弧。如果接触线本身不平直而出现小弯或是悬挂零件不符合要求超出接触面,滑板滑到此处将发生严重碰撞或电弧,这是很不利的,这种情况称为接触线有硬点。因为碰撞和电弧会造成接触网和受电弓的机械损伤和烧伤,严重者将造成断线事故,而且取流不良对电动车组上的电机和电器产生不利的影响,所以应该尽量避免。因此,为了尽量保证对电动车组良好的供电,对接触网有一些基本的要求如下:

a. 接触网悬挂应弹性均匀、高度一致,在高速行车和恶劣的气象条件下,能保证正常取流。当接触线本身不平直或者在接触线的某一位置存在着较大的集中负载,接触线将出现硬点,影响接触网受流质量。而当接触线距离轨面的高度不一致时,将会产生离线、起弧等不正常情况。

b. 接触网结构及零部件应力求简单、轻巧、可靠,做到标准化且能互换,以保证在施工和运营检修方面具有充分的可靠性和灵活性,缩短施工及运行维护时间。

c. 接触网的寿命应尽量长,具有足够的耐磨性和抗腐蚀能力。

d. 接触网的建设应注意节约有色金属及其他贵重材料,以降低成本。

e. 接触网对地绝缘好,安全可靠。

③接触网的分类

接触网的分类如图4.14所示。

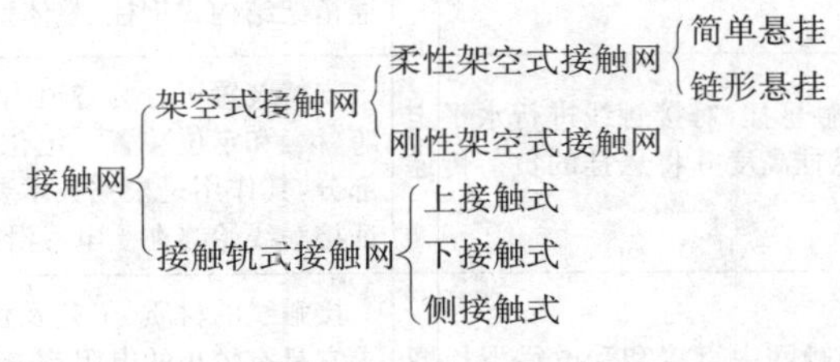

图4.14　接触网的分类

架空式接触网用于城市地面或地下、铁路干线、工矿的电力牵引线路。接触轨式接触网一般仅用于净空受限的地下电力牵引。在我国城市轨道交通系统中,架空式和接触轨式的接触网均有采用。一般,牵引网电压等级较高时,为了安全和保证一定的绝缘距离,宜采用架空式接触网。在净空受限的线路和电压等级较低时多采用接触轨式接触网。北京地铁采用的是接触轨式接触网,上海和广州地铁均采用了架空式接触网。

(2)架空式接触网

架空式接触网是将接触导线架设于车体上方的一种接触网形式,电力机车通过受电弓从架空式接触网取得电流,架空式接触网可用于铁路干线、城市轨道交通以及工矿电力机车牵引线路。

根据《城市轨道交通直流牵引供电系统》(GB/T 10411—2005)规定,我国城市轨道交通的架空式接触网有以下两种制式:直流 1 500 V 和直流 750 V。

①柔性架空式接触网的结构

柔性架空式接触网如图 4.15 所示。它由支柱与基础、支持定位装置、接触悬挂所组成。接触悬挂是将电能传导给电动车组的供电设备,包括承力索、接触线、吊弦、补偿装置、悬挂零件及中心锚结等元件。柔性架空式接触网的结构概括如图 4.16 所示。表 4.6 简单描述了柔性架空式接触网各组成部分的作用。

图 4.15　柔性架空式接触网实物图

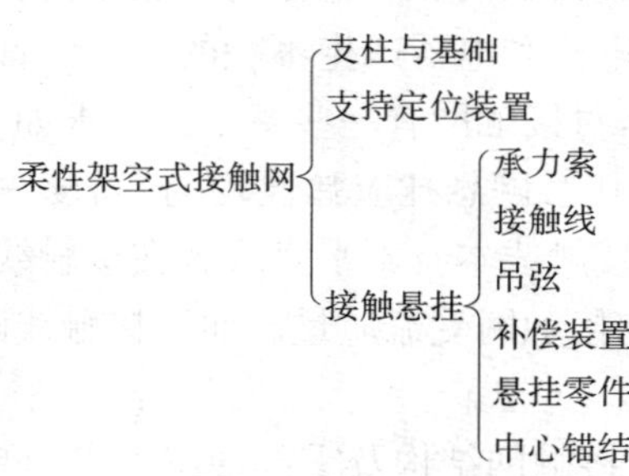

图 4.16　柔性架空式接触网的结构

表 4.6　柔性架空式接触网各组成部分与作用

序号	组成部分	作　　用	说　　明
1	支柱与基础	用以承受接触悬挂、支持和定位装置的全部负荷,并将接触悬挂固定在规定的位置和高度	我国主要采用等径预应力钢筋混凝土支柱和钢柱。从外观上前者有矩形横腹杆式和等径圆支柱两种,后者有普通桁架结构式钢柱、整体型材 H 形钢柱和圆形钢柱三种
2	支持定位装置	用来支持接触悬挂,对接触线进行水平定位,保证接触悬挂高度并将悬挂的负荷传递给支柱	支持装置可分为隧道内的支持装置、腕臂、软横跨、硬横跨(梁)和定位装置。定位装置是支持结构中的主要组成部分,其作用是根据技术要求,把接触线进行横向定位,保证接触线始终在受电弓滑板的工作范围内,保证良好受流
3	接触线	接触线是接触网中直接和受电弓滑板摩擦接触取流的部分,电力机车从接触线上取得电能	接触线的材质、工艺及性能对接触网起着重要作用,要求它具有较小的电阻率、较大的导电能力;要有良好的抗磨损性能,具有较长的使用寿命;要有高强度的机械性,具有较强的抗张能力。接触线按照材质主要分为铜接触线、钢铝接触线和铜合金接触线
4	承力索	通过吊弦将接触线悬挂起来	按材质可分为铜承力索、钢承力索、铝包钢承力索三种类型。按照是否通过电流分为载流承力索和非载流承力索
5	吊弦	将接触线悬挂于承力索上形成柔性链形悬挂,使每个跨距中在不增加支柱的情况下,增加了对接触线的悬挂点,改善接触线的弛度和弹性	

续上表

序号	组成部分	作用	说明
6	补偿装置	又称张力自动补偿器，作用是补偿线索内的张力变化，使张力保持恒定	安装在锚段的两端，并且串接在接触线承力索内。有滑轮式、棘轮式、鼓轮式、液压式及弹簧式
7	接触悬挂	是将电能传导给电动车组的供电设备	分为简单悬挂(图 4.17)和链形悬挂(图 4.18)两类
8	锚段	接触网的架设，经过多个跨距以后必须在两个终端加以固定，称为下锚。下锚的支柱称为锚柱。锚段是将接触网分成一定长度，并在结构上有独立机械稳定性的分段，采用它可以缩小发生事故时的范围并便于检修	在接触悬挂的中部，将接触线和承力索在支柱上进行可靠固定，称为中心锚结。链形悬挂的两跨式中心锚结结构如图 4.19 所示
9	线岔	也称架空转辙器，作用是保证电力机车受电弓安全平滑地由一条接触线过渡至另一条接触线，达到转换线路的目的	
10	电连接线	作用是将接触悬挂各分段供电间的电路连接起来，保证电路的畅通。通过电连接可实现并联供电，减少电能损耗，提高供电质量	点连接线用导电性能好的材料制成，在铜接线区段采用铜绞线 TJ—950 电连接，按其使用位置不同，分为横向电连接和纵向电连接
11	分段绝缘器	又称分区绝缘器，安装在各车站装卸线、机车整备线、电力机车库线、专用线等处。正常情况下，机车受电弓带电滑行通过。当某一侧接触网发生故障或因检修需要停电时，可打开分段绝缘器处的隔离开关，将该部分接触网断电，而其他部分接触网仍能正常供电，从而提高接触网运行的可靠性	

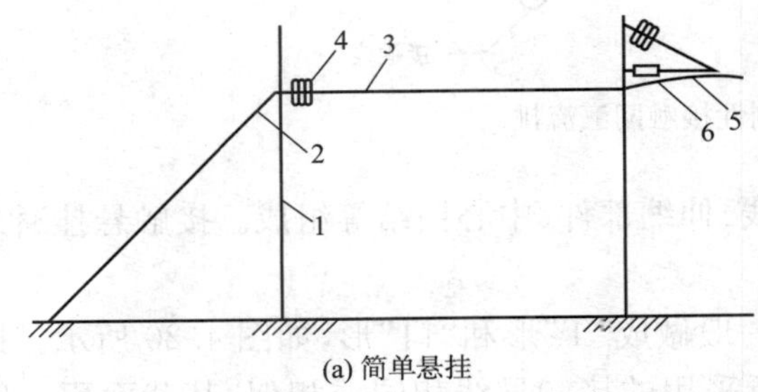

(a) 简单悬挂

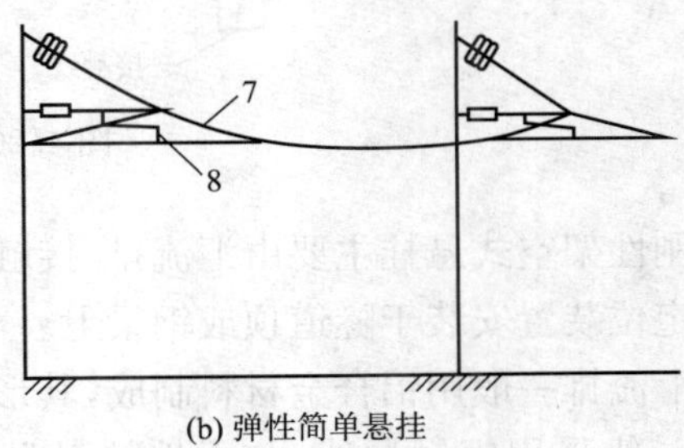

(b) 弹性简单悬挂

图 4.17 简单悬挂示意图

1—支柱；2—拉线；3—接触线；4—绝缘子；5—腕臂；6—绝缘子；7—弹性吊索；8—定位器

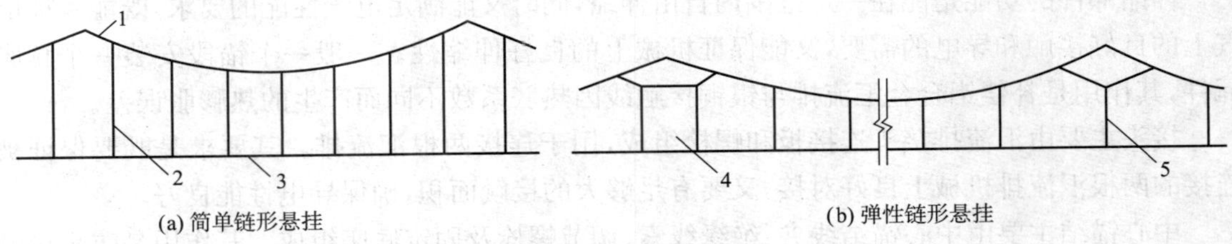

(a) 简单链形悬挂　　(b) 弹性链形悬挂

图 4.18 链形悬挂示意图

1—承力索；2—吊弦；3—接触线；4—H 形弹性吊弦；5—Y 形弹性吊弦

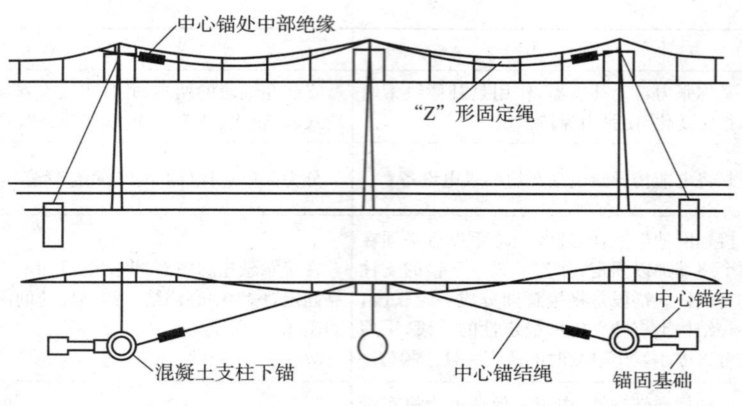

图 4.19　链形悬挂中心锚结

②刚性架空式接触网的结构

刚性架空式接触网一般采用具有相应刚度的导电轨或具有相应刚度的汇流排与接触线组成。刚性架空式接触网有两种典型代表(以汇流排的形状分)，即以日本为代表的"T"形结构和以法国、瑞士等国为代表的"Π"形结构，如图 4.20 所示。

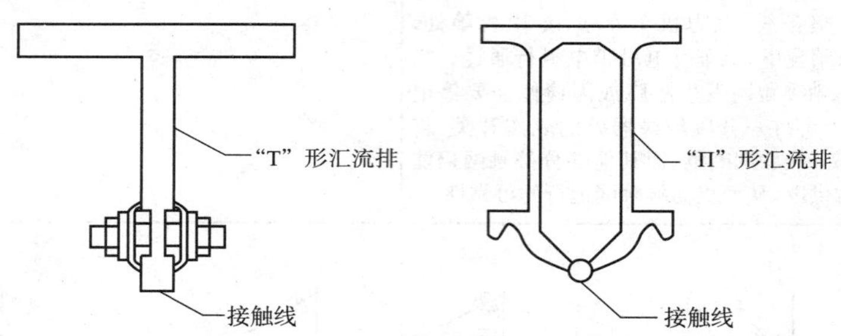

图 4.20　刚性接触网汇流排

刚性架空式悬挂主要由汇流排、接触导线、伸缩部件、中心锚结等组成。接触悬挂通过支持与定位装置安装于隧道顶或钢梁上。

汇流排一般用铝合金材料制成，其形状一般做成"T"形和"Π"形，如图 4.20 所示。接触导线一般采用银铜导线，与柔性接触悬挂所采用的接触导线相同或相似，其截面积一般为 120 mm^2或 150 mm^2。接触导线通过特殊的机械镶嵌于"Π"形汇流排上，或通过专用线夹固定于"T"形汇流排上，与汇流排一起组成接触悬挂。

伸缩部件的功能是能在一定范围内自由伸缩，同时又能满足电气性能的要求，既能保证电气上的良好接触和导电的需要，又能保证机械上的良好伸缩性。一般一个锚段安装一个膨胀元件，其作用是补偿铝合金汇流排与银铜接触线因热胀系数不同而产生的热膨胀误差。

接头主要由汇流排接头连接板和螺栓组成，用于连接两根汇流排。其要求是既要保证被连接的两根汇流排机械上良好对接，又要有足够大的接触面积，确保导电性能良好。

中心锚结主要由中心锚结线夹、绝缘线索、调节螺栓及固定底座组成。其作用是防止接触悬挂窜动。

支持和定位装置主要有腕臂结构和"Π"形结构两种，如图 4.21 和图 4.22 所示。

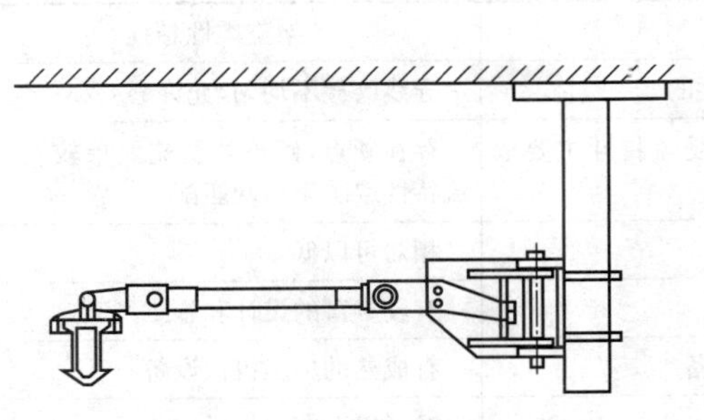
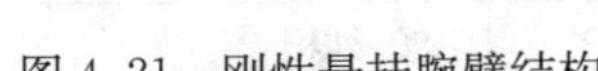

图 4.21 刚性悬挂腕臂结构

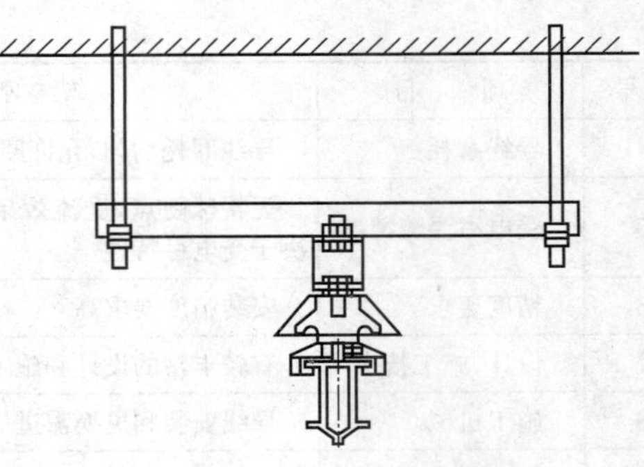

图 4.22 刚性悬挂∏形结构

腕臂结构的特点是调节灵活、外形美观，但结构复杂，成本高。此种结构主要用于隧道净空较高或地面的线路。∏形结构的特点是结构简单、可靠，但调节较困难。此种结构大量用于隧道内。

③刚性架空式接触网和柔性架空式接触网的比较

a. 刚性悬挂、柔性悬挂都能满足最大离线时间、传输功率、电压电流、受电弓单弓受流电流以及最大行车速度的要求。

b. 在受电弓运行的安全性以及对弓网故障的适应性方面，由于刚性较柔性有如下特点，刚性悬挂受电弓的安全性和适应性要明显好于柔性悬挂。

第一，刚性汇流排和接触线无轴向力，不存在断排或断线的可能，从而避免了柔性钻弓、烧融、不均匀磨耗、高温软化、线材缺陷以及受电弓故障造成的断线故障。因此，刚性悬挂的故障是点故障，而柔性悬挂的故障范围为一个锚段，所以刚性悬挂事故范围小。当然柔性悬挂的断线故障率还是非常小的，也是能够满足运营要求的。

第二，刚性悬挂的锚段关节简单，锚段长度是柔性悬挂的 1/7～1/6，因此固定金具窜动回转范围小，相应地提高了运行中的安全性和适应性。架空刚性悬挂与柔性悬挂的技术、经济比较见表 4.7 和表 4.8。

表 4.7 架空刚性悬挂与架空柔性悬挂的经济比较表

序号	项 目	架空刚性悬挂	架空柔性悬挂
1	隧道净空要求引起的土建费用	净空要求相对较小。无需下锚装置，可避免不必要的局部开挖，如暗挖车站，可节省土建费用	净空要求相对较大。需下锚装置，有时需要局部开挖，如暗挖车站
2	悬挂装置费用	悬挂点相对较多，费用相应增大相对较少	相对较少
3	维护费用	维护工作量少，周期长，费用低。据日本、韩国经验，相对柔性可减少 30%～50%	维护工作量大，周期短，费用较高

表 4.8 架空刚性悬挂与架空柔性悬挂的技术比较表

序号	项 目	架空刚性悬挂	架空柔性悬挂
1	悬挂组成	结构紧凑（汇流排＋接触线＋地线）	较复杂（1 根承力索＋2 根接触线＋3 或 4 根辅助馈线＋1 根地线）
2	允许车速	一般为 80～160 km/h，瑞士试验速度提高到 140 km/h，弹性受电弓可达 160 km/h	一般为 80～160 km/h
3	可靠性	无断线，可靠性高	有断线隐患，可靠性较差

续上表

序号	项　目	架空刚性悬挂	架空柔性悬挂
4	导线磨耗	导线磨耗均匀，允许磨耗是柔性的	导线磨耗不均匀，允许磨耗小
5	受电弓受流情况	无特殊硬点，受流效果良好。受流特性主要取决于受电弓特性	存在硬点，硬点处受流效果较差。受流特性取决于弓网匹配
6	精度要求	安装精度要求高	相对可以低
7	设计、施工技术	有较丰富的设计和施工经验	有较丰富的设计和施工经验
8	施工机械	导线安装和更换需进口专用设备	有成熟的施工机械设备
9	国产化率	90%以上	90%以上
10	维修、养护	维护工作量少	维护工作量大

(3)第三轨式接触网

①第三轨式接触网概述

第三轨式接触网是沿线路敷设的与轨道平行的附加轨，又称为第三轨，其功用与架空式接触网一样，通过它将电能输送给电动车组。不同点在于，接触轨是敷设在铁路旁的钢轨或钢铝复合轨。电动车组由伸出的受流靴与之接触而接受电能。

第三轨受电方式最早在伦敦城市轨道采用，其优点概括见表 4.9。

表 4.9　第三轨式接触网的使用特点

序号	优　点	说　明
1	构造简单	构造简单，重量小，易于调整，接触轨之间采用接板机械连接，不需要现场焊接，因此，便于安装和维修
2	节省投资	采用高导电性的钢铝复合接触轨，不用额外敷设沿线馈电电缆；同时可降低隧道上方净空，节省投资
3	节省能耗	单位电阻小，可降低牵引网电能损耗，从而有效地节约运营成本
4	使用寿命长	复合材料制成的接触轨支架具有低维护、耐腐蚀的特点，可以有效降低生命周期成本；钢铝复合轨与电动车组受流靴之间的接触面为不锈钢层，因此使用寿命长
5	对城市景观影响小	其安装位置在走行钢轨旁边，对轨道周围景观影响较小

接触轨系统的技术特征有电压等级、安装方式和导电轨材料三个方面，归纳说明见表 4.10。

表 4.10　接触轨系统的技术特征

序号	接触轨系统技术特征	说　明	备　注
1	电压等级	目前世界上城市轨道交通中的直流牵引网电压等级繁多，接触轨系统的电压等级有 600 V、630 V、700 V、750 V、825 V、900 V、1 000 V、1 200 V 等 目前国内接触轨系统标称电压为直流 750 V。国际上接触轨电压等级的发展趋向是 IEC 标准中的直流 600 V、750 V。其中接触轨为正极，走行轨为负极。接触轨系统允许电压波动范围为 DC 500～900 V	西班牙巴塞罗那采用过直流 1 500 V 及1 200 V 接触轨，美国旧金山 BAHT 系统为直流 1 000 V 接触轨

续上表

序号	接触轨系统技术特征	说　明	备　注
2	安装方式	接触轨系统根据受流位置的不同，可分为上接触式、下接触式及侧接触式三种形式	
3	导电轨材料	接触轨可采用低碳钢材料或钢铝复合材料。低碳钢导电轨主要的特点是磨耗小，制作工艺成熟，价格较低。主要规格有DU48型和DU52型。这两种导电轨在我国均为成熟产品，北京城市轨道交通系统就有应用 钢铝复合轨是由钢和铝合铸而成，其工作面是钢，而其他部分是铝。其主要特点是电导率高，重量小，磨耗小，电能损耗低。类型从300 A至6 000 A均有。自从1974年铝不锈钢复合导电轨在美国第一条快速线(BART)应用以来，复合导电轨在世界范围内逐步得到广泛应用	复合导电轨是钢导电轨升级换代的产品，具有广泛的应用前景。主要优点如下：①较小的电阻和阻抗，可以延长供电距离，减少变电所数量。②不锈钢表面光滑，耐磨性好，电损失小，抗腐蚀和氧化性能好，可延长接触轨和受流器的寿命。③电阻率低(约为钢导电轨的24%)，导电性能大幅提高，工作电流的范围广(300～6 000 A)。④接触轨重量小，悬挂点间距可适当加大，一般为4 m，从而减少了支架数量及维修量，且便于安装

②第三轨式接触网的组成

在接触轨系统零部件中，除作为导电轨的接触轨以外，还包括绝缘支架(或绝缘子)、防护罩、隔离开关设备、电缆等。接触轨、绝缘支架(或绝缘子)、防护罩，是接触轨系统中送电、支撑、防护的三大件。这些部件的功能简述见表4.11。

表4.11　第三轨式接触网的主要部件

部件名称	说　明	备　注
接触轨	在我国城市轨道交通第三轨供电中，接触轨多采用50 kg/m(或60 kg/m)高电导率低碳钢轨，轨头宽度为90 mm。近几年来随着复合材料的发展，由不锈钢与铝合金通过机械方法或冶金结合方法加工而成的钢铝复合接触轨已取代低碳钢接触轨	接触轨单位制造长度一般为15 m。当线路的曲线半径大于190 m时，钢铝复合轨可以在施工现场直接打弯；当线路的曲线半径小于或等于190 m时，钢铝复合轨则要在工厂加工预弯
端部弯头	接触轨端部弯头主要是为了保证集电靴顺利平滑通过接触轨断轨处而设置的	在行车速度较高区段，端部弯头一般采用长约5.2 m、坡度为1∶50的标准
接头	接触轨接头一般分为正常接头、温度接头和绝缘接头三种(图4.23)	正常接头处紧密结合，采用铝制鱼尾板连接。温度接头处，轨端留空隙，大小视温差而定，地下线路接触轨中，每隔100 m设一个。绝缘接头处，用木制鱼尾板紧扣轨端，留空隙50 mm
防爬器	在一般区段，在两膨胀接头的中部设置一处防爬器，并在整体绝缘支架两侧安装；在高架桥的上坡起始端、坡顶、下坡终端等处安装防爬器	
安装底座	下磨式接触轨的安装底座一般采用绝缘式整体安装底座，且一般安装在轨道整体道床或者轨枕上	
防护罩	防护罩的作用在于尽可能地避免人员无意中触碰带电的设备，一般采用玻璃纤维增强树脂(GRP)材质的防护罩，机械性能在工作支撑条件下可承受100 kg垂直荷载，并应在高温下具有自熄、无毒、无烟和耐火的性能，如图4.24所示	

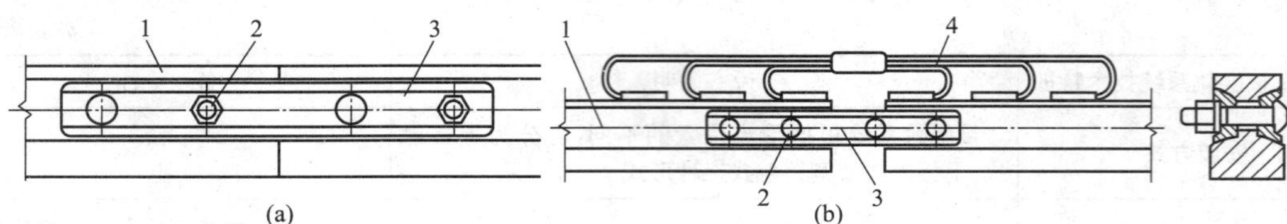

图 4.23　第三轨接头

1—接触轨；2—连接螺栓；3—鱼尾板；4—电连接

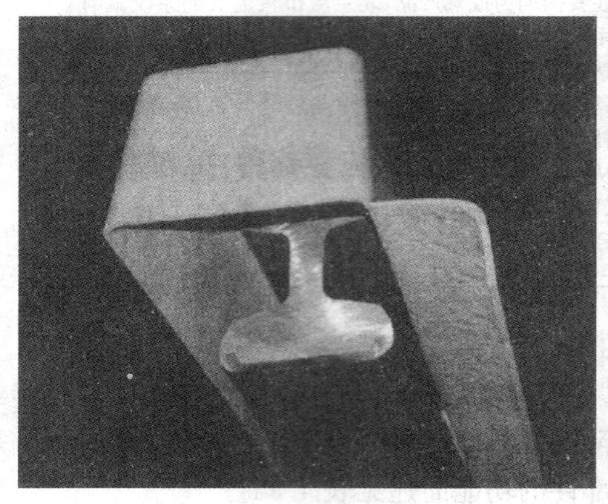

图 4.24　第三轨防护罩

接触轨按与受流靴的摩擦方式可分为上接触式、下接触式及侧接触式三种。在车站，接触轨总是设在远离站台轨道的一边，以免乘客摔落在轨道上触电。在线路露天地段，沿线要用木板保护起来，以免散落物引起电路故障。三种形式接触轨的特点见表 4.12。

表 4.12　接触轨的三种形式

布置形式		特　　点	示 意 图	备注
1	上接触式	上接触式如右图所示。接触轨装在专用绝缘子上，底朝下。取流时，接触靴自上压向接触轨。上接触式的接触力不由受流器(集电靴)的重量和磨耗情况决定，而只受弹簧支座特性的控制，受流平稳，并能减少在间隙和道岔等处的电流冲击。上接触式固定方便，但不易加防护罩	接触靴 接触轨 引入电动列车 上接触式接触轨	北京地铁、纽约地铁采用上接触式
2	下接触式	下接触式如右图所示。下接触式的接触轨底朝上，紧固在绝缘子上，并且由固定在轨枕上的弓形肩架予以支持。下磨式的优点是可以加防护罩，对工作人员较为安全。但安装结构较为复杂，费用较高，在经常冰冻和下雪而造成集电困难的地区使用较为普遍	绝缘体 接触轨 引入电动列车 肩架 走行钢轨 接触靴 下接触式接触轨	莫斯科地铁采用下接触式

续上表

布置形式		特　点	示意图	备注
3	侧接触式	侧面接触式在工作上与上磨式相似。接触轨为高电导率钢制成的特殊断面的钢轨。接触轨通过的地方要设置工作人员使用的人行道,在其余地点必须考虑设置保护木板或其他合适材料的保护板,以防触电	侧接触式接触轨	跨座式独轨车辆采用侧接触式

4. 牵引变电所向接触网的供电方式

牵引变电所是沿铁路线布置的,每一个牵引变电所有一定的供电范围。供电距离过长会使末端电压过低及电能损耗过大;供电距离过短,又使变电所数目太多而不经济。

牵引变电所向接触网供电有两种方式:单边供电和双边供电。接触网供电原理图如图4.25所示。

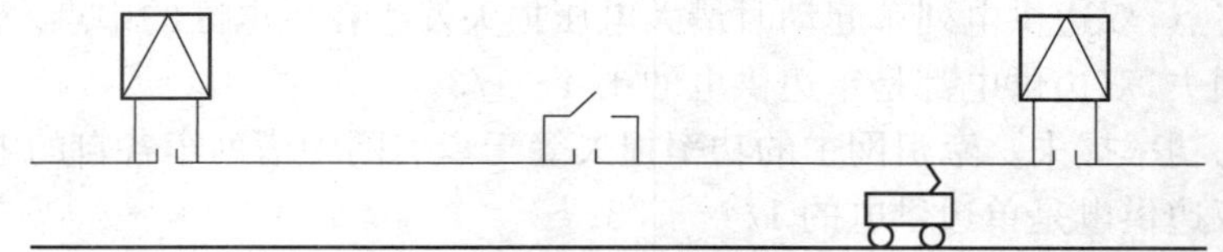

图4.25　接触网供电原理图

接触网通常在相邻两牵引变电所间的中央断开,将两牵引变电所之间两供电臂的接触网分为两个供电分区。每一供电分区的接触网只从一端的牵引变电所获得电流,称为单边供电。如果在中央断开处设置开关设备,可将两供电分区连通,此处称为分区亭。将分区亭的断路器闭合,则相邻牵引变电所间的两个接触网供电分区均可同时从两个变电所获得电流,这称为双边供电。

(1)单边供电

单边供电指馈电区只从一侧牵引变电所取得电源。单边供电只是运行中一种可能采用的临时供电方式,是在特定条件下(如试车线、线路终端牵引变电所故障解列等)运营中可能采用的一种措施,并不是设计上必须满足的限制条件,更不是运营中的首选方案。

在设计中不能用保证单边供电作为设计的限制条件,如果用这一条件作为牵引供电计算的限制条件的话,将会使牵引变电所的间距设置得很短、很死,使牵引变电所的数量增多,增加一次投资。问题很简单,如果拿单边供电作为设计的限制条件,那么所有牵引供电计算将会变得极为简单,只要用一个固定的距离去设置变电所,像丈量土地一样去丈量线路就可以了,无须再进行其他的计算。因为对于一条线路而言,电动车辆的起动电流一定,牵引网每千米的电阻是一定的,那么只要电压损失不超过250 V(牵引网标称电压750 V)或500 V(牵引网标称电压1 500 V)就可以了。这样势必使牵引网供电距离缩短、牵引变电所数量增加、运营损耗和杂散电流增大。

虽然单边供电有很多不足,但在下列场合仍使用单边供电方式:

①车场线、停车线、检修线、试车线,因这些线路上的车辆少、取流小。

②当线路终端牵引变电所因故障解列或一路馈线开关因故障退出运行时,如由于单边供

电距离长，最大电压损伤超过国家标准允许值，为减小牵引网回路电阻，可在终端变电所处将上、下行接触网并联。

(2)双边供电

双边供电是指任何一个馈电区同时从两侧牵引变电所取得两路电源。地铁的牵引供电系统，在正线的设计和运营中，均应采用双边供电方式，因为双边供电比单边供电具有明显的优点。

①牵引网的平均电压损失。平均电压损失是指列车在区间运行时的平均电压损失，它对辅助电机的运转有意义。平均电压损失由两个分量组成，即由指定列车本身所取电流在其受流器上引起的电压损失和同行其他列车电流在其受流器上造成的电压损失之和。双边供电是单边供电的 1/4～1/3。

②列车带电运行时受流器上的电压损失。双边供电是单边供电的 1/4～1/3。

③列车最大平均电压损失，双边供电是单边供电的 1/4。单边供电列车最大平均电压损失发生在供电区的终点，双边供电列车最大平均电压损失发生在供电区的中点。

④列车起动时最大电压损失。双边供电是单边供电的 1/4，满足列车起动时的最大电压损失要求，是决定牵引变电所间距的必须满足的条件。单边供电列车起动时最大电压损失发生在供电区的终点，双边供电列车起动时最大电压损失发生在供电区的中点。由分析可知，无论是哪种电压损失，双边供电都是单边供电的 1/4～1/3。

⑤牵引网的功率损失。牵引网中的功率损失等于牵引网中诸列车各自的电流与电压损失的乘积之和。双边供电是单边供电的 1/4～1/3。

⑥双边供电时，列车的再生能量可以被同行列车吸收，当车流密度高时再生能量更易被同行列车利用；而单边供电时，再生能量被其他同行列车吸收的可能性极小。

⑦双边供电时走行轨的对地电位是单边供电的 1/4～1/3，所以其杂散电流值仅为单边供电的 1/4～1/3。

双边供电是设计必须满足的条件，也是正常运营的首选方式。即使在一座牵引变电所因故障解列时，也应采取技术措施实行大双边供电，同时应自动完成双边联跳条件的转换，这样可以减少牵引变电所数量，既节省一次建设投资，又减少运营费用，同时减小列车起动时的电压损失，降低功率损耗，有利于列车运行，并且不影响运送旅客的能力，这对运营是非常有利的。

(3)大双边电

鉴于双边供电比单边供电有很多优点，系统中任何一座牵引变电所因故障解列时，也应采取技术措施，实行大双边供电。实现大双边供电有两种方式。

①利用解列的牵引变电所的直流母线构成大双边供电

如图 4.26 所示，利用牵引变电所直流母线构成大双边供电的条件是：a. 牵引变电所只有两套整流机组退出运行；b. 直流母线、上下行 4 路馈线开关及其二次回路完好无损且能正常运行。

这样构成大双边供电的优点是简单方便，容易实现；缺点是凡涉及直流母线或 4 路馈线开关的任何故障都不适用这种方式。利用故障变电所的直流母线将上下行的接触轨并联起来，虽然改善了电压质量、降低了损耗，但同时也会扩大事故范围，因接触轨一点发生短路故障时，可能引起多路馈出开关跳闸，从而使事故范围扩大。

②利用纵向电动隔离开关构成大双边供电

当牵引变电所因故障解列时，利用电分段处的纵向电动隔离开关构成大双边供电，使整座牵引变电所(含隧道开关柜)退出运行，牵引网运行不受故障牵引变电所的影响，图中两台纵向

电动隔离开关1ZDG、2ZDG处于合闸状态，如图4.27所示。

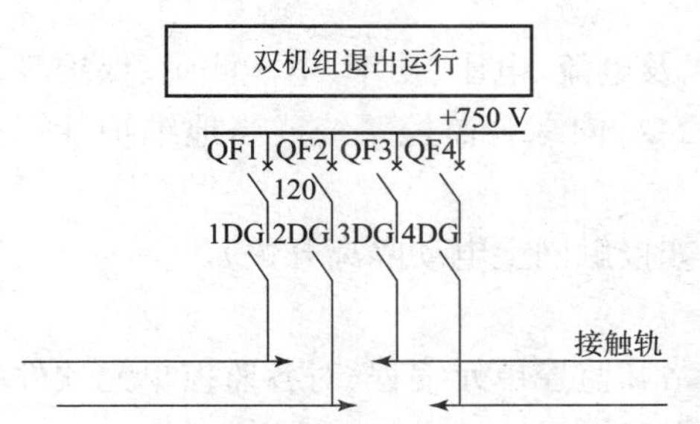

图4.26 利用直流母线构成大双边供电

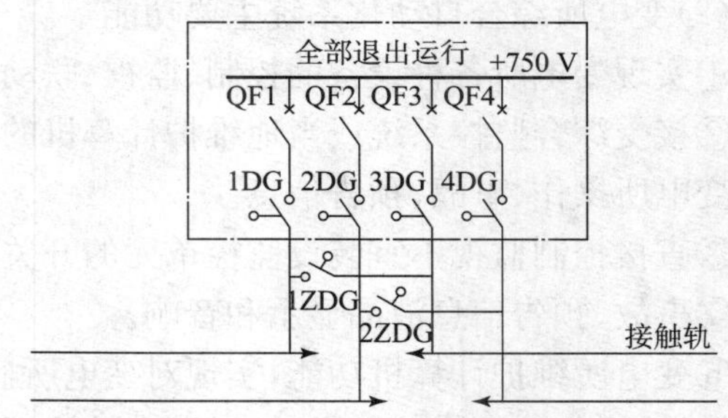

图4.27 利用纵向电动隔离开关构成大双边供电

4.2.5 知识拓展——电力监控系统

电力监控系统(SCADA)对城市轨道交通供电系统变电所、牵引网设备进行实时控制监视和数据采集。其功能是使调度管理人员通过监控系统实时地监视供电系统设备的运行情况，及时掌握和处理供电系统的各种事故、报警事件、准确实施调度指挥、事故抢修和事故处理，保证供电的可靠性和安全性。

1. 电力监控系统的组成

电力监控系统由监控中心电力调度子系统、各变电所综合自动化子系统及通信通道三部分组成。作为综合监控系统的一个子系统，电力调度工作主站设在控制中心大楼内，由综合监控系统统一管理；各变电所综合自动化子系统在车站接入站级综合监控系统以太网，通过综合监控系统通信通道送至控制中心。在车辆段设置电力监控复示系统，监视全线供电设备的运行情况。变电所综合自动化子系统采用集中管理、分散分布式结构，整个系统由站级管理层、网络通信层和间隔层组成，完成继电保护、监视控制、自动控制装置和远动及数据通信等功能。变电所综合自动化子系统的通信网络一般采用以太网或以太网与现场总线并存模式。

2. 系统主要功能

(1)控制中心电力调度工作主站主要功能

①遥控。实现对变电所高压断路器和电动隔离开关(含接触网隔离开关)及主要0.4 kV断路器的单独控制和程序控制。断路器和电动隔离开关的操作具有安全联锁功能。

②遥信。对被监控对象的位置信号、事故信号、预告信号进行实时采集。

③遥测。实现对变电所电流、电压、功率、电能的实时采集，在CRT上显示对极限值进行统计和报警显示。

④遥调。可对主变电所内有载调压变压器进行有级调节，遥调结果在调度终端主接线画面上显示。

⑤数据处理。无故障时进行正常信息处理，在现场或监控系统本身故障时，在监视器及模拟屏给出声光报警，并自动打印。

⑥维修及一般事故抢修调度。

⑦调度事务管理。

⑧各种调度画面显示。

⑨数据储存及报表统计、数据打印及画面拷贝。

⑩系统自诊断、自恢复及在线修改。

(2)变电所综合自动化系统主要功能

①实现变电所各种设备的控制、监视、联动操作以及电流、电压、功率、电能测量、保护等。

②接受综合监控系统或当地维护计算机的控制命令;向综合监控系统或当地维护计算机传送变电所操作、事故、预告信息。

③直接控制监视不宜装设监控单元的开关设备(如接触网上电动隔离开关)。

④事故、预告信息液晶显示和音响。

⑤变电所维护计算机功能,实现对变电所监控网络和监控单元编程、对各监控单元软件的日常维护,对变电所内各种设备的控制、监视、测量数据显示和统计。

⑥系统故障诊断,任何监控单元发生故障,均应报警,单个监控单元的故障,不影响整个网络的运行,故障标志达到板级。

3. 控制范围

(1)主变电所。110 kV 断路器、110 kV 电动隔离开关、33 kV 断路器和主变压器调压开关。

(2)降压变电所。33 kV 断路器、400 V 进线断路器、400 V 母联断路器、400 V 三类负荷总开关及 400 V 主要馈线回路断路器。

(3)牵引降压混合变电所。33 kV 断路器、1 500 V 直流断路器、接触网电动隔离开关、400 V 进线断路器、400 V 母联断路器、400 V 三类负荷总开关及 400 V 主要馈线回路断路器。

4. 监视范围

(1)主变电所。开关位置、事故信号和预告信号。

(2)降压变电所。0.4 kV 母线以上的所有设备(含三类负荷总开关)及 400 V 主要馈线回路断路器位置、事故和预告信号。

(3)牵引降压混合变电所。0.4 kV 母线以上的所有设备(含接触网隔离开关、三类负荷总开关)及 400 V 主要馈线回路断路器位置、事故和预告信号。

若变电所采用门禁系统,则监控系统应能监视变电所大门的开启情况和人员进入时间及编号等。

5. 测量范围

(1)主变电所。110 kV 侧电流、有功功率、无功功率(容性、感性)、有功电能、无功电能(正计和反计),110 kV 母线电压,主变压器低压侧电流,33 kV 母线电压、33 kV 母联电流,33 kV 馈线电流,主变压器抽头位置。

(2)降压变电所。33 kV 进/出线电流、33 kV 母线电压、33 kV 母联电流,33/0.4 kV 变压器高压侧电流、有功功率、有功电能,400 V 进线电流、母线电压。

(3)牵引降压混合变电所。33 kV 进/出线电流、33 kV 母线电压、33 kV 母联电流,整流机组电流、有功功率、有功电能,直流 1 500 V 母线电压,直流 1 500 V 馈线电流;33/0.4 kV 变压器高压侧电流、有功功率、有功电能,400 V 进线电流、母线电压。

6. 接口

(1)与综合监控系统接口。电力监控与综合监控系统分界点设在车站主控室内通信控制器的通信接口处。

(2)与通信系统接口。电力监控系统与通信系统的接口分界在车站通信配线架的端子上。

(3)与主变电站接口。硬件接口分界在变电站控制信号盘和下位监控单元输入/输出端子排。

4.2.6　相关规范、规程与标准

1.《供配电系统设计规范》(GB 50052—2009)中关于“供电”的相关规定。

2.《地铁设计规范》(GB 50157—2013)中“15 供电”的相关规定。

3.《城市轨道交通运营管理规范》(GB/T 30012—2013)中“8 设施设备运行与维护管理—供电系统”的相关规定。

项目小结

本项目安排了两个典型工作任务,一是绘制城市轨道交通集中供电和牵引供电系统示意图,二是分析一条地铁线路的供电臂供电范围。任务 1 概述了城市轨道交通供电系统的功能、组成,城市轨道交通供电制式及外部供电系统对城市轨道交通的三种供电方式;任务 2 介绍了变电所的类型和主要电气设备,接触网的结构形式以及牵引变电所向接触网的供电方式。

通过本项目的学习,要求学习者能画出城市轨道交通系统集中供电和牵引供电系统示意图;能分析一条地铁线路的供电臂供电范围;能画出直流牵引变电所的接线原理图并复述其原理;能区分各种类型的接触网,理解其特点。要求学习者理解城市轨道交通供电系统的功能;理解城市轨道交通供电系统采用直流制式的原因;了解三种外部供电方式的特点;掌握牵引供电系统的功能和组成;了解接触网的结构形式;掌握牵引变电所向接触网的供电方式。

复习思考题

1. 城市轨道交通供电系统由哪些部分组成？各组成部分的作用是什么？
2. 城市轨道交通供电系统采用何种供电制式？
3. 城市轨道交通供电系统对电源有哪些要求？
4. 城市轨道交通供电系统的电源电压等级有哪几种？
5. 画出城市轨道交通系统集中供电和牵引供电系统示意图。
6. 分析一条地铁线路的供电臂供电范围。
7. 画出直流牵引变电所的接线原理图并复述其原理。
8. 牵引变电所有哪几种类型？其主要电气设备有哪些？
9. 接触网的主要形式有哪些？
10. 牵引网由哪些部分组成？
11. 接触网的特点有哪些？
12. 柔性接触网由哪几部分组成？
13. 接触悬挂有哪些类型？各包括哪几部分？
14. 什么是刚性悬挂？架空刚性悬挂由哪几部分组成？
15. 第三轨式接触网的特点是什么？
16. 牵引变电所向接触网的供电方式有哪几种？

项目5　车站机电设备

项目描述

城市轨道交通车站机电设备主要包括车站消防系统、站台安全门系统、车站电梯系统、给排水及消防设备、环控系统、车站机电设备监控系统等。

本项目设置了6个典型工作任务，任务1分析车站消防系统；任务2介绍站台安全门系统；任务3分析车站电梯系统；任务4分析环控系统故障；任务5详细介绍车站在水淹区间隧道时的处理；任务6是环境与设备监控系统的运行管理。

拟实现的教学目标

1. 能力目标

能按规定正确使用车站机电设备，包括火灾自动报警和自动灭火设备、消防设备、屏蔽门、电扶梯；能说出车站环境控制系统的组织架构及工作内容，分析车站环境控制系统的故障并报修；能对给、排水系统的简单故障进行分析并通知维修人员处理；学会车站环境与设备监控系统地日常运行管理。

2. 知识目标

掌握车站机电设备，包括火灾自动报警和自动灭火设备、消防设备、屏蔽门、电扶梯等设备的使用知识及故障处理方法；掌握车站环控系统的功能、组成及控制方式；了解环控系统的设备及制式；掌握给水、排水系统的功能；了解车站给水、排水系统的组成。掌握环境与设备监控系统功能，主要组成，车站日常运行管理要求。

3. 素质目标

具有城市轨道交通服务乘客素质，善于运用相关车站机电设备为乘客提供优质服务。

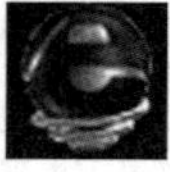

相关案例——某地铁火灾

1. 事件概况

2003年2月18日，某地铁中央路站发生火灾(图5.1)，造成198人死亡，146人受伤。经调查，火灾是人为纵火所致。

2月18日上午9:55，已经过了上班高峰时间，某地铁1079次列车上第三节车厢里一名56岁的男子从黑色的手提包里取出一个装满易燃物的绿色塑料罐，并拿出打火机试图点燃。车内的几名乘客立即上前阻止，但这名男子却摆脱阻拦，把塑料罐内的易燃物洒到座椅上，并丢下打火机，整节车厢瞬间燃烧了起来。几个年青人冲上去揪住他，但火势蔓延得太快，浓烟滚滚，乘客都争先恐后地往外跑。

起火后，车内没有自动灭火装置，车站的电力系统也立刻自动断电，站内一片漆黑。正当大火烧起来时，另一列对向列车1080次列车也进入中央路车站。大火迅速蔓延过去，两列车的12节车厢全被烈火浓烟包围。人们乱作一团，有的拼命撬门，有的四处寻找逃生的出口。慌乱中，许多乘客因浓烟窒息而死。

1080次列车驾驶员因害怕有毒气体进入车厢而没有及时打开车厢门疏散乘客。等再想打开列车车门时，电被切断了，全体乘客都被关在了黑暗的车厢内。一些车厢的乘客找到了应急装置，用手动方式打开了车门得以逃生，但是许多车门一直未被打开。大多数死者是1080次列车上的乘客。

(a) 火灾时的出站口

(b) 火灾时的车厢内

(c) 火灾后消防队员搜救

图5.1　某地铁火灾事故

2. 原因分析

(1)设备方面的隐患

车站和车厢内安全装置不足。该地铁车站内虽然安装了火灾自动报警设备、自动淋水灭火装置、除烟设备和紧急照明灯，但是这些安全装置在对付严重火灾时明显不足，尤其是自动淋水灭火装置。由于车厢上方是高压线，为了防止触电，车厢内均没有安装这种装置。因此，该地铁发生大火时，不可能尽早扑救。车站断电后，四周一片漆黑，紧急照明灯和出口引导灯均没有点亮。

车站内的通风设备容量不大，只能保障平时的空气流通，难以排除大量的浓烟。车厢内的座椅、地板等虽然采用耐燃材料，一旦燃烧起来仍会散发出大量有毒成分。火灾的死亡者中有许多是在跑出车厢后找不到出口而被含有有毒成分的浓烟窒息而死的。

(2)管理方面存在问题

发生火灾后，地铁调度控制中心没有阻止1080次列车进站，1080次列车撞进火海，直接造成了大多数遇难者被烧死。

(3)安全教育流于形式

该地铁所在地每年都进行"民防训练"，学习在紧急情况下逃生和保障安全的知识。该地媒体和专家指出，这些民防训练大多流于形式，人们在慌乱时全然不知使用现有的灭火器，发生火灾时绝大部分乘客不知如何手动打开车门逃生。

3. 防范措施

(1)车辆制造必须考虑所有的材料都是阻燃的材料，包括它里面埋的电线也是阻燃的；在车厢里，需配备灭火装置。

(2)地铁设置防灾报警系统，发生事故有报警系统，使能及时组织乘客疏散。

(3)地铁设置环控系统，考虑各种情况下的通风模式，以保证发生火灾时产生的烟能及时排出，并能给乘客及时送新鲜空气。

(4)日常加强员工应急处理演练：在规定的时间(如5 min)内，当火灾发生后，在第一时间内紧急处理，地铁所有员工有明确分工，各尽其责。

(5)加强乘客安全乘车教育：对列车上、站台上的安全应急装置实行普及教育，加强乘客自身的安全乘车意识。

城市轨道交通由于是乘客高度密集的地方，必须在车站设置防灾报警系统、灭火系统、环控系统、车站设备监控系统等车站机电设备，以确保运输生产安全，并为乘客提供舒适的候乘环境。

通过学习上述案例可以理解，由于城市轨道交通是乘客高度密集的地方，必须在车站设置防灾报警系统、灭火系统、环控系统、车站设备监控系统等车站机电设备，以确保运输生产安全，并为乘客提供舒适的候乘环境。

典型工作任务1　车站消防系统运用

5.1.1　教学目标

1. 能力目标

能运用常用灭火器进行灭火；会操作消火栓及消防卷盘；地下车站发生火灾时能组织乘客紧急疏散。

2. 知识目标

了解地铁火灾特征；掌握FAS系统组成；掌握气体灭火系统的灭火原理与特点；掌握车站站厅公共区火灾应急处理程序。

3. 素质目标

安全组织运输生产的职业素质、为乘客的生命和财产高度负责的职业素养。

5.1.2　工作任务

通过本任务，要求能运用常用灭火器进行灭火，会操作消火栓及消防卷盘，地下车站发生火灾时能组织乘客紧急疏散。

5.1.3　所需配备

灭火器、消火栓、地铁消防设备模拟仿真系统。

5.1.4　相关配套知识

1. 火灾自动报警系统

火灾的早期发现对消防救灾来说具有极其重要的意义，而地下车站和区间隧道由于空间狭小，消防救灾十分困难，火灾的早期发现和早期扑救对消防救灾来说显得尤为重要。因此，为保障城市轨道交通运营线路的安全运营，设置火灾自动报警系统（Fire Alarm System，FAS），对城市轨道交通运营线路全线进行火灾探测、报警和控制。本项目以某一地铁公司为例进行说明，使用时需注意细微差别。

（1）火灾自动报警系统功能

FAS有中央和车站两级监控。

①中央级FAS具备以下功能：

a. 接收、显示并储存全线主要火灾报警设备的运行状态。

b. 接收由车站级设备传送的各探测点的火灾报警信号，显示报警部位及自动记录。

c. 自动和人工手动确认火灾报警。

d. 根据火灾发生的实际情况，自动选择预定的解决方案，向各消防控制室发出消防救灾指令和安全疏散命令。

e. 图形控制中心PC机通过无线发射台及时向市消防局119无线报警台进行火灾报警，向消防部门通报灾情。

f. 接收主时钟的信息，使FAS系统时钟与主时钟同步。

城市轨道交通消防指挥中心设有消防值班员，负责管理全线的火灾报警；确认火灾灾情，向车站级发出消防救灾指令，指挥救灾工作的开展。

②车站级FAS具备以下功能：

a. 监视车站及所辖区间消防设备的运行状态。

b. 接收车站及所辖区间火灾报警或重要系统、设备的报警，并显示报警部位。

c. 向消防指挥中心报告灾情，接收消防指挥中心发出的消防救灾指令和安全疏散命令。

d. 通过车站级的消防联动控制接口向机电设备监控系统（EMCS）发出救灾模式指令，由EMCS系统启动消防联动设备。

e. 通过消防广播系统和闭路电视监视系统，对乘客进行安全疏散引导。

城市轨道交通车站、车辆段、集中供冷站及主变电站消防控制室没有专职消防值班员，由值班站长或值班员兼任，监视火灾报警、确认火灾灾情、报告消防指挥中心、接收消防指挥中心发出的消防救灾指令、控制有关消防联动设备和组织现场救灾。

（2）火灾自动报警系统组成

①图形控制中心系统

图形控制中心系统配置两台计算机,分别为监控管理操作终端和历史资料存档管理操作终端,操作终端采用高质量、高性能的个人计算机(PC)或高性能工业级计算机,配置彩色显示器、键盘和鼠标、打印机、UPS,历史资料存档管理操作终端配置高性能、高容量的磁带机,用于历史资料的存储备份。应用软件是完全汉化的,运行于 WINDOWS 95 以上版本的操作系统上,用户界面良好,操作灵活简便,可以以图形和文本两种方式处理事件;能对事件进行合理分类及过滤筛选;可以通过对事件存储文件的分析,了解何时发生何事,便于分析事件发生的原因。

②车站级火灾自动报警系统

在各地铁车站、主变电站、集中供冷站、车辆段各主要建筑的消防控制室设置一台 FACP 盘,FACP 盘配置先进的微处理器、LCD 显示器和紧急供电装置。微处理器有强大的事件存储功能便于分析事件发生的原因。LCD 的显示是全中文字符,合理设置,最大限度地向消防值班员提供信息。除了具有 LCD 显示外,还有易于理解的灯(LED)和开关按钮组合,以帮助消防值班员在紧急情况下执行系统命令和救灾命令。同时在各地铁车站设置消防联动控制柜,联动控制柜通过控制电缆与重要消防设备的控制回路相连,联动柜上有各种带自锁按键,用于火灾时自动控制系统失灵的情况下,手动控制各种消防设备。紧急供电装置为火灾报警控制器的专用 UPS,电池容量可以维持系统 24 h 的正常运作。

(3)火灾自动报警系统现场设备

图 5.2 所示为火灾自动报警系统(FAS 系统)现场设备网络图。

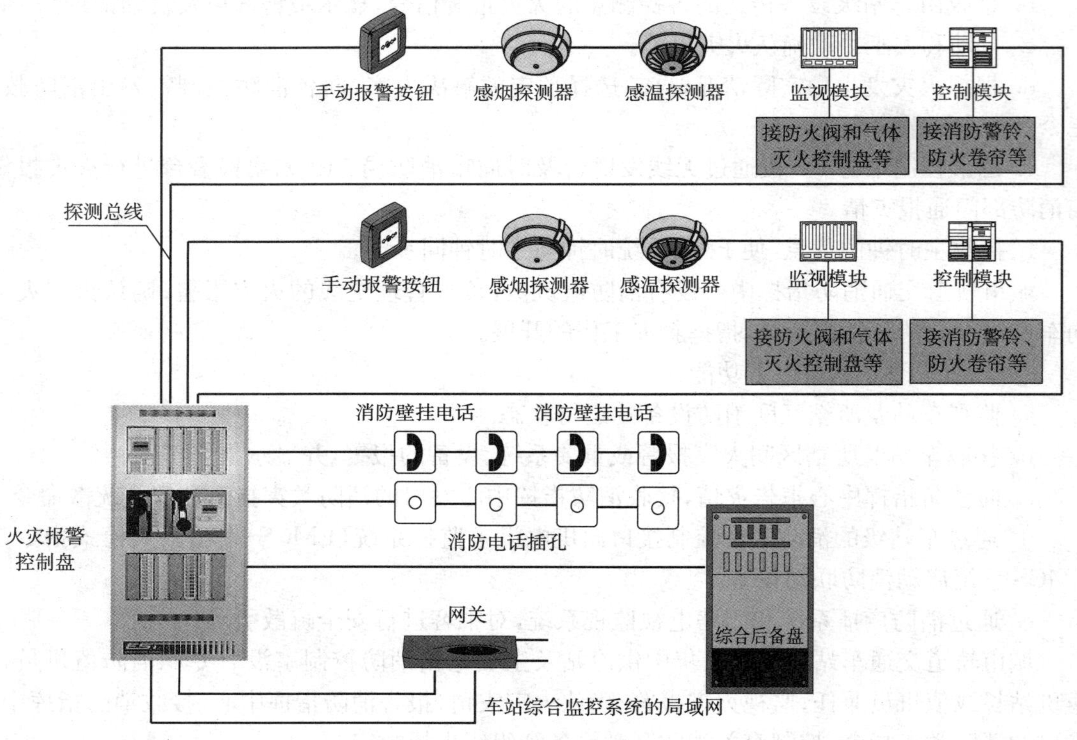

图 5.2　FAS 系统现场设备网络图

①火灾探测器

在地铁范围内均设有带地址码的火灾探测器，如车站内各设备管理用房、站厅及站台旅客公共区和通道等区域，均有分布智能型感烟探测器进行火灾探测。

②手动火灾报警按钮

在站厅层、站台层、出入口通道和设备区等区域设有带地址码的手动火灾报警按钮。报警区域内每个防火分区，至少设有一只手动火灾报警按钮。从一个防火分区内的任何位置到最邻近的一个手动火灾报警按钮的步行距离，不大于30 m。

在上述区域中，若设有消火栓箱，则手动火灾报警按钮安装在靠近消火栓箱处，明显和便于操作的墙上。

③感温电缆

站台板下的电缆廊道设感温电缆，感温电缆按电缆桥架分层，蛇行走向布置。

④光束式感烟探测器

在大空间长距离的库房设有红外光束式感烟探测器。

⑤探测模块

探测模块是带地址码的，用于接收气体自动灭火系统控制盘上的火灾预报警信号、火灾确认信号、系统故障信号、气体释放信号和手动/自动状态信号以及车站内防火阀和感温电缆的动作信号。

⑥控制模块

控制模块是带地址码的，用于控制防火卷帘的降落。同时根据车站防排烟系统的火灾运行模式，一种模式对应一个控制模块，火灾时，根据不同的着火区域自动启动相应的火灾运行模式。

(4)火灾自动报警系统消防联动控制系统的配置

图5.3为车站级FAS系统构成框图。

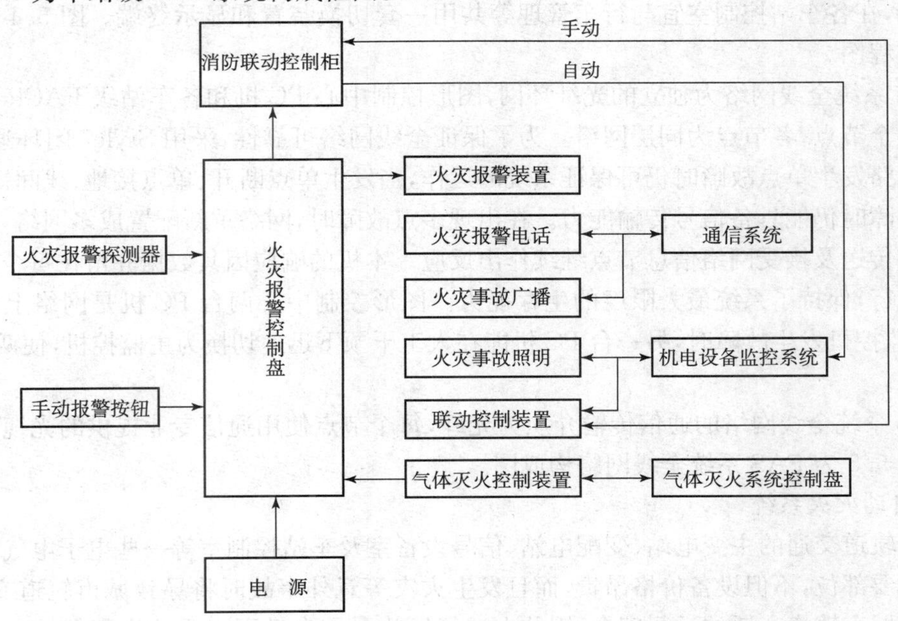

图5.3　车站级FAS系统构成框图

FAS 所有的防排烟系统联动控制功能由机电设备监控系统 BAS 实现。FAS 系统和 BAS 系统在各车站均设有自动控制接口，FAS 系统发出的指令具有最高优先权，当发生火灾时，通过车站的自动控制接口，FAS 系统发出指令，按指令 BAS 系统将其所监控的设备运行转换为预定的火灾运行模式。

各车站设有消防联动控制柜，联动控制柜通过控制电缆与重要消防设备的控制回路相连，联动柜上有各种带自锁按键，用于火灾时自动控制系统失灵的情况下，手动控制各种消防设备。

(5)消防广播通信系统

①消防广播

火灾报警在车站内没设警铃或警笛，而设有火灾事故广播。火灾事故广播不单独设置，与车站广播系统合用；平时为车站广播用，火灾时，能在消防控制室将广播音响强行切转到火灾事故广播状态，火灾事故广播具有优先权。

②消防通信

消防指挥中心设专用电话用于向公安消防部门报警。

FAS 系统在车站内设有消防报警电话插孔，而在区间隧道则与轨旁电话系统合用，并结合有线和无线通信系统的使用，实现消防指挥通信系统的全部功能。站内及轨旁电话系统在各消防控制室、值班室、消防水泵房和通风空调机房设置直达通话话机；区间隧道设置轨旁电话机。FAS 在高低压室、通信设备室、信号设备室、环控电控室和屏蔽门设备室等气体灭火保护房间门外的墙上设置固定通话话机。

在有线通信系统中消防指挥中心设置调度电话总机，各消防控制室设置调度分机。消防指挥中心调度员可对设于各消防控制室的分机进行单呼、组呼、全呼；分机可对中心调度员进行一般呼叫和紧急呼叫。

FAS 系统与行车调度等共用一套闭路电视监视系统。在消防指挥中心设置切换装置和监视终端，在各车站控制室宜与行车管理等共用一套切换装置和显示终端。图 5.4 是火灾自动报警流程图。

FAS 系统全线网络为独立的光纤环网，图形控制中心 PC 机和各车站级 FACP 盘分别是网络上一个节点，各节点为同层网络。为了保证全线网络可靠性，采用 Style7 闭环通信方式，在通信线路发生单点故障时仍可保证系统的运作，当发生单点断开、单点接地、线间短路、开路或接地故障时仍能具备信号传输能力。在出现多点故障时，网络重新配置成多网络，系统将对每个能够传送及接受网络信息节点继续作出反应。本机的响应因其数据驻留在每个节点上而总是被执行，保持了系统最大限度的生存能力。图形控制中心两台 PC 机是网络上的两个节点，当主监控机发生故障时，另一台 PC 机能在人工干预下迅速切换为主监控机，使两台 PC 机互为备用。

FAS 系统全线网络的通信传输介质为光纤，每个节点使用通信专业提供的光缆里的 4 根光纤。图 5.5 为 FAS 系统全线网络构成图。

2. 自动灭火系统

城市轨道交通的主变电站、变配电站、信号设备室及车站控制室等一些电子电气用房属于车站的重要部位，不但设备价格昂贵，而且发生火灾等意外事故时将导致城市轨道交通中断，影响整个城市轨道交通的运行安全，因此上述场所均采用自动灭火系统进行保护。自动灭火系统由存储输送灭火介质的管网子系统和探测报警的控制子系统组成，平时由自动灭火系统

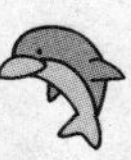

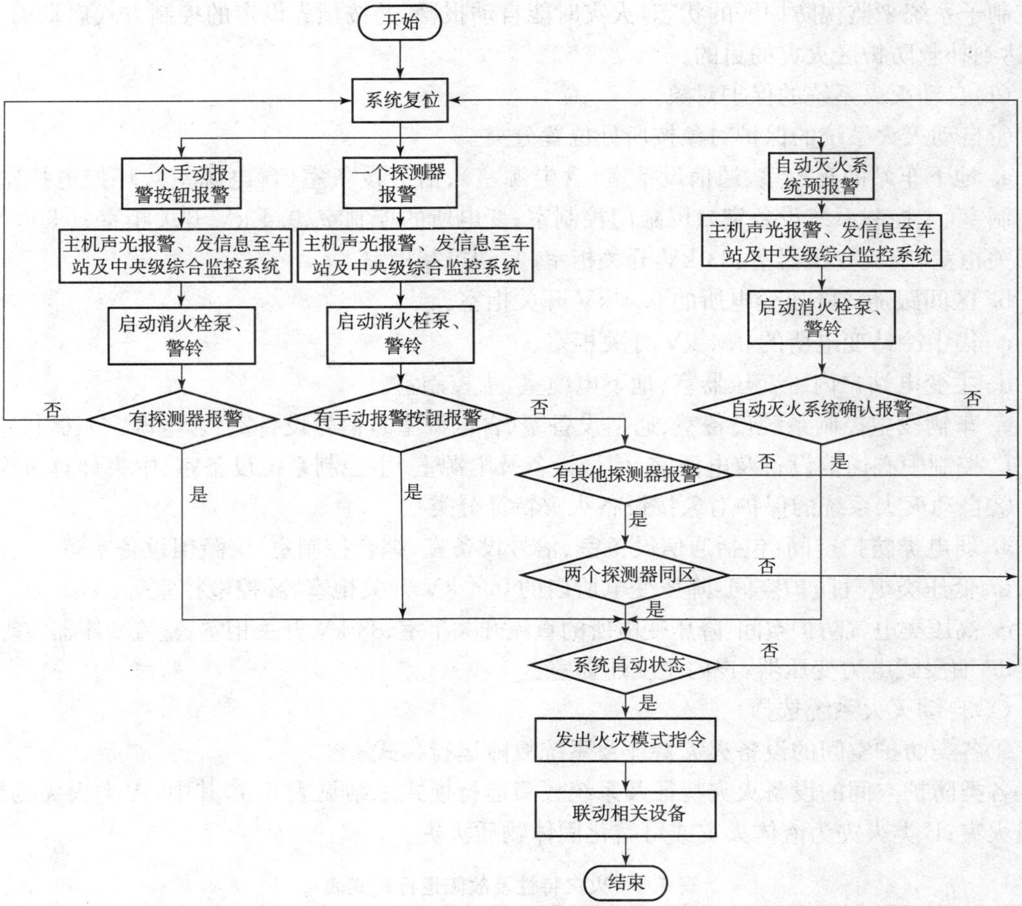

开始
系统复位
一个手动报警按钮报警
一个探测器报警
自动灭火系统预报警
主机声光报警、发信息至车站及中央级综合监控系统
主机声光报警、发信息至车站及中央级综合监控系统
主机声光报警、发信息至车站及中央级综合监控系统
启动消火栓泵、警铃
启动消火栓泵、警铃
启动消火栓泵、警铃
否
有探测器报警
有手动报警按钮报警
否
自动灭火系统确认报警
否
是
是
有其他探测器报警
否
是
是
两个探测器同区
否
是
系统自动状态
否
是
发出火灾模式指令
联动相关设备
结束

图 5.4　火灾自动报警流程图

控制大楼
OCC
（每个库各一个盘）
车辆段
车辆段控制中心
图形监视计算机
火灾报警控制盘
光电转换
双光纤环网
RS485

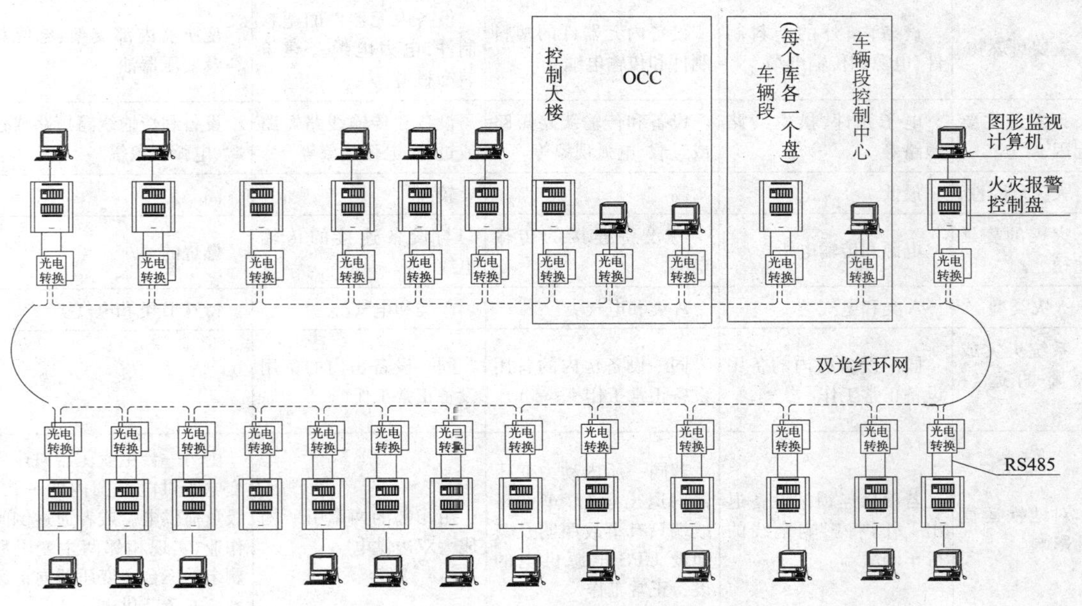

图 5.5　FAS 系统全线网络构成图

的控制子系统来监视防护区的状态，火灾时能自动报警，并按预先设定的控制方式启动灭火装置，达到扑救防护区火灾的目的。

(1)自动灭火系统的保护对象

①自动灭火系统的保护对象按所处位置分类

a. 地下车站的车控室、通信设备室(含电源室)、信号设备室(含电源室)、环控电控室、综合控制室(主控制系统设备室)、屏蔽门控制室；变电所的控制室、0.4 kV 开关柜室、1 500 V 直流开关柜室、整流变压器室、33 kV 开关柜室、制动控制柜室。

b. 区间跟随式降压变电所的 0.4 kV 开关柜室。

c. 集中冷站变电所的 0.4 kV 开关柜室。

d. 主变电站户内主变压器室、地下电缆室、主控制室。

e. 车辆段主控制系统设备室、通信设备室(含电源室)，信号设备室(含电源室)、微机室。

f. 控制中心通信设备及电源室、信号设备及电源室、主控制系统设备室、中央计算机房。

②自动灭火系统的保护对象按设备火灾特征分类

a. 弱电类防护空间：包括通信设备室、信号设备室、综合控制室、屏蔽门设备室等。

b. 低压类电气防护空间：降压变电所内的 0.4 kV 开关柜室、环控电控室等。

c. 高压类电气防护空间：降压变电所的直流开关柜室、33 kV 开关柜室、整流变压器室等。

d. 油浸式电力变压器：户内主变压器室。

(2)自动灭火系统选择

①各类防护空间的设备火灾特征及系统故障运行模式

各类防护空间的设备火灾特征及系统故障运行模式总结见表 5.1，其中，A 类火灾为固体物质火灾；B 类火灾为液体火灾或可熔化固体物质火灾。

表 5.1　火灾特性及故障运行模式表

比较项目	弱电防护空间	低压电气防护空间	高压电气防护空间	油浸式电力变压器
主要可燃物	设备内、外的塑料制件、电源和传输电缆	设备内元器件的塑料制件和传输电缆	设备内元器件的塑料制件、电力电缆及建筑装饰材料	变压器内部支架、绝缘材料及变压器油
火灾的主要起因	电子元件、供电线路短路等	设备和传输线路短路或过载、电弧现象等	设备和传输线路短路或过载、电弧现象等	设备和传输线路短路或过载、电弧现象等
火灾危险性	最低	高	较高	高
火灾的蔓延途径	电源和传输电缆	与设备连接的传输电缆	与设备连接的传输电缆	燃烧的油
火灾类型	A 类和电气类	A 类和电气类	A 类和电气类	特殊 B 类和电气类
系统火灾或故障的运行方式	同一设备房内的备用设备正常工作	同一设备房内的备用设备正常工作	同一设备房内的备用设备正常工作	—
对地铁运营的影响	若信号连锁站设备退出工作，将影响全线的行车调度	若同一所内动力变压器均退出运行，车站事故端只有事故照明及其他设 UPS 电源供电的设备正常工作	由相邻的两牵引所构成大双边供电	由另一台主变压器向该主变电所供电范围内的一、二级负荷供电。或者通过倒闸作业，实现相邻两主变电所剩余的三台主变压器向该区域所有负荷供电

由表可见，在城市轨道交通工程中，自动灭火系统的保护对象的火灾类型主要包括A类和电气类火灾。上述保护对象的设备在城市轨道交通运营中占有重要的地位，其运营模式与其他工程相比有其独有的特点，而且设备价格昂贵，因此要求自动灭火系统在有效的扑灭设备房内产生火灾的同时，不能影响同一设备房内备用设备的正常工作。

②常用自动灭火系统

目前常用的自动灭火系统主要归纳为以下几大类：CO_2、气溶胶、惰性气体灭火系统、卤代烃类化学气体灭火系统和水灭火范畴的细水雾系统。其中CO_2灭火系统和气溶胶灭火系统不适用城市轨道交通。

a. 细水雾系统

细水雾灭火机理是使用经过特殊构造的细水雾喷嘴，通过水与雾化介质作用而产生水微粒，水微粒有较大比表面积，利于吸收火场热量，蒸发而产生体积急剧膨胀的水蒸气（大约1 700倍），上述过程一方面冷却燃烧反应，另一方面，水蒸气的大量产生能降低封闭火场的氧浓度而起到窒息燃烧反应来达到双重物理灭火的效果，此外细小的水颗粒有效地吸收并分散热辐射。

b. 卤代烃类气体灭火系统

卤代烃类气体灭火剂通过化学作用抑制燃烧过程中的化学反应达到灭火目的。常用的有两种，即七氟丙烷及三氟甲烷，按储存压力又分为2.5 MPa（低压）与4.2 MPa（高压）两类。影响其灭火效果的主要因素与其他气体灭火系统相同，一方面是防护区封闭情况，另一方面是灭火介质来源受限，不可以持续灭火。

c. 惰性气体类灭火系统

惰性气体类灭火系统的灭火原理主要靠物理窒息作用，将防护区内的氧气浓度降低至不支持燃烧的范围而达到灭火的目的。影响其灭火效果的主要因素与其他气体灭火系统相同，一方面是防护区封闭情况，另一方面是灭火介质来源受限，不可以持续灭火。目前最常见的有三种，即氮气（N_2）和烟烙尽（IG541）和氩气（Ar）。

惰性气体灭火介质取自于大气，属环保型灭火剂。烟烙尽IG541是三种气体的混合物：52%N_2、40%Ar和8%CO_2，它们均为不活泼气体。该系统基本采用全淹没的组合分配系统形式。储存压力有15 MPa与20 MPa两种。储存压力越高，单位容积气瓶将可容纳更多灭火介质，并且能给介质输送提供更多的能量，达到长距离（从钢瓶间至保护区可达150 m）的输送目的。虽然单个气瓶室占用的面积（相对化学抵制作用灭火系统）较大，但是对于非标准车站，总的气瓶室数量少，气瓶室占用的总面积与卤代烃气体类灭火系统相差无几，甚至可能更少。相对化学作用灭火剂而言，惰性气体灭火剂灭火效率较低，瓶组用量较多，而这一点，却又非常适用于组合分配系统，各防护区也容易调整到合适的浓度。

惰性气体灭火系统的主要优点如下：是纯天然的洁净气体灭火剂，使用它灭火时，只是将气体放回大自然中去，不会对大气臭氧层产生任何破坏作用，是一种真正意义上的绿色环保灭火剂；无色、无味、不导电、无腐蚀、无环保限制，在灭火过程中无任何分解物，平时以气态形式储存，喷放时不会形成浓雾或造成视野不清，使人员在火灾时能清楚地分辨逃生方向；系统保护距离较长，一般在车站两端各设置一个气瓶间已经能满足消防系统要求，建筑布置灵活，对保护区的布置限制较小，能充分的体现组合分配式系统的优点；维护充装费用要低于卤代烃类气体灭火系统。

卤代烃气体类和惰性气体类灭火系统因具有可靠的电绝缘性和规范支持，功能上都能满足城市轨道交通的使用。所不同的是惰性气体灭火系统对建筑布置要求低，布置更为灵活，环保也更有优势，只是系统整体造价要高于卤代烃类气体灭火系统。而细水雾系统由于其自身的特点，在环保日益受到重视的今天，水作为最原始的灭火剂重新受到重视。细水雾系统在替代部分气体灭火系统方面将会有很好的前景，若在以后的研究中通过实体试验确认该系统能有效及时地控制和扑灭城市轨道交通电子设备用房内的各类火灾而且不会对设备造成二次危害，细水雾系统将会成为城市轨道交通的首选自动灭火系统。

3. 地铁火灾救援

(1)车站设备区(包括无气体保护房间)火灾应急处理程序见表5.2。

表5.2　车站设备区火灾应急处理程序

巡视岗	(1)立即赶到现场协助灭火，确认火灾不可控制时，立即关停扶梯，并组织站台乘客向站外疏散 (2)确认站台乘客疏散完毕后报车控室 (3)听从值班站长安排
行车值班员	(1)接收到火警信息后，立即通知值班站长、客运值班员到报警点确认 (2)确认发生火灾后，通知巡视岗、保洁等驻站人员协助灭火；报环调、行调、119、地铁公安和120，根据情况向行调申请列车在本站通过 (3)按压AFC紧急按钮，将闸机设为紧急模式 (4)广播通知所有岗位执行设备区火灾应急疏散处理程序，并反复广播引导乘客疏散 (5)及时将火灾情况报告行调，并与行调、值班站长保持联系，确认保洁人员到紧急出口外接消防人员 (6)撤退时，随身携带与行调联系的无线电台 (7)必要时，将相关设备区通道门门禁设置为常开状态，以方便抢险
值班站长	(1)接到火警通知后，立即携带相应房间钥匙等到现场确认，组织灭火 (2)确认火灾不可控制时，关闭火灾房间的防火门，执行设备区火灾应急疏散处理程序，及时组织疏散乘客 (3)安排人员在出入口拦截乘客进站 (4)消防队到现场后，将有关信息通报给消防负责人后，视情况组织员工灭火或撤退；当撤退时负责确认所有站内人员的疏散完毕 (5)负责与各方的协调与沟通
客运值班员	(1)接到火警通知后，立即赶到现场协助灭火，确认火灾不可控制时，立即赶到车控室，确认相应的火灾模式开启(注意确认疏散指示开启，下同) (2)确认所有闸机已设为紧急模式，按照环调的指示操作有关设备，确认行车值班员报警情况 (3)听从值班站长安排
售票员(1)	(1)接到执行火灾应急疏散处理程序的通知后，收好钱和票，关闭票厅电源，确认闸机进入紧急模式，打开边门。利用手提广播疏导乘客出站 (2)确认已关停电扶梯 (3)到出口拦截乘客并做好解释工作进站
售票员(2)	(1)接到执行火灾应急处理程序的通知后，收好钱和票，关闭票厅电源 (2)确认闸机进入紧急模式，打开边门，利用手提广播疏散乘客出站 (3)确认站厅乘客全部疏散出站后报车控室 (4)听从值班站长安排
保洁、商铺等驻站人员	(1)接到通知后立即赶到现场协助灭火 (2)确认火灾不可控制后，保洁到车控室拿“安民告示”，到出入口进行张贴，并关停出入口扶梯。等候消防队到来后，引导到现场灭火 (3)其他驻站人员协助疏导乘客出站

续上表

司机	(1)当行调通知在火灾站的前方站扣车时，在站台开门待令，并做好乘客广播 (2)接到车站发生火灾的通知后，行调决定在火灾站停车时，司机做好乘客广播，通知车上乘客在该站不下车 (3)如行调决定在火灾站通过时，司机做好乘客广播并加强瞭望确认进路 (4)当列车停在火灾站时，立即关门动车开往下一站

备注：①当进行现场处理时，要注意做好个人防护。

②当员工需撤离到站外时，需到紧急出口外进行集中，由值班站长点名确认，并向行调留下联系人及其电话。

③换乘站发生类似紧急情况时，车站要进行联动处理。

④只有一个票厅岗的车站，由值班站长安排人员负责完成售票员(1)或(2)的应急工作。

⑤有需要时进行门禁紧急释放按钮操作，保障相关人员可以顺利地进出车站设备区。

⑥车站无气体灭火系统保护的供电用房报火警时：

a. 若确认为是办公、生活用品、明敷低压电线着火，车站立即用二氧化碳或干粉灭火器进行灭火并按规定报告。确认火势不可控制时，按前程序处理。

b. 供电用房内设备着火时，(a)若确认为直流开关柜室内的整流器柜、负极柜，或者制动控制室、制动电阻室内设备着火，进入房间灭火时不得打开柜门，只需用灭火器对准设备外表喷洒；(b)若整流变压室报火警，只需打开室门确认即可，严禁打开室内的围网。确认火灾后，立即在围网外用灭火器对准设备外表喷洒；(c)上述供电用房内的其他设备以及其他供电用房内的设备着火时，可以打开柜门的设备，均可打开柜门灭火，并要注意做好个人防护(戴绝缘手套、穿绝缘靴)；(d)供电用房内凡张贴了禁止开柜门灭火标志的设备，均严禁开柜门灭火。

车站设备房(有气体保护)火灾应急处理程序与上述相似。

(2)车站站厅公共区火灾应急处理程序见表5.3。

表5.3 车站站厅公共区火灾应急处理程序

售票员(1)	(1)确认并报告车控室火灾位置、大小、火灾性质等，进行第一时间的灭火 (2)确认火灾不可扑救后，立即关停扶梯并疏散乘客出站 (3)确认站厅乘客疏散完毕后报车控室 (4)听从值班站长安排
行车值班员	(1)接收到火警信息后，立即通知值班站长、客运值班员到报警点确认 (2)确认发生火灾后，通知巡视岗、保洁等驻站人员协助灭火；报环调、行调、119、地铁公安和120，根据情况向行调申请列车在本站通过 (3)按压AFC紧急按钮，将闸机设为紧急模式 (4)广播通知所有岗位执行站厅火灾应急疏散处理程序，并反复广播引导乘客疏散 (5)及时将火灾情况报告行调，并与行调、值班站长保持联系，安排保洁人员到紧急出口外接消防人员 (6)必要时，将相关设备区通道门门禁设置为常开状态，以方便抢险 (7)需撤退时，随身携带与行调联系的无线电台
值班站长	(1)接到火警通知后，立即到现场确认，组织灭火 (2)确认火灾不可控制时，执行站厅火灾应急疏散处理程序，及时组织疏散乘客 (3)安排人员在出入口拦截乘客进站 (4)消防队到现场后，将有关信息通报给消防负责人后，视情况组织员工灭火或撤退；当撤退时负责确认所有站内人员的疏散完毕 (5)负责与各方的协调与沟通
客运值班员	(1)接到火警通知后，立即赶到车控室，确认情况和相应的火灾模式开启(注意确认疏散指示开启，下同) (2)赶到现场协助，当火灾不可控制时，确认所有闸机已设为紧急模式 (3)听从值班站长安排。在站厅组织乘客疏散 (4)接收到站台乘客疏散完的信息后，最后确认站厅乘客全部疏散出站后报车控室 (5)听从值班站长安排

续上表

售票员(2)	(1)接到火警通知后收好钱和票，关闭票厅电源，赶到现场协助灭火，接到执行火灾应急疏散处理程序的通知后，确认闸机进入紧急模式，打开边门。利用手提广播疏导乘客出站 (2)确认已关停电扶梯 (3)到出口拦截乘客并做好解释工作进站 (4)听从值班站长安排
巡视岗	(1)接到火警通知后赶到现场协助灭火，接到执行火灾应急疏散处理程序的通知后，立即到达站台从远离火灾的一端疏散站台乘客，关停站台扶梯 (2)当站台停有列车时，立即通知司机火灾信息，可将站台乘客疏散到列车上，通知司机立即关门动车 (3)确认站台乘客疏散完后报车控室 (4)听从值班站长安排
保洁、商铺等驻站人员	(1)接到通知后立即赶到现场协助灭火 (2)确认火灾不可控制后，保洁到车控室拿“安民告示”，到出入口进行张贴，并关停出入口扶梯。等候消防队到来后，引导到现场灭火 (3)其他驻站人员协助疏导乘客出站
司机	(1)行调通知在火灾站的后方站扣车时，在站台开门待令，并做好乘客广播 (2)接到车站发生火灾的通知后，行调决定在火灾站停车时，司机做好乘客广播，通知车上乘客在该站不下车 (3)行调决定在火灾站通过时，司机做好乘客广播并加强瞭望确认进路 (4)列车停在火灾站时，立即关门动车开往下一站

备注：①只有一个票厅岗的车站，由值班站长安排人员负责完成售票员(1)或(2)的应急工作。
②有需要时进行门禁紧急释放按钮操作，保障相关人员可以顺利地进出车站设备区。

5.1.5 知识拓展——IG541 系统

1. IG541 系统结构形式

采用组合分配系统，这种形式能减少灭火剂的总用量。因为每一个组合分配系统是用其中最大用量保护区的用量数作为系统的总用量，而不必以各保护区的需用量累加起来作为总用量(分散设置的方式)。

2. 系统灭火原理

作为灭火药剂的 IG541 气体，由 52%的氮气、40%的氩气和 8%的二氧化碳这三种自然存在于大气中的气体组成，对扑灭 A、B、C 类火灾有效。当 IG541 气体依规定的设计灭火浓度喷放于需要保护的区域中时，可以在 1 min 之内将区域内的氧气迅速降至 12.5%，使燃烧无法继续进行。同时，在这样低的氧气浓度下，由于保护区域中的二氧化碳浓度已从自然状态下的低于 1%提高到 4%，促使人的呼吸速率比平时加快，可以在单位时间内吸入更多的氧气以维持正常的生命所需。其中的氩气，还具有加强 IG541 气体在所保护区域中的流动性、进一步提高灭火效率的作用。

3. 系统组成

IG541 气体灭火系统由管网系统和报警控制系统组成。

管网系统由 IG541 气体钢瓶及瓶头阀、不锈钢启动软管、电磁阀、高压软管、集流管、放气阀、单向阀、减压装置、选择阀、压力开关、喷嘴和气体输送管道组成。

报警控制系统由控制盘(含继电器模块、蓄电池)、光电感烟探测器、差定温感温探测器、警

铃、蜂鸣器及闪灯、气体释放指示灯、手拉启动器、紧急止喷按钮、手/自动转换开关、辅助联动电源箱(含蓄电池)等部分组成。

4. 系统的操作方式

IG541 气体灭火系统要求同时具有自动控制、手动控制和应急操作三种控制方式。三种控制方式的动作程序如下:

①自动控制

控制系统处于自动工作状态时,系统自动完成火灾探测、报警、联动控制及灭火整个过程。

第一步,防护区内的单一探测回路探测到火灾信号后,控制盘启动设在该保护区域内的警铃,同时向火灾自动报警系统提供火灾预报警信号。

第二步,同一防护区内的两个回路都探测到火灾信号后,控制盘启动设在该防护区域内外的蜂鸣器及闪灯,同时向火灾自动报警系统输出火灾确认信号,并进入延时状态(延时时间为 30 s)。在延时过程中,继电器模块上的继电器触点开关动作,由辅助电源箱提供 DC24 V 电源,从而关闭防火阀。此时如发现是系统误动作,或确有火灾发生但仅使用手提式灭火器和其他移动式灭火设备即可扑灭火灾,可按下设在保护区域门外的紧急止喷按钮(必须持久按下,直至系统复位)。可以使系统暂时停止释放药剂。如需继续开启 IG541 气体灭火系统,则只需松开紧急停止开关即可。

第三步,30 s 延时结束时,控制盘输出有源信号至钢瓶及选择阀上的电磁阀,气体通过管道进入防护区。此时,压力开关上的触点开关动作并将气体释放信号传至火灾自动报警系统和控制盘,由控制盘启动防护区外的释放指示灯。防护区域门内外的蜂鸣器及闪灯在灭火期间将一直工作,警告所有人员不能进入保护区域,直至确认火灾已经扑灭。

②手动控制

此处所说的手动控制,实际上还是通过电气方式的手动控制。手拉启动器拉动后,系统将不经过延时而被直接启动,释放 IG541 气体。在释放 IG541 气体灭火系统同时,关闭防火阀。

③应急操作

紧急机械操作实际上是机械方式的操作,只有当自动控制和手动控制均失灵时,才需要采用应急操作。此时可通过操作设在气瓶室的 IG541 气体区域选择阀上的紧急机械启动器(先启动)和钢瓶瓶头阀上的紧急机械启动器(后启动),来开启整个气体灭火系统。

图 5.6 为气体灭火系统动作流程方框图。

5. 系统主要接口

系统主要接口有与通风和空调系统的接口、与火灾自动报警系统的接口、与低压配电系统的接口。

5.1.6 相关规范、规程与标准

1.《火灾分类》(GB/T 4968—2008)。

2.《城市轨道交通运营管理规范》(GB/T 30012—2013)中“8.7 火灾自动报警系统”的相关规定。

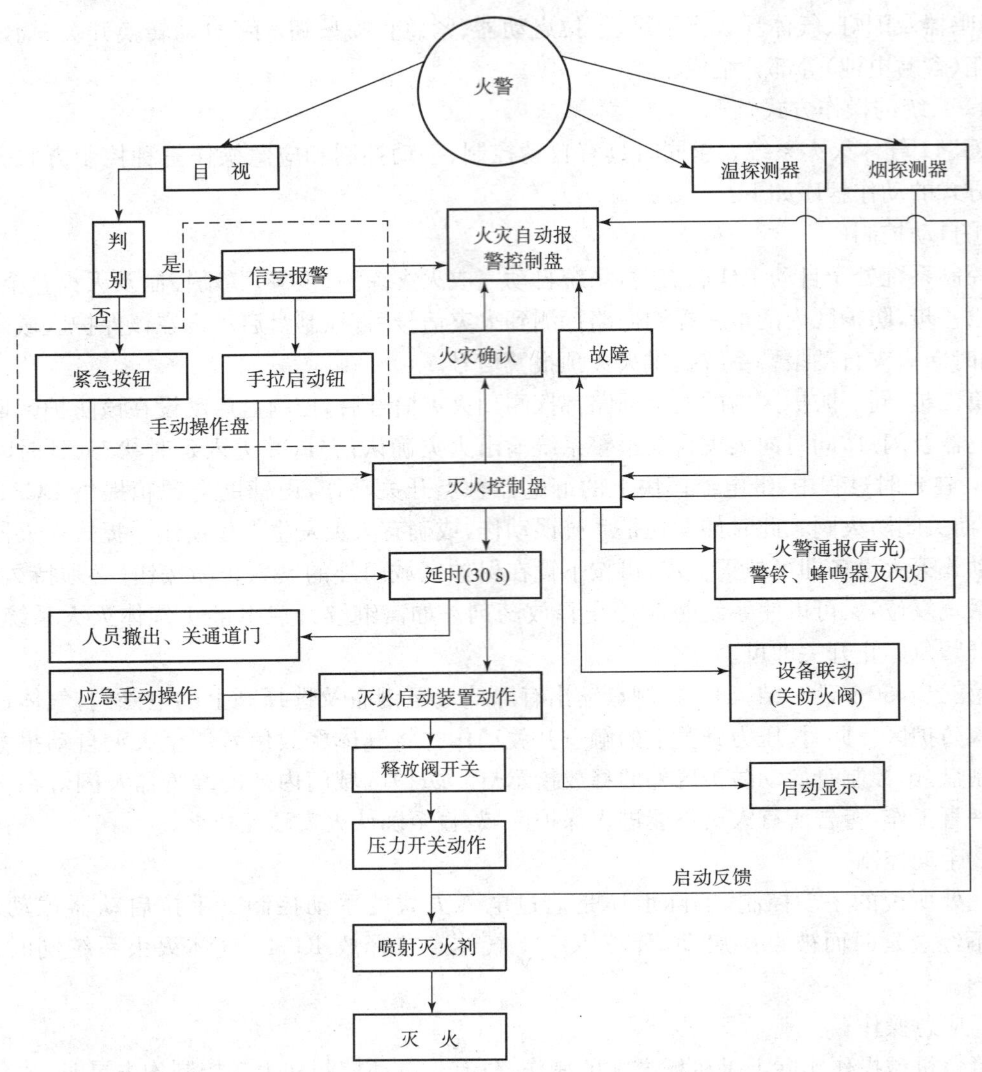

图 5.6　气体灭火系统动作流程方框图

典型工作任务 2　人工操作屏蔽门

5.2.1　教学目标

1. 能力目标

在屏蔽门系统故障情况下，能对屏蔽门进行站台级开、关门操作；列车停车位置不当时，能打开应急门疏散乘客；非正常情况下能手动打开滑动门；能对故障门进行单元隔离操作。

2. 知识目标

掌握屏蔽门组成、屏蔽门三级控制方式、应急门和滑动门操作方法、故障门操作方法。

3. 素质目标

培养安全生产责任意识，具备对屏蔽门进行应急处理的职业素养。

5.2.2　工作任务

通过本任务，要求掌握屏蔽门系统故障情况下的各种操作；掌握屏蔽门应急门疏散乘客方法。

5.2.3　所需配备

真实或模拟的城市轨道交通屏蔽门、开关屏蔽门钥匙。

5.2.4　相关配套知识

随着城市轨道交通的快速发展，各种新型技术得到了普遍应用。站台安全门系统是 20 世纪 80 年代出现的一种先进装置，安装于地铁车站站台边缘（如图 5.7 所示），将列车与站台候车区域隔离，在列车到达和出发时可自动开启和关闭，用以提高运营安全系数、改善乘客候车环境的一套机电一体化的机电设备系统.是一项集机械、信号、机电设备、监控等为一体的城市轨道交通高新技术。

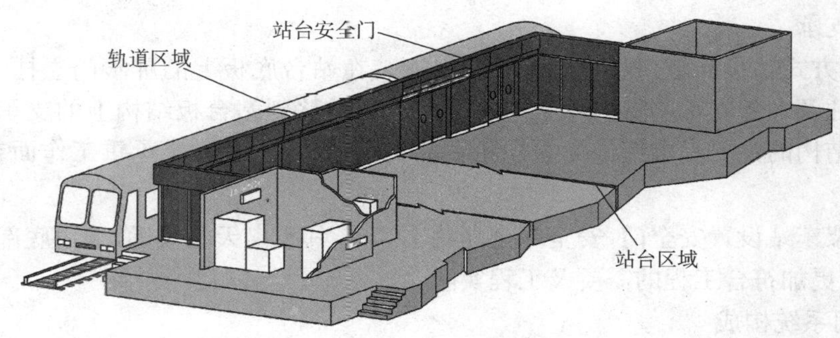

图 5.7　站台安全门

屏蔽门主要有两种类型：第一类屏蔽门是全立面玻璃隔墙和活动门，沿车站站台边缘和站台两端头设置，把站台乘客候车区与列车进站停靠区域分隔开，属于全封闭型（如图 5.8 所示）。这种形式的屏蔽门一般应用于地下车站，主要功能是增加车站站台的安全性、节约能耗以及加强环境保护。第二类屏蔽门系统是一道栏杆式玻璃隔墙和活动门，属于半封闭型（如图 5.9 所示）。其安装位置与第一种方式基本相同。这种类型的屏蔽门系统比第一种类型屏蔽门相对简单，高度比第一种屏蔽门低矮，空气可以通过屏蔽门上部流通。主要起隔离作用，保障站台候车乘客的安全，从此意义上可称其为“安全门”，不过它同时还能起到一定的降低噪声作用。

图 5.8　全高安全门

图 5.9　半高安全门

1. 屏蔽门的设置

(1)屏蔽门设置在车站有效站台长度范围内,以有效站台中心线为中心,向站台两端对称布置。

(2)屏蔽门在站台边布置,其滑动门与列车车厢乘客门一一对应;屏蔽门的设置能满足各种运营模式的要求:正常运营时,为乘客提供上下车通道;故障或灾害运营时,为乘客提供安全疏散通道。

2. 屏蔽门的安装方式

屏蔽门/安全门的安装方式有顶部悬挂和底部支承两种。

(1)顶部悬挂

顶部悬挂方式是整个屏蔽门系统的重量完全由上部结构所承受,滑动门、门机系统以及上部所有其他构件的重量均通过上部悬挂结构传递到站厅底板结构上,屏蔽门的固定门、应急门重量由站台板来承受。其主要特点是:门结构无承重立柱,结构相对简单;运行维修重点工作面在顶部,门结构的变形检查、调节均需在顶箱内进行。

(2)底部支承

底部支承方式是指屏蔽门系统所有重量由安装在站台底板上的屏蔽门立柱、底部支承座所承受,由立柱及底部支承座将门体结构的重力载荷转移到站台板结构上的支承方式。其主要特点是:门结构的主要承重部件为立柱和底部支座;底部支承方式承重工作面在站台板,方便检修。

(3)在高架车站设置安全门,安全门全高约 1.5 m,其距离天花较远,采用底部支承方式来进行结构设计更加符合工程的需要及工程实际。

3. 屏蔽门系统构成

屏蔽门系统主要由门体、门机、电源与控制等四个部分组成。门体包括顶箱结构、门槛、顶梁、立柱和框架式玻璃门等;控制系统主要由屏蔽门中央接口盘(PSC)、屏蔽门就地控制盘(PSL)、门控单元(DCU)以及通信介质及通信接口构成。

4. 屏蔽门系统主要部件

(1)门体主要部件(如图 5.10 所示)

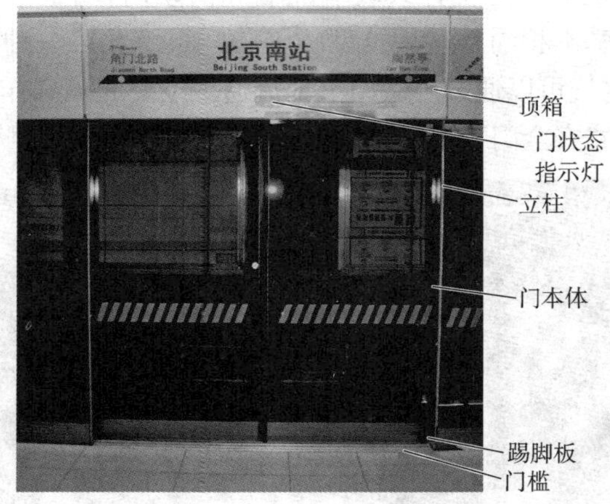

图 5.10 站台安全门门体结构

①顶箱

屏蔽门顶箱内设置有驱动机构、锁闭及解锁装置、门控单元、行程控制开关及导轨组等，用来驱动、控制滑动门。屏蔽门顶箱面板兼作站台导向指示标志。

②门槛

屏蔽门的门槛保证滑动门正常滑动。

③顶梁和立柱

屏蔽门的顶梁和立柱为顶箱、门机和门框架的支撑及固定部件。

④框架玻璃门

框架玻璃门包括滑动门(ASD)、固定门(FIX)、应急门(EED)、端门(FED)。

滑动门设在与每列车车门一一对应的屏蔽门位置。每个门有两个门扇，由门机驱动向两侧滑动打开和关闭。滑动门打开时，为乘客提供上、下列车的通道；关闭时，作为车站站台公共区与隧道区域的屏障；在车站隧道区域发生火灾或故障时，作为乘客的疏散通道。

固定门设置于滑动门之间，滑动门与端门之间，在站台公共区与隧道区域之间起屏蔽作用。

应急门除屏蔽作用外，在列车进站停车时，由于列车故障无法将车门与滑动门对准时，为乘客疏散提供应急通道。应保证列车停在车站任何位置时均有至少一个车门对准应急门。在轨道侧设有开门把手，紧急情况时乘客可从轨道侧按压开门杠杆解锁，向站台侧旋转 90°推开应急门；在站台上站务也可以用钥匙打开。

每列屏蔽门的两端设有端门，向站台侧旋转 90°全开，端门的设置主要有以下三种功能：在车站宽度方向上将站台公共区与轨行区隔开，起到了屏蔽作用；列车在区间发生火灾且无法驶入车站停车的情况下，乘客可从端门疏散到车站站台；站务或维修人员可从端门进入站台设备区和区间隧道。

⑤门锁

端门、滑动门与应急门均设有不同形式的门锁作为安全装置。乘客在紧急或故障情况下可以在轨道侧将门手动解锁打开，同时站务人员可在站台侧用钥匙解锁开门；滑动门与应急门锁闭信号反馈至信号系统，端门、滑动门与应急门状态反馈到 PSC 后，传递给主控系统。

(2)门机

门机(如图 5.11 所示)主要由电机、减速装置、传动装置、导轨与滑动拖板、行程开关和锁紧及解锁装置等构成。其采用无刷直流电机，电机调速性能和输出转矩满足门运曲线和动力曲线要求。传动装置采用皮带传动或螺杆传动。

(3)供电电源

屏蔽门/安全门系统的供电电源为一类负荷。由低压配电系统提供 2 路(一用一备)独立的 380 V、50 Hz 三相交流电源，为两侧站台的屏蔽门/安全门提供驱动电源。提供一路单相 220 V、50 Hz 的控制电源。

①驱动电源

驱动电源由 UPS 和蓄电池组构成。驱动电源在市电故障状态下，其容量能够满足车站内所有门开/关三次。蓄电池的放电曲线应能满足屏蔽门按远期行车组织运行的要求。

②驱动电源配电盘

驱动电源配电盘内包括隔离变压器、接线端子、断路器等。每个车站电源配电盘内馈出足

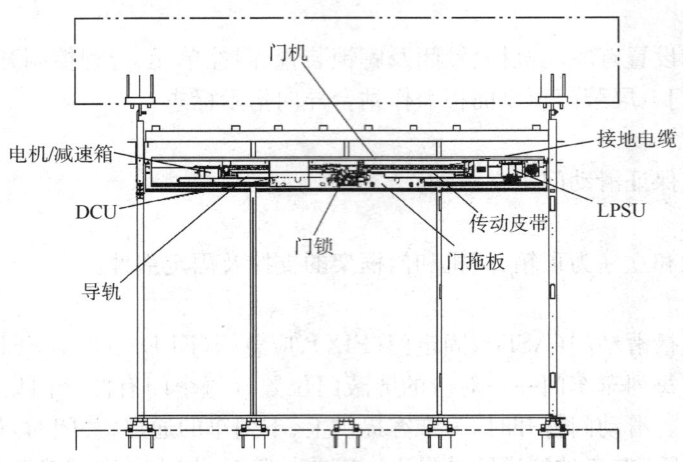

图 5.11　站台安全门门机驱动系统

够多的电源回路配电给每个门单元。

③控制电源

控制电源包括 UPS 和蓄电池组。UPS 为在线式不间断电源。UPS 的蓄电池容量能保证屏蔽门控制系统设备(PSC、PSL 和 DCU 等)持续工作 0.5 h。

5. 屏蔽门控制系统

(1)屏蔽门控制系统主要设备

屏蔽门控制系统主要由中央接口盘(PSC)、就地控制盘(PSL)、每侧站台一套控制单元控制器(PEDC)、每道门单元一套门控单元(DCU)等设备以及网络通信设备组成。每列屏蔽门的控制子系统由 PEDC、PSL、DCU 和其他相关设备组成。中央接口盘(PSC)设置于屏蔽门设备房,每个车站有一套 PSC。PSC 包含控制器、显示盘、继电器、I/O 接口电路和指示灯等设备。

就地控制盘(PSL)设置于每个站台的列车出站端,与列车正常停车时驾驶室的门相对应,在控制盘上设置屏蔽门/安全门钥匙开关、控制按钮、门状态指示灯及测试按钮。PSC 与 DCU 通过工业局域网和硬线方式连接进行信息交换;PSC 与信号系统之间通过硬接点方式连接;PSC 通过数据线与车站设备监控系统联网,将屏蔽门/安全门系统的故障状态上送至监控系统在车控室的工作站。

(2)屏蔽门控制系统的主要功能

①屏蔽门控制系统与信号系统进行信息交换,对屏蔽门的开门、关门进行控制,保证屏蔽门的开门、关门与列车车门的动作一致性。

②控制系统监视屏蔽门的开关状态及设备的运行状态,并发出相应的信息,对故障及状态信息进行采集和报警。

③通过通信口与设备监控系统相连接,传送屏蔽门系统的各种状态及故障信息至车站控制室。车控室的车站计算机或模拟显示屏上均可显示屏蔽门的状态,并作档案记录。但车控室不设置对屏蔽门系统进行控制的功能。

(3)屏蔽门的控制方式

屏蔽门/安全门的控制方式控制系统实现系统级控制、站台级控制和手动操作三级控制方式。

①系统级控制

系统级控制是在正常运行模式下由信号系统对屏蔽门进行开门、关门控制的控制方式。列车到站并停在允许的误差范围内时，ATC 发出“开门”命令，经过信号设备传到屏蔽门系统 PSC，由 PSC 控制门控单元 DCU 打开滑动门；列车驶出站台时，列车驾驶员操作列车关门按钮，关门命令经信号系统传输至 PSC，最后由 DCU 实现滑动门的关闭；当所有的滑动门完全关闭并锁紧时，DCU 向 PSC 反馈“闭锁”信息到信号系统，列车可驶离车站。

②站台级控制

站台级控制是在系统级控制不能实现时，由列车驾驶员或站务人员在 PSL 上进行操作控制。站台级控制还可以实现 ASD/EED 与信号系统的互锁解除，强制发出闭锁信息，使列车尽快离站出发。

③手动操作

个别门在控制系统因故障不能打开，工作人员在站台侧用钥匙或乘客在轨道侧操作开门把手打开滑动门。

6. 与其他系统的接口

(1)与信号系统的接口

屏蔽门系统与信号系统之间接口与分界点如图 5.12 所示。

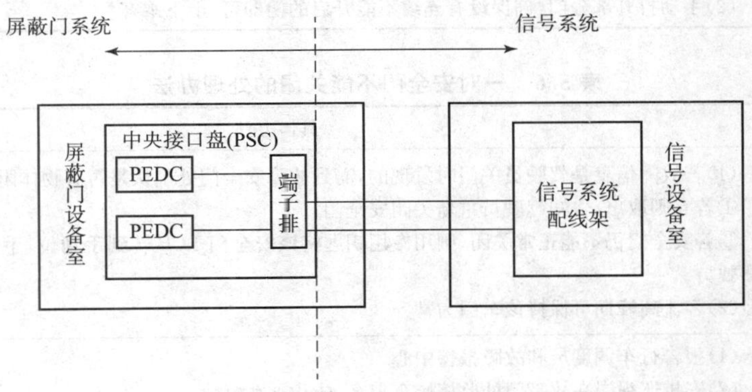

图 5.12　屏蔽门系统与信号系统之间接口与分界点

(2)与低压配电的接口界面

屏蔽门系统与低压配电专业的界面在屏蔽门系统设备房的电源自动切换箱的出线端接线端子上。

(3)与综合监控系统的接口界面

屏蔽门系统与综合监控系统的界面在综合监控系统设备房车站局域网交换机接口端子和 IBP 盘。

(4)与土建的接口界面

屏蔽门系统与土建的界面在车站站台的结构顶梁和站台板边缘。

7. 站台安全门故障处理

地铁公司有关故障处理的总体原则是在确保安全的前提下优先保证行车，相关处理程序见表 5.4～表 5.8。

表 5.4 单对安全门不能开启的处理办法

步骤	负责人	具体办法
1	站务员	(1)发现故障或接到通知后立即赶到现场 (2)处理 ①立即到站台引导故障安全门处的乘客上下车,并用专用钥匙将该故障安全门 LCB 转到“手动”位 ②贴上“此门故障”告示
2	车站督导员	(1)将信息报行车调度员和故障报警中心 (2)跟进安全门维修情况,将安全门的故障和修复情况报行车调度员

表 5.5 多对安全门不能开启的处理办法

步骤	负责人	具体办法
1	站务员	(1)发现故障或接到通知后立即赶赴现场处理 (2)手动打开部分门(确保没有连续不能开启的门即可)上下乘客,待驾驶员关闭车门,安全门后,查看安全门关闭情况,若无法关闭则按多对安全门不能关闭程序处理
2	值班站长	(1)接到安全门故障的信息后,及时通知巡视岗和车站督导员到站台处理 (2)将信息报行车调度员和故障报警中心 (3)跟进安全门维修情况,并将安全门的故障和修复情况报行车调度员
3	车站督导员	(1)接到值班站长安全门故障的通知后,立刻到站台协助处理 (2)手动打开部分门(确保没有连续不能开启的门即可)上下乘客

表 5.6 一对安全门不能关闭的处理办法

步骤	负责人	具体办法
1	站务员	(1)若故障信息是驾驶员关门时发现的,需到故障安全门处确认是否有物体阻碍其关闭: ①若有则取出,告知驾驶员重新关闭安全门 ②若安全门仍不能正常关闭,则用专用钥匙将该安全门 LCB 转到手动位,手动关闭安全门后通知驾驶员 (2)客流高峰期可保持该车门为常开
2	车站督导员	(1)报告行车调度员和故障报警中心 (2)安排巡视岗在故障门处监控候车乘客,防止乘客落轨

表 5.7 多对安全门不能关闭的处理办法

步骤	负责人	具体办法
1	站务员	(1)收到故障信息后,在驾驶员关闭车门、安全门时须逐个确认不能关闭的安全门与列车间的空隙安全 (2)按照“没有连续的不能开启的门”的原则禁止部分安全门上下乘客,加强对未关闭安全门的监控,确保安全 (3)维护好站台秩序,防止乘客落轨
2	车站督导员	(1)接到故障信息后,到站台处理 (2)到故障侧端操作 PSL 进行“互锁解除”
3	值班站长	(1)将故障信息报行车调度员和故障报警中心 (2)督促、跟进安全门维修情况,并将安全门的故障和修复情况报行车调度员 (3)安排巡视岗监控处于打开状态安全门处的乘客,防止乘客落轨

注意:列车进站或停在车站时须停止对安全门的维修。

表 5.8　站台安全门玻璃破碎或破裂的处理办法

步骤	负责人	具体办法
1	站务员	(1)站务人员应使故障门处于常开状态，并指派站务人员在故障站台站岗监护，以防止乘客或物品掉入轨道 (2)将破裂玻璃用封箱胶纸粘贴，防止突然爆裂 (3)已破碎应马上进行清理，同时防止玻璃碎片掉入轨行区 (4)使用铁马扎"U"形放于破碎门前做好防护
2	综控室人员	(1)综控室告知控制中心并要求列车进出站时进行相应的限速 (2)通知故障报警中心 (3)站务人员应保护好现场

5.2.5　知识拓展——站台安全门的监视系统

站台安全门的监控主机是每个监视子系统的主要设备，属于整个网络的总线主设备，现场总线局域网采用总线型、开放式、标准通信协议的局域网络，DCU 作为网络节点挂接在总线上，完成对整个系统的监视功能。监控主机实现系统内部信息的收发、采集、汇总和分析实现与综合监控系统的信息交换；能对信号系统、PSL 及车控室 IBP 盘接口设备进行状态监视；能对本系统内所监视的状态、故障等数据进行编辑，并将状态、故障显示至显示终端。系统具有运行实时监视功能及自诊断功能。

安全门单元中所有设备的状态信息均通过过程现场总线 PROFIBUS 传送到每个车站安全门的监控主机上，可以在 PSC 的人机界面上与监控主机的接口查询到当前车站所有设备的当前状态。PSC 将与运营相关的安全门状态及故障信息通过电缆或光缆通道发送至综合监控系统，实现对安全门相关状态的查询及故障报警，在控制中心内可以利用安全门系统传送的数据进行运营故障记录等。

监视系统的主要功能有：

(1)能够通过现场总线在线监视所有 DCU、电源设备、控制设备的工作运行状况。

(2)通过设置的控制局域网，可以在中央控制盘及门控单上进行集中或单独软件下载、参数修改、故障及状态的查询等。

(3)在中央控制盘内可对就地控制盘、电源、控制局域网、电机以及每个 DCU 的状态进行实时监视。

(4)能够监视各重要控制回路的动作状态；如 PSL、信号系统、IBP 盘、手动操作的开门、关门回路，能逐条记录并存储和下载信号系统发出的"开门""关门"命令以及安全门系统信号系统反馈的"关闭锁紧""互锁解除"等信息。

(5)每个安全门控制子系统在个别 DCU 故障、从总线断开等状况下仍能正常工作。

(6)能够对 PSL 上的操作和状态信息进行监视。

(7)系统设置有与信号系统间的接口模块，并能准确执行相关命令。

(8)通过设置与综合监控系统间的接口，可以将站台设备、设备房设备的状态信息、故障信息等上传至综合监控系统的数据处理设备，并可以与综合监控系统进行其他通信功能。

(9)每个控制子系统以车站为单位与综合监控系统进行互联。通过监控主机设置的编程/调试接口，可向每个 DCU 下载软件、参数，并可在线和离线调整参数和软件组态；能够存储故障信息，操作历史记录。

(10)能顺利完成与车站综合监控系统信息传输功能，将安全门的运营状态及有关故障信息发送至综合监控系统。

(11)能够检测安全门供电系统的故障。

(12)能对控制子系统中各设备状态、电源状态进行监视。

(13)可在监控主机内修改速度曲线参数,并实现集中下载到每个DCU。

(14)在车站控制室工作站或利用维修终端在监控主机上均能够监视安全门(包括滑动门、应急门、端门、驾驶员手推门)的开/关、自动/手动等状态,并及时监测网络通信系统以及供电电源等设备的运行情况及故障。

(15)监视系统中的PSC及DCU能对故障信号进行采集和报警,并可以在系统内设置必要的逻辑锁闭及解除锁闭的功能。

(16)监视功能是实时的,在安全门设备房内的显示终端上,所有的故障报警记录的实时性、状态的更新不超过300 ms。

(17)各车站安全门设备房内监控主机上可以查询得到本系统所有设备的可监视的所有状态、故障记录、访问事件记录等,并能够将需要传输给综合监控系统的数据转发到综合监控系统。

5.2.6　相关规范、规程与标准

1.《城市轨道交通运营管理规范》(GB/T 30012—2013)中“8 设施设备运行与维护管理”的相关规定。

2.《地铁设计规范》(GB 50157—2013)中“26 屏蔽门”的相关规定。

典型工作任务3　车站电梯系统的运用

5.3.1　教学目标

1. 能力目标

能熟练开启、关闭扶梯。

2. 知识目标

掌握手扶梯运行前的准备工作;掌握开启、关闭手扶梯、楼梯升降机步骤;掌握转换手扶梯的运行方向、紧急停止方法;掌握电梯困人时的处理方法。

3. 素质目标

培养安全生产责任意识,具备对电扶梯等进行应急处理的职业素养。

5.3.2　工作任务

通过本任务,要求掌握自动扶梯及电梯的操作;自动扶梯及电梯异常情况的应急处理。

5.3.3　所需配备

模拟的城市轨道交通自动扶梯、电梯。

5.3.4　相关配套知识

1. 自动扶梯及电梯管理

自动扶梯及电梯设备是车站设备管理的重点之一。一般城市轨道交通车站自动扶梯及电

梯遵循“无人值守、自动监视”的原则进行管理。

车站均不设专职工作人员，只在每天运营开始前和结束后，由值班工作人员在现场进行启动与关停。

正常条件下自动扶梯及电梯均采用就地控制方式。同时，自动扶梯及电梯的运行状况由车站设备监控系统(EMCS)进行监视并将运行状态信息传输到控制中心，但车站EMCS系统不控制自动扶梯及电梯的运行。

紧急或灾害情况下，车控室值班工作人员可通过车控室紧急停止按钮使全站自动扶梯停止运行，作为固定楼梯疏散乘客。同时，车控室值班人员可通过防灾报警控制台上的电梯消防迫降功能按钮，使站内垂直电梯即刻运行到基站(站厅层/出入口地面)后停止运行，同时不再响应轿箱指令和层站召唤。

2. 自动扶梯及电梯主要设计原则

(1)自动扶梯

站厅层与站台层之间，根据各站客流不同分设上、下行自动扶梯：重要车站(即装修标准为一级的车站)站台至站厅均设置上、下行自动扶梯；对于非重要车站或预测远期客流量不大的车站(且高差<5 m时)，以步行楼梯代替下行自动扶梯。

车站出入口均设自动扶梯。重要车站所有出入口不受提升高度限制均设上、下行自动扶梯；非重要车站出入口总提升高度>10 m设上下行自动扶梯，否则只设上行自动扶梯。

出入口自动扶梯桁架下部至结构底板的距离按制造商要求留设，且不小于《地铁设计规范》规定的500 mm。自动扶梯工作点至前方障碍物或检票口的距离不小于8.5 m。出入口按非露天设计，防止自动扶梯被雨淋、日晒及沙尘污染，同时要便于管理，能有效防止设备被人破坏。

(2)垂直电梯

一般的车站按无障碍设计，设置残疾人垂直电梯，地面至站厅之间设1部，站厅至站台之间，岛式站台设1部，侧式站台设2部。

站厅至站台垂直电梯设于付费区内，地面至站厅垂直电梯井道与出入口相结合设计，出地面部分井道及候梯厅与周围建筑规划相协调，造型美观且方便管理。

(3)自动扶梯主要技术参数

以某一款奥的斯自动扶梯为例，其驱动主机为内置式(驱动机放入上端部桁架内)的重载荷公共交通型扶梯。其主要技术参数如下：

额定运行速度0.65 m/s；节能速度0.13 m/s(当无人使用自动扶梯时的运行速度)；倾斜角度30°；名义宽度1 000 mm；理论输送能力11 700人/h；梯级尺寸符合GB 16899—1997中的规定；水平梯级上端四级，下端三级，导向行程段距离应至少为1.2 m；上下导轨转弯半径提升高度$H\leqslant 15$ m时，上转弯半径≥2 700 mm，下转弯半径≥2 000 mm；提升高度$H>15$ m时，上转弯半径≥3 600 mm，下转弯半径≥2 000 mm。

3. 自动扶梯组成

自动扶梯设备主要由桁架、梯路系统、扶手带、主机及驱动机构、电气控制及安全装置等几部分组成，如图5.13所示。

(1)变频节能装置

为节约能源，减少机械磨损，自动扶梯驱动控制系统通过变频器来实现额定速度与节能速度的互相转换。即扶梯设备的正常额定速度为0.65 m/s，如果感应装置检测出持续一段时间

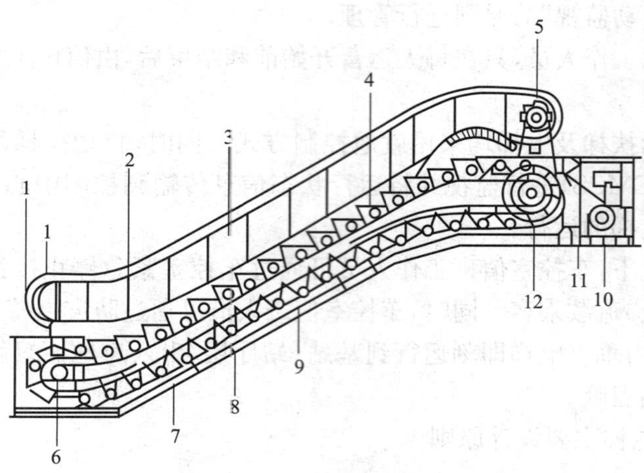

图 5.13　自动扶梯的构造

1—扶手传动滚轮；2—扶手带；3—栏板；4—铝合金梯级；5—扶手驱动瓣轮；6—从动张紧瓣轮；7—金属构架；8—牵引份轴；9—牵引瓣条；10—动力装置；11—机房盖板；12—梯级牵引瓣轮

没有乘客使用扶梯，则自动调整改变电机的供电频率使扶梯的运行速度降为 0.13 m/s。当有乘客重新走进扶梯时，运行速度又会即刻调整为 0.65 m/s。

①站台至站厅层的自动扶梯，其变频器与控制柜外置于站台上扶梯桁架下封闭的三角房内；出入口的自动扶梯，变频器与控制柜内置于扶梯上水平端桁架内。

②自动扶梯入口两侧设光电式感应装置或机械式传感装置，该装置应保证在乘客踏上水平梯级之前，扶梯速度可从节能速度调整到额定速度。

(2)驱动主机

驱动主机(电机、变速箱及主传动机构)的寿命在如下载荷条件下能满足每天 20 h 连续运行、20 年内无需大修和更换的要求。载荷条件为在任何 3 h 的间隔内，持续重载时间不少于 1 h，其载荷应达到 100%的制动载荷。

(3)桁架

挠度：负载为 5 000 N/m^{2}时，桁架支座间最大挠度≤桁架支撑水平距离的 1/1 500。

表面处理：桁架段(包括焊在上面的机器底座和桁架底板等)整体热镀锌，镀锌层厚度满足 40 年防锈寿命。

(4)梯级链及导轨

梯级链安全系数应≥8。梯级链滚轮置于链板外侧，更换滚轮时，不需要解体链条的任一部分。导轨及支架表面热镀锌或热喷锌，镀锌层厚度应≥25μm。

4. 自动扶梯的操作及应急处理

(1)自动扶梯运行前的准备工作

①检查扶梯踏板、扶手带、梳齿板和裙板，裙板与梯级间的间隙。清除夹在里面的碎纸、小石子、口香糖等物。

②确认自动扶梯周围的安全设施(三角区的护板、防止进入的栅栏、隔板及防护网)有无破损等异状。

③确认紧急按钮是否处于正常状态。如果处于被按压状态，必须将其恢复到正常状态。

(2)开启扶梯的程序

①将钥匙插入操作盘上,报警停止开关鸣响警笛,发出信号将开始运转,放手后钥匙将回到中央位置,将其拔出。

②确认自动扶梯的踏板和梯级上没有乘客时,将钥匙插入运行开关后,向需运行方向(上或下)旋转,自动扶梯开始运作,待稳定运行后放手,钥匙自动回到中央位置,即可将其拔出(启动时,一只手旋转钥匙,同时另一只手按在急停开关上,当出现异常时及时按动急停开关)。

③确认扶手带是否正常转动,如有异常声响或振动时,要立即按动紧急停止按钮,停住自动扶梯,同时通知维修人员。

④确认正常运转后,再试运转5～10 min左右。

⑤如果试运转中按动紧急停止按钮,在问题处理完毕后,必须将红色罩复原。

(3)关闭扶梯的程序

①确认有无发生异常声响或振动。如有问题则关闭自动扶梯。

②停止之前,不允许乘客进入自动扶梯的梯口。

③将钥匙插入报警停止开关,鸣响警笛。

④确认自动扶梯附近或扶梯梯级上无人后,再用钥匙开启停止开关。自动扶梯则停止运行。

⑤一天的正常运行结束后须认真检查并清扫扶梯踏板、扶手带、梳齿板、裙板以及扶梯下部专用房。

⑥正常停止扶梯后,应采取措施,设置停止使用牌,防止乘客将其当作楼梯使用。

(4)紧急停止按钮操作

在出现异常状况下,必须使用紧急停止按钮时,应大声通知乘客"紧急停止,请抓住扶手"后,再进行操作。

①现场操作

a. 正常状态:平时红色罩呈向外膨张凸出状。

b. 操作时:用手指按压,凸起状态变塌陷状态。

c. 操作后的状态:用手指按压红色罩的周围,使其中部恢复正常状态。

②车站控制室操作

a. 敲破玻片。

b. 按压按钮。

c. 复位:拔起按钮。

(5)扶梯转换运行方向的操作程序

①将钥匙插入报警停止开关,鸣响警笛。

②确认扶梯梯级上无人后再用钥匙开启停止开关,自动扶梯停止运行并将钥匙拔出。

③待完全停止后,将钥匙插入运行开关,开启需运行方向的开关(上或下)。

5.3.5　知识拓展——电梯发生故障时的救援

救援时必须做到一人操作一人监控。一般有以下三种情况:

1. 电梯停在平层区域但不能自动开门(如图5.14所示)

第一步,接到求救信息后要与乘客沟通,确认电梯停止位置和人员数量,告诉乘客在接到指示之前不得自行扒开梯门。

第二步，救援人员带上电梯开题钥匙、控制柜钥匙和三角钥匙尽快到达故障现场。

第三步，到达电梯停止位置后确认电梯是否停在平层区内，否则按其他情况处理。

第四步，救援人员与乘客沟通，要求乘客保持镇静，请勿惊慌。

第五步，到控制柜处，用 CH751/SHENGJIU 钥匙打开控制柜。

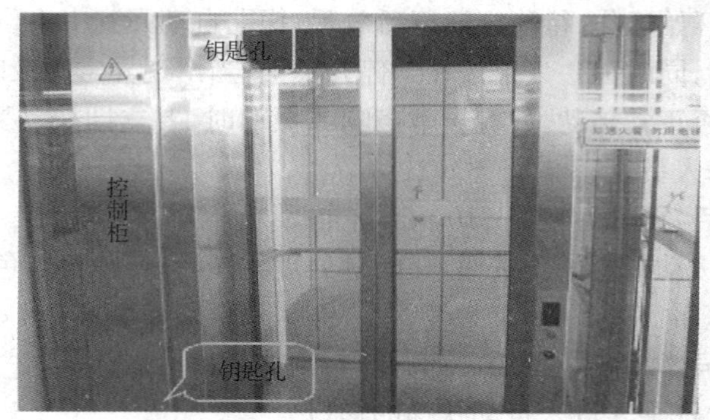

图 5.14　电梯停在平层区域但不能自动开门图示

第六步，断开主断路器(JH)开关(如图 5.15 所示)，切断电梯电源后关闭控制柜门。

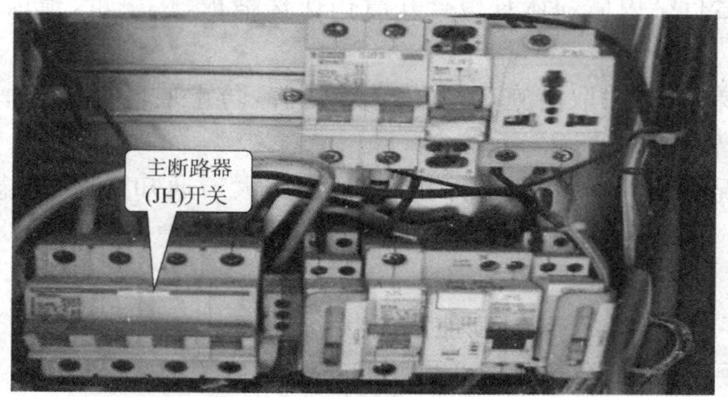

图 5.15　主断路器开关图示

第七步，到电梯停止位置用三角钥匙打开层门(如图 5.16 所示)，注意层门地坎与轿厢地坎之间的高度差和间隙，防止人员跌落井道，直接将乘客从轿厢救出。

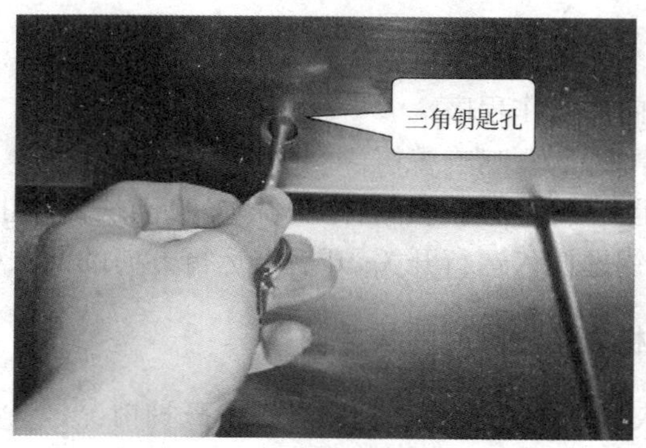

图 5.16　三角钥匙孔位置图示

注意：当工作人员使用三角钥匙打开电梯层门之前，须事先双脚站稳并确认轿厢的位置，同时确认同伴及其他人员均处于安全的位置。开启层门时切勿用力过猛，失去平衡，致使发生意外。

第八步，乘客被救出后必须关闭所开启的层门并保证在外力的作用下也无法打开。立即停用，放置暂停服务牌，报修机电轮值人员。

2. 电梯停在非平层区域且电梯有电

第一步，接到求救信息后要与乘客沟通，并确认电梯停止位置和人员数量，告诉乘客在接到指示之前不得自行扒开梯门。

第二步，救援人员带上电梯的开梯钥匙、控制柜钥匙和三角钥匙尽快到达故障现场实施救援工作。

第三步，到达电梯停止位置现场后确认电梯是停在非平层区内，否则按其他情况处理；对于非观光电梯应用三角钥匙稍微打开层门来检查轿厢在何位置。

第四步，救援人员与乘客沟通，告诉其在救援期间电梯将可能启动和停止几次，要求乘客保持镇静，请勿惊慌。

第五步，到控制柜处，用 CH751/SHENGJIU 钥匙打开控制柜将 JRH 开关由 NORM(正常)位置旋到 JRH(召唤)位置，如图 5.17 所示。

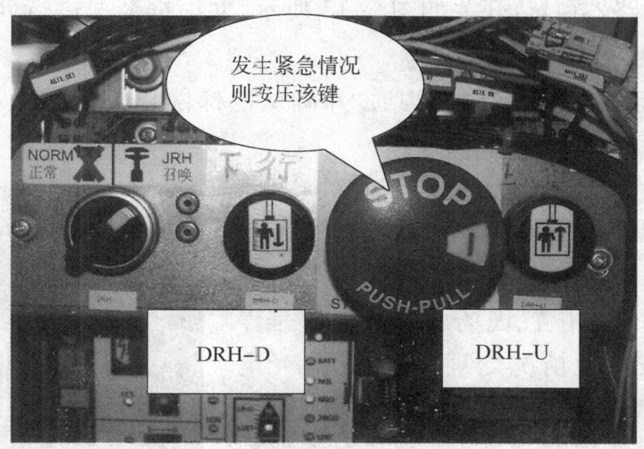

图 5.17　控制柜图示

第六步，按 ESE 盒上的 DRH-U(向上)按钮或 DRH-D(向下)按钮控制轿厢上下移动。如发生紧急情况则按压 STOP 按钮。

同时 LR-U(向上)或 LR-D(向下)指示灯亮，如图 5.18 所示。若不能实现轿厢移动应转为情况 3 处理。

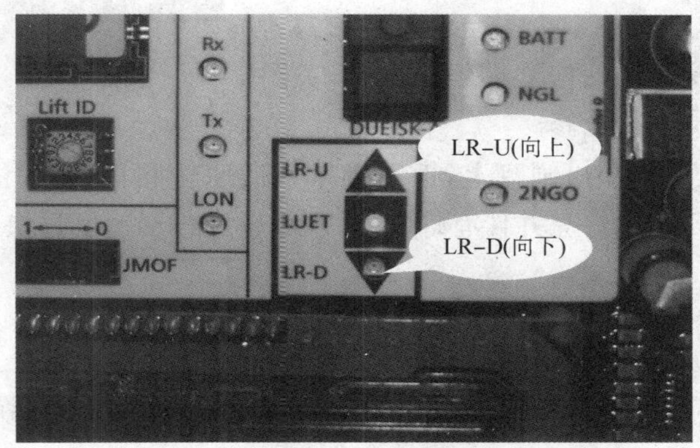

图 5.18　LR-U(向上)、LR-D(向下)指示灯图示

第七步，当轿厢运行到平层位置时控制屏上的平层指示灯 LUET 会亮，表示轿厢已到达平层区域应马上松开操作按钮，如图 5.19 所示。

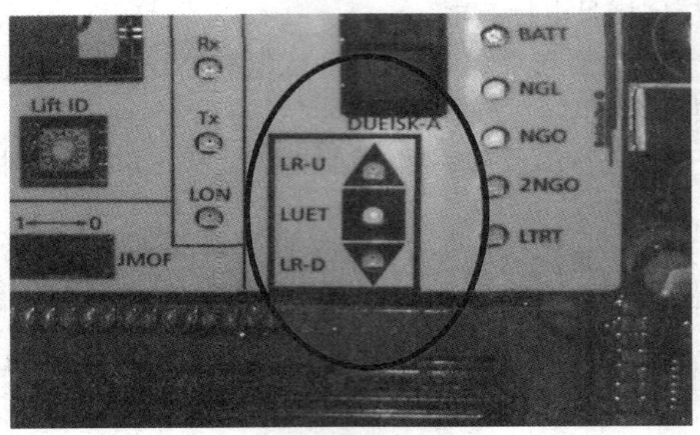

图 5.19　平层指示灯 LUET 图示

第八步，断开主断路器(JH)开关如图 5.15 所示，并根据情况进行处理。

3. 电梯停在非平层区域且电梯没电

第一步，接到求救信息后要与乘客沟通，并确认电梯停止位置和人员数量，告诉乘客在没有接到指示之前不得自行扒开门。

第二步，救援人员带上无机房电梯的开梯钥匙、控制柜钥匙和三角钥匙应尽快到达故障现场实施救援工作。

第三步，到达电梯停止位置现场后确认电梯是停在非平层区内，否则按其他情况处理；对于非观光电梯应用三角钥匙稍微打开层门来检查轿厢在何位置。

第四步，救援人员与乘客沟通，告诉其在救援期间电梯将可能启动和停止几次，要求乘客保持镇静，请勿惊慌。

第五步，到控制柜处，用 CH751/SENGJIU 钥匙打开控制柜断开主断路器(JH)开关，切断电梯电源。同时按住▲▼按钮[如图 5.20 中的(1)所示]观察图 5.20 中的(2)LR-U、LUET、LR-D 指示灯的状态，若处于熄灭状态表示电梯已超速应立即停止操作，关闭控制柜门通知维修人员进行抢修。

图 5.20　控制柜图示

第六步，将救援工具装在松闸盘上，扳动操作手柄使轿厢移动，如图 5.21 所示。如果图 5.18 中 LR-U 或 LR-D 指示灯亮并伴有蜂鸣声，表示轿厢移动速度过快，应立即把松闸手柄复位至开始位置。

第七步，不断的观察图 5.18 中 LR-U、LUET、LR-D 指示灯的状态，小心地向下释放松闸手柄使轿厢逐步的缓慢移动，当轿厢接近门区时每次只能移动轿厢 10～15 cm 以防止冲顶或蹲底，直到看见平层指示灯 LUET 亮应立即松开松闸手柄，此时表示轿厢已到达平层区域，如图 5.22 所示。

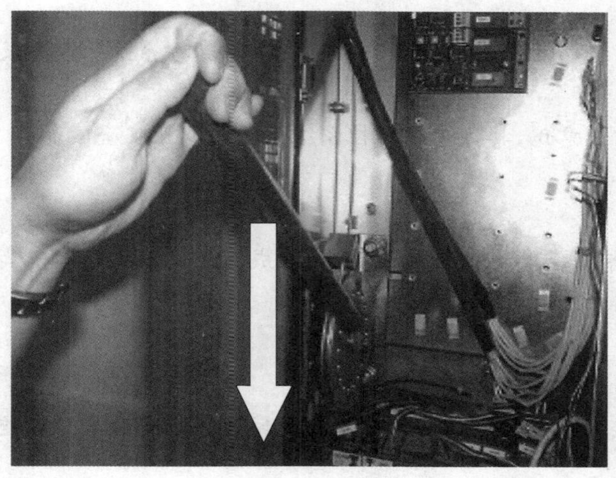

图5.21　松闸盘图示

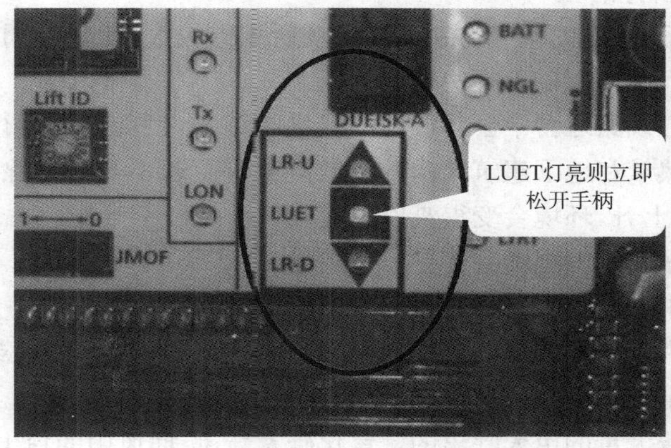

图5.22　平层指示灯LEUT图示

第八步，拆除松闸手柄，关闭控制柜门，根据情况1进行处理。

5.3.6　相关规范、规程与标准

1.《城市轨道交通运营管理规范》(GB/T 30012—2013)中"8 设施设备运行与维护管理"的相关规定。

2.《地铁设计规范》(GB 50157—2013)中"25 站内客运设备"的相关规定。

典型工作任务4　环控系统故障的分析

5.4.1　教学目标

1. 能力目标

能说出车站环境控制系统的组织架构及工作内容，分析车站环境控制系统的故障并报修。

2. 知识目标

掌握车站环控系统的功能、组成及控制方式;了解环控系统的设备及制式。

3. 素质目标

培养安全生产责任意识,具备分析环控系统故障的职业安全素养。

5.4.2 工作任务

通过本任务,能掌握车站环控系统的功能、组成及控制方式;了解环控系统的设备及制式;能分析车站环境控制系统的故障并报修。

5.4.3 所需配备

已投入运营的城市轨道交通车站环控系统或城市轨道交通车站环控系统仿真教学系统。

5.4.4 相关配套知识

1. 地铁车站环境特点

城市轨道交通地下环境的空气与地面其他场所相差较大,比较封闭、跟外界交换少,湿度大,此外地下线及地下站还有以下一些环境特点:

(1)地下轨道交通线路运营中会释放许多热量和湿气,例如列车运行时的散热量,乘客人体的散热量,照明散热量和地下建筑结构壁面散湿量等。若不及时排除这些余热、余湿,车站和区间温度将会持续上升,环境会变得难以适应。

(2)地下车站及区间周围土壤会传导一些热量。

(3)在地下隧道中,列车在其中的运行会带动气体做高速运动,像一个"活塞"一样挤压前面隧道的空气,同时列车尾部的空间会引入很多新鲜空气(风),若不能对其合理利用,就会干扰车站的气流组织,影响车站站台环境,并影响车站的负荷。

(4)地下站存在着大量的由人呼出的二氧化碳及新风、回风中的粉尘和有害物质。

2. 环控系统的作用

城市轨道交通环控系统,也称为通风空调系统,是采用人工的方法,创造和维持一定要求的空气环境。它包括空气的温度、湿度、空气流速和空气品质(O_2、CO_2含量等)等。某地铁环控系统舒适度部分指标见表 5.9。

表 5.9　某市地铁环控系统舒适度部分指标

序号	指标名称	标　　准	备　　注
1	温度	站厅≤30℃,站台≤28℃	
2	相对湿度	55%～65%	
3	空调季节新风量	≥12.6 m^3/(h·人)	
4	过度季节新风量	≥30 m^3/(h·人)	

位于地面及地上的轨道交通线路,同外界的接口较多,其环境控制系统较为容易解决。而位于地下的轨道交通线路,除车站出入口等少数位置与外界连接外,其他基本与外界隔绝只有靠人工调整气候环境才能满足乘客的要求。因此,这里说的环控系统主要针对地下轨道交通

线路的环控问题。

为了给乘客和工作人员提供一个舒适的环境，保证各种设备能正常、持续地运行，并在发生火灾等紧急情况时能及时有效地排除有害气体，必须在车站站厅、站台、隧道、设备及管理用房中，通过强制通风进行散热、除湿和空气调节。因此，环控系统作用主要有：

(1)列车正常运行时，环控系统保证地铁内部空气环境在规定标准范围内。

(2)列车阻塞在区间隧道内时，环控系统能确保隧道内空气流通，保证阻塞列车空调器正常运行，为疏散乘客提供足够新风并引导乘客安全疏散。

(3)列车在区间隧道发生火灾事故时，具备防灾、排烟及通风功能。

(4)地下车站内发生火灾事故时，具备防灾、排烟及通风功能。

3. 环控系统的分类

地下站环控系统按有无屏蔽门可分为屏蔽门系统和非屏蔽门系统。非屏蔽门系统按与地面通风风道的连接方式，又分为闭式系统和开式系统。

(1)屏蔽门系统

屏蔽门系统是在站台与区间隧道之间设置完全隔断、可以移动的屏蔽门，列车停站时屏蔽门与列车门一一对应打开，列车上下客后，车门与屏蔽门关闭。这一物理屏障将巨大的列车产生的热量拒于车站之外，站内采用空调制冷系统，保证站内温度符合标准，而区间虽大，但利用列车运行的活塞风，通过风井与室外进行通风换气，满足区间通风要求。

(2)非屏蔽门系统

非屏蔽门系统是指在物理结构上地铁车站与区间隧道相连通的系统。非屏蔽门系统主要指闭式系统，所谓闭式系统，即夏季空调季节时，整个地下区间及车站两端隧道端口、车站出入口和空调小新风外，地下车站及区间基本与外界相隔绝的一种空调通风方式。闭式系统可根据全年气温变化，转为开式系统运行。

4. 环控系统的组成

地铁环控系统主要由以下几部分组成：区间隧道活塞通风及机械通风系统(兼排烟)，车站区间排热系统(屏蔽门方式)，简称为隧道通风系统；车站空调通风大系统；车站设备及管理用房空调通风系统(兼排烟)以及主变、牵引变通风与空调系统，简称为车站空调通风小系统。需要说明的是，地面车站、高架车站，公共区域由于散热散湿条件好，因此无空调通风系统，只具有小系统。其他还有空调制冷循环水系统；隧道洞口空气幕系统；折返线通风系统等。

(1)大系统

大系统通常采用集中式全空气系统。主要由组合式空调箱、回排风机、全新风机、空调新风机、调节阀、防火阀等组成，兼具站厅、站台排烟功能。各种设备集中在车站 A、B 端的站厅、站台层，对称布置在两端。车站通风大系统如图 5.23 所示。

(2)小系统

小系统通常采用局部集中式全空气系统(变风量系统)、局部空气—水系统(风机盘管系统)、局部空气冷却系统等多种系统。其中局部集中式全空气系统主要由热泵/单冷机组、风机盘管、排风机(兼排烟)、送风机等组成。局部空气冷却系统主要由室内和室外机、送风机、排风机(兼排烟)或分体式小空调机组成。柜式空调机以及相应的风管、风阀、消声器等设备组成。其中空调的冷源由大系统冷水机组提供，白天车站运营时间与大系统共用，晚间车站大系统停运时，由活塞式冷水机组提供。管理用房空调通风系统如图 5.24 所示。

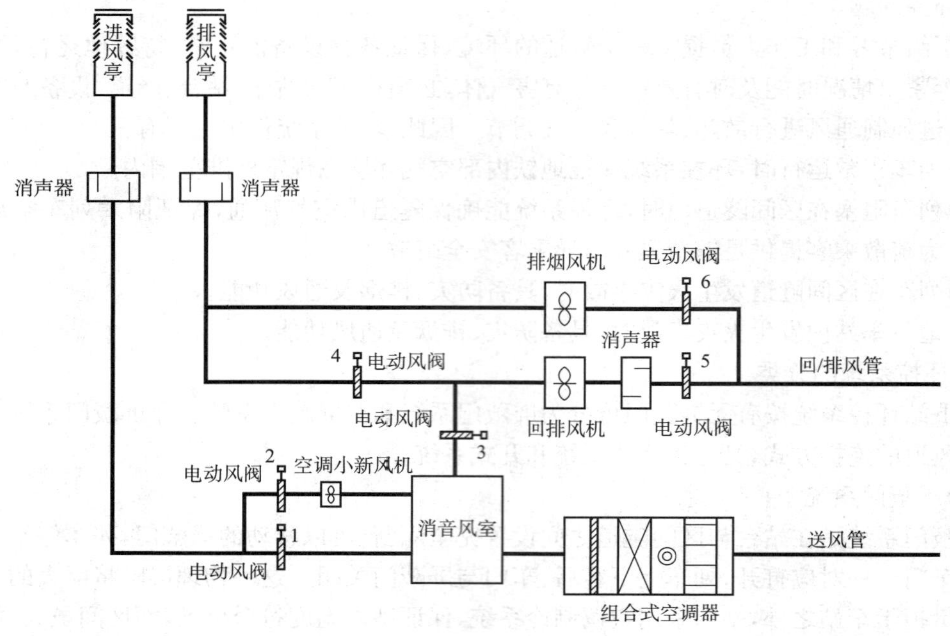

图 5.23 车站通风大系统

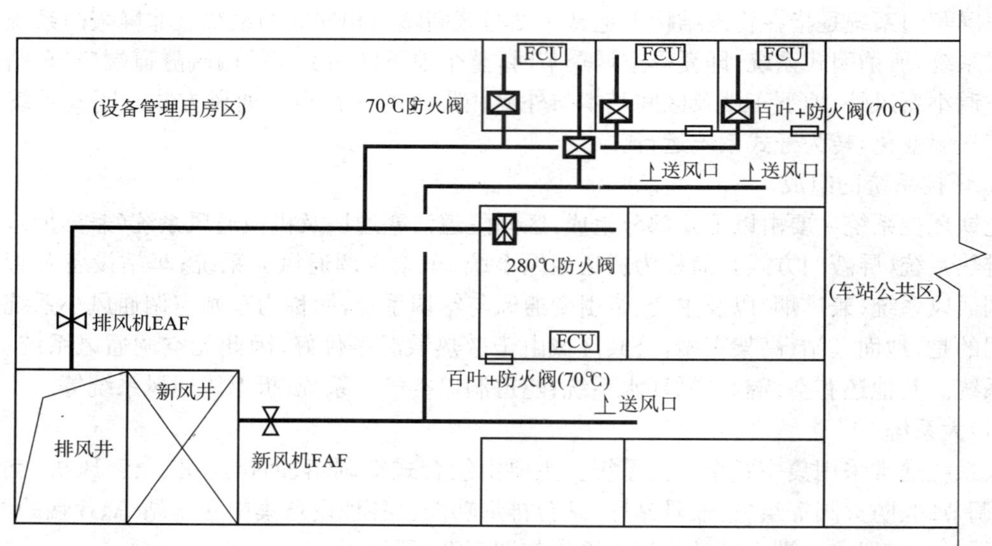

图 5.24 管理用房空调通风系统

(3)制冷空调循环水系统

整个制冷系统的设备主要布置在车站站厅层设备区内。通常在采用空气—水系统的车站大系统和小系统中运用。车站大系统中制冷空调循环水系统主要由冷水机组,冷冻/冷却水泵,冷却塔、分水器、集水器、管道和阀件等组成。冷冻水系统原理图如图 5.25 所示。

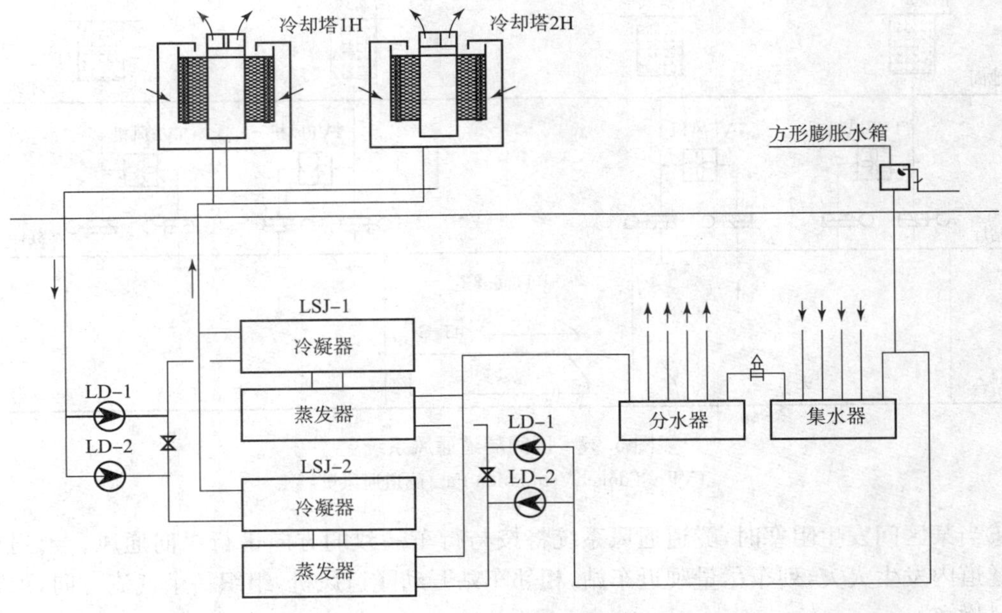

图 5.25　冷冻水系统原理图

(4)隧道通风系统

隧道通风系统包括车站隧道通风系统(如图 5.26 所示)和区间隧道通风系统(如图 5.27 所示)两部分。隧道通风系统主要由隧道风机以及相应的风阀、消声器组成。站厅层 A、B 端各有 2 台隧道风机,在站厅层设推力风机。目前,最常用的活塞风道净面积为 16 m^2,其通风原理是利用列车在区间隧道运行时对隧道内空气的前压后吸活塞效应来进行通风换气,区间隧道的降温和区间列车新风必须依靠活塞风井进行通风换气。其主要作用有以下几个方面:

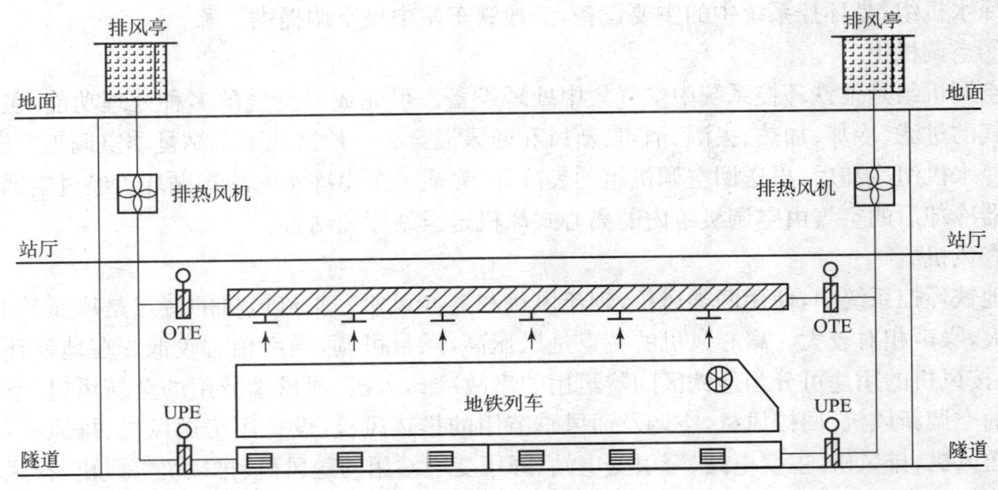

图 5.26　车站隧道通风系统

OTE—Over Track way Exhaust Air Dust(轨顶排热风管);UPE—Under Platform Exhaust Air Dust(Z 站台下排热风管)

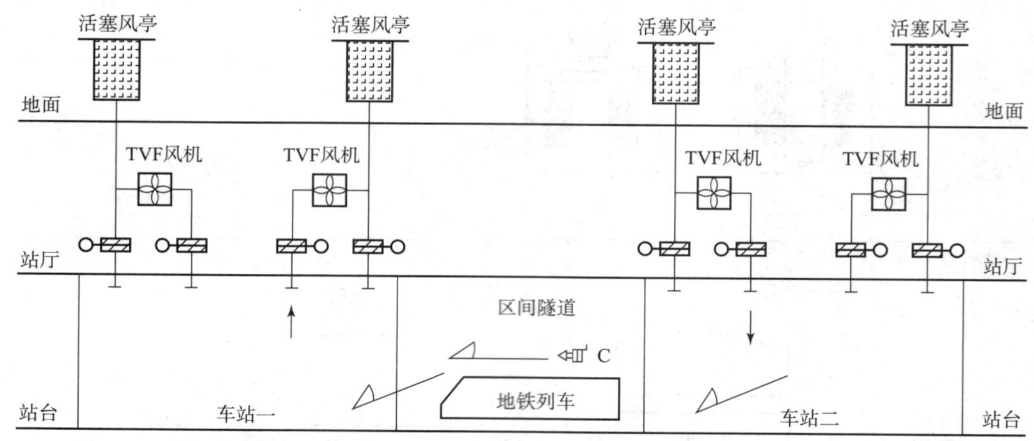

图 5.27　区间隧道通风系统

TVF—Tunnel Ventilation Fan(隧道通风机)

①当某区间发生阻塞时,隧道通风系统将按与行车一致的方向进行纵向通风。当列车在区间隧道内发生火灾,列车尽量驶近车站,相邻车站开动隧道风机,组织一个气流方向,乘客迎着新风撤离。

②车站站台发生火灾时,应使站台到站厅的各个上下通道形成一个不低于 1.5 m/h 速度的向下气流,除站台回排风机运转向地面外界排烟外,其他车站大系统的空调通风均停止运转。同时车站两端的隧道风机应投入排烟运行。

③车站站厅发生火灾时,站厅排烟风机全部启动,将烟排除外界,车站大系统的其他设备停止转动,使出入口形成向下气流。

5. 主要设备及控制方式

(1)主要设备

①冷水机组

冷水机组,是环控系统中的主要设备,为地铁车站中央空调提供冷源。

②空调机组

空调机组是地铁环控系统中空气集中处理设备。可完成对空气的多种处理功能,包括对其空气的过滤、冷却、加热、去湿、消声、新风和回风混合等。地铁地下车站夏季空调工况时,通常由冷水机组冷却后,再送回空调机组的表冷器,完成一个冷冻水的冷却循环。经过空调机组表冷器冷却后的空气由空调机组内的离心式风机送至站厅和站台。

③风机

地铁环控系统中,使用两类风机,轴流风机和离心风机。轴流风机的特点是风压较低,风量较大,噪声相对较大。离心风机的特点是风压高,风量可调,噪声相对较低。在地铁环控系统中,按风机的用途可分为地铁区间隧道用的事故冷却风机,通风季节用的全新风机,空调季节用的空调新风机、回排风机,空调及通风季节用的排热风机,设备用房送风机、排风机,管理用房送风机、排风机,主变电站、牵引变电站、降压变电站用的送风机、排风机等风机,排风机一般兼作排烟、排毒风机。此外,地铁车站在重要场所还设有排烟、排毒风机。

在地铁车站的两端,设有事故冷却风机,负责区间隧道的通风;设有热排风机,排走电动列车在停站时散发的热量。

④水泵

地铁中央空调水系统中使用的水泵,采用的是单级离心水泵,用作冷却水循环水和冷却循环水的动力。

⑤冷却塔

在制冷装置中,冷凝器冷却方式最为普遍的是水冷式,水冷式冷凝器必须使用一套冷却水系统。而冷却塔作为冷却水系统的降温设备,广泛地应用在中央空调的水系统中。冷却水在冷水机组的冷凝器中吸热,温度升高,通过冷却水泵,送到冷却塔的布水器中,在布水器中,冷却水被喷淋,形成细小水滴,流经填料层时形成薄薄的水膜,最后流到塔底。水滴和水膜表面的饱和水蒸气分压力与空气中的水蒸气分压力差是热量传递的动力,热量传递的过程是部分液体水吸收气化潜热蒸发成水蒸气,扩散到空气中去的过程。热量传递的总效果是大部分水被冷却。冷却后的水被冷却水泵输送到冷水机组的冷凝器中开始新的循环。

⑥阀门

在地铁环控系统中,阀门被广泛地应用在工况调节、流量控制、防火排烟等系统中。阀门按大类可分为风阀和水阀。风阀被大量地应用到通风系统及中央空调系统中。水阀主要应用在冷却循环水和冷冻水中。

⑦风口

风口又叫空气分布器,用来向房间送入空气或排出空气,在通风管道上设置各种形式的送风口、回风口及排风口,并调节送入或排出的空气量。

(2)运行方式

环控系统的控制方式通常采用中央级、车站级和就地级三级控制方式。

①就地控制

简单地说,就地控制就是在环控设备现场对其进行控制。这种控制主要是通过人工操作设在环控设备现场的电控箱上的启动/关停(或复位)按钮来实现的。这种控制方式是为了环控设备的安装调试与维护维修。

②车站级控制

环控系统的正常运行是由系统设备监控系统(EMCS)来控制,实现自动运行的。环控系统的车站级控制就是自动控制的一个平台,通过车站级控制,地铁环控系统可以按照预定的模式运行。

③中央级控制

中央级控制是城市轨道交通系统设备监控系统(EMCS)的最高一级,它负责监控地铁各站的各系统设备的运行。中央级控制主要是用来监控和调度地铁各站系统设备的运行。

三级控制的关系是就地控制为优先级,车站级控制为次级,中央级控制为最后级。以上三个级别规定的含义是设备处于就地级控制时,后两级控制不能控制设备的运行状态(开、关、复位);设备处于车站级控制时,中央级控制不能控制设备的运行。

5.4.5 知识拓展——城市轨道交通通风、空调与采暖系统技术规定

(1)城市轨道交通的内部空气环境应采用通风、空调与采暖方式进行控制,并应符合下列规定:

①当列车正常运行时,应保证内部空气环境的温度、湿度、气流速度和空气质量均应满足人员生理要求和设备正常运转需要。

②当列车阻塞在隧道内时，应能对阻塞处进行有效的通风。

③当列车在隧道发生火灾事故时，应能对事故发生处进行有效的排烟、通风。

④当车站公共区和设备及管理用房内发生火灾事故时，应能进行有效的排烟、通风。

(2)城市轨道交通的内部空气环境应优先采用通风(含活塞通风)方式进行控制。

(3)隧道内夏季的空气计算温度应符合下列规定：

①当列车车厢不设置空调时，不应高于33℃。

②当列车车厢设置空调、车站不设置全封闭站台屏蔽门时，不应高于35℃。

③当列车车厢设置空调、车站设置全封闭站台屏蔽门时，不应高于40℃。

(4)隧道内冬季的最低空气温度不应低于5℃。

(5)地下车站夏季站内空气计算温度和相对湿度应符合下列规定：

①当车站采用通风方式时，站内的空气计算温度不应高于室外空气计算温度5℃，且不应超过30℃。

②当车站采用空调时，站厅的空气计算温度应比空调室外计算干球温度低2℃～3℃，且不应超过30℃；站台的空气计算温度比站厅的空气计算温度低1℃～2℃，相对湿度应在40%～65%之间。

(6)地下车站冬季站内最低空气温度不应低于12℃。

(7)通风、空调与采暖系统的负荷应按预测的远期客流量和最大通过能力确定。

(8)通风、空调与采暖方式的设置和设备配置应充分考虑节能要求，并应充分利用自然冷源和热源。

(9)隧道和地下车站的进风应直接采自大气，排风应直接排出地面。

(10)当采用通风方式，系统为开式运行时，每个乘客每小时需供应的新鲜空气量不应少于30 m^3；当系统为闭式运行时，每个乘客每小时需供应的新鲜空气量不应少于12.6 m^3，且所供应的新鲜空气量均不应少于总送风量的10%。

(11)当采用空调时，每个乘客每小时需供应的新鲜空气量不应少于12.6 m^3，且所供应的新鲜空气量不应少于总送风量的10%。

(12)高架线和地面线站厅内的空气计算温度应符合下列规定：

①当采用通风方式时，夏季计算温度不应超过室外计算温度3℃，且不应超过35℃。

②当采用空调时，夏季计算温度应为29℃～30℃，相对湿度不应大于65%。

(13)当高架线和地面线站厅设置采暖时，站厅内的空气设计温度应为12℃。

(14)采暖地区的高架线和地面线车站管理用房应设采暖，室内空气设计温度应为18℃。

(15)高架线和地面线车站设备用房应根据工艺要求设置通风、空调与采暖，设计温度按工艺要求确定。

(16)地下车站和隧道应设置防烟、排烟与事故通风系统。

(17)地下车站站厅、站台公共区和设备及管理用房应划分防烟分区，且防烟分区不应跨越防火分区。站厅、站台公共区每个防烟分区的建筑面积不应超过2 000 m^2，设备及管理用房每个防烟分区的建筑面积不应超过750 m^2。

(18)地下车站公共区火灾时的排烟量应根据一个防烟分区的建筑面积按1 $m^3/(m^2 \cdot min)$计算；当排烟设备负担两个或两个以上防烟分区时，其设备能力应按同时排除其中两个最大的防烟分区的烟量配置；当车站站台发生火灾时，应保证站厅到站台的楼梯和扶梯口处具有能够有效阻止烟气向站厅蔓延的向下气流，且气流速度不应小于1.5 m/s。

(19)当地下车站设备及管理用房、内走道、地下长通道和出入口通道需设置机械排烟时，其排烟量应根据一个防烟分区的建筑面积按 1 $m^3/(m^2 \cdot min)$计算，排烟区域的补风量不应小于排烟量的 50%。当排烟设备负担两个或两个以上防烟分区时，其设备能力应根据最大防烟分区的建筑面积按 2 $m^3/(m^2 \cdot min)$计算的排烟量配置。

(20)隧道火灾排烟时的气流速度应高于计算的临界风速，最低气流速度不应小于 2 m/s，且不应高于 11 m/s。

(21)列车阻塞在隧道时的送风量，应保证隧道断面的气流速度不小于 2 m/s，且不应高于 11 m/s，并应控制列车顶部最不利点的隧道空气温度不超过 45℃。

(22)隧道的排烟设备应保证在 150℃时能连续有效工作 1 h；地下车站公共区和设备及管理用房的排烟设备应保证在 250℃时能连续有效工作 1 h；地面及高架车站公共区和设备及管理用房的排烟风机应保证在 280℃时能连续有效工作 0.5 h。烟气流经的辅助设备应与风机耐高温等级相同。

(23)地铁与轻轨系统封闭空间的环境，应采用空调、采暖及通风方式进行控制。控制方式的设置和设备配置，应充分利用自然冷、热源条件，并应符合现行行业标准《铁道客车空调机组》TB/T 1804 的有关规定。

(24)空调、采暖及通风系统的运行，应确保隧道和车站内的环境温度、湿度和新鲜空气供应量，并应控制二氧化碳、粉尘等有害物质的浓度不得超标。

(25)空调、采暖及通风系统运行管理部门应制定正常运营、列车阻塞、火灾和紧急情况下的各类通风模式，并应与环境、设备监控系统统一协调同时应及时启动相应的监控模式。

5.4.6　相关规范、规程与标准

1.《城市轨道交通技术规范》(GB 50490—2009)中"8 机电设备"的相关规定。

2.《地铁与轻轨系统运营管理规范》(GJJ/T 170—2011)中关于"通风，空调与采暖系统技术规定"的相关内容。

3.《地铁设计规范》(GB 50157—2013)中"21 环境与设备监控系统"的相关规定。

典型工作任务5　水淹区间隧道的处理

5.5.1　教学目标

1. 能力目标

能对给水、排水系统的简单故障进行分析并通知维修人员处理。

2. 知识目标

掌握给水、排水系统的功能；了解车站给水、排水系统的组成。

3. 素质目标

培养城市轨道交通安全运输生产职业素养。

5.5.2　工作任务

通过本任务，掌握给水、排水系统的功能及组成；能对给、排水系统的简单故障进行分析并报修。

5.5.3 所需配备

一条已投入运营的城市轨道交通线路。

5.5.4 相关配套知识

1. 车站给排水系统组成

(1)给水系统

车站给水系统主要由车站生产生活供水系统、消火栓供水系统、水幕供水系统和空调冷却循环水系统组成。

车站的生产、生活、消防水源源自城市自来水供水管网。地下车站生产、生活给水由车站附近的大口径自来水管道引出。在地面下设有水表井,装有水表和阀门。供水管道一般沿车站风道出入口等部位进车站,管道在车站内成枝状形式布置。车站站厅层供水管道安装在靠墙的顶部,车站站台层供水管道安装在站台板下。车站站厅层、站台层设有冲洗水箱。地铁车站一般均采用上述的直接供水方法。

地面车站生活、生产给水采用直供水方式。部分车站采用设低位置水池、高位水箱和水泵等组成的供水方式,该供水方式由城市自来水管网供水。在低位水池内设有浮球阀控制水池内的储水量,再由水泵将水提升至高位水箱内,在高位水箱内设有水位控制装置,控制水泵运行,保证高位水箱保持有一定的水量。该供水方式当车站停电停水时可延时供水,供水可靠且压力稳定,但系统设备投资较大,设备安装维护保养较麻烦。车站设有站内总阀门,然后一路管道沿站厅层顶部两端延伸至车站两端;另一路由车站一端向下穿入站台层站台板下管道沿着站台板下向车站另一端延伸。车站除卫生设备用水、空调设备用水、生活用水外,在车站站厅层两侧和站台层扶梯旁等处均设有冲洗栓,供车站冲洗所用。在水泵房环控机房等处均设有水龙头,水泵给水系统如图 5.28 所示。

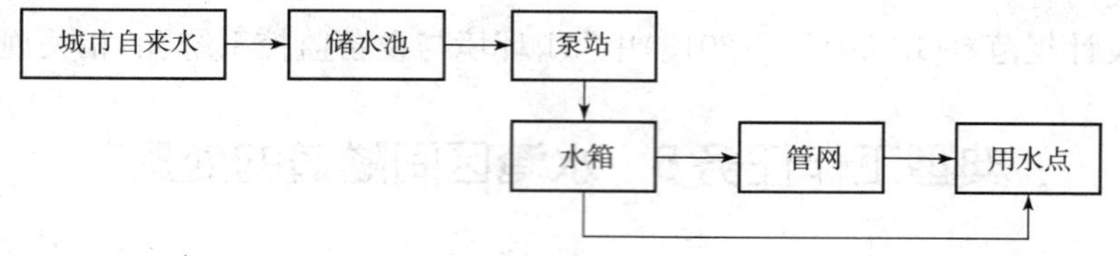

图 5.28 水泵给水系统

地下车站的消防给水根据车站附近城市自来水管网实际情况,采用两路进水方式供消防使用。有条件的尽量采用分别由两根城市自来水管道上加设一个阀门,并在两侧引出两根进水管道引入车站。总进水管道在地面设有水表井和阀门。

水幕系统设备用于车站的防火隔离水幕喷头,设在各站站台层的每个扶梯口,由城市自来水管网两路供水。经消防泵增压后在车站内形成独立的水幕系统环状管网布置。

(2)排水系统

①排水

轨道交通排水系统除重力排水外,机械排水主要有以下五个独立排水方式,车控室通过自动控制系统对设备运行进行监视。

a. 车站废水排水。

车站废水主要包括结构渗漏水、冲洗废水、消防废水以及敞开部位的雨水、车站站厅层和站台层的冲洗废水。

一般车站内设1～2座废水泵站。位置均设在车站的端头，集水池设在废水泵层下部。

车站废水排放系统如图5.29所示，主要由集水井、压力井等组成。用排水管道或排水沟将车站内的生产、消防废水、结构渗漏水汇集到集水池，经潜水泵提升到压力井消能后排入城市污水管网。

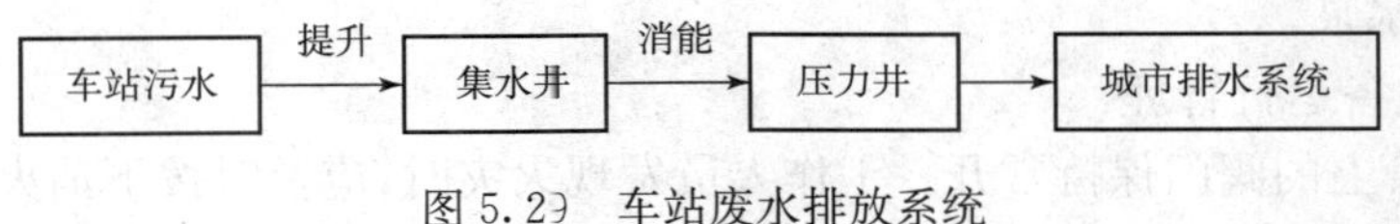

图5.29　车站废水排放系统

b. 区间隧道排水。

区间隧道内主要有结构渗漏水、消防废水、冲洗废水等。轨道交通采用高站位线路结构，所以在两地铁车站之间中部的线路低洼处设置排水泵站，大部分排水泵设置在上、下行线两路之间的联络通道中，废水由线路两侧明沟汇集到泵站集水池。

c. 车站污水排水。

车站内厕所等生活污水由排水管道汇集至污水池。污水池设在污水泵站下部。车站污水排放系统如图5.30所示，主要由集水井、压力井、化粪池等组成。用排水管道将车站内的厕所、盥洗室、茶水间冲洗水等生活污水收集到集水井，经潜水泵提升到压力井消能、地面化粪池简单处理后，排入城市污水管网。压力井是排水进入市政排水管网前的消能设施，其构造要求进、出管道不得在同一高程上且侧壁有防冲洗的措施，车站化粪池采用国标化粪池。

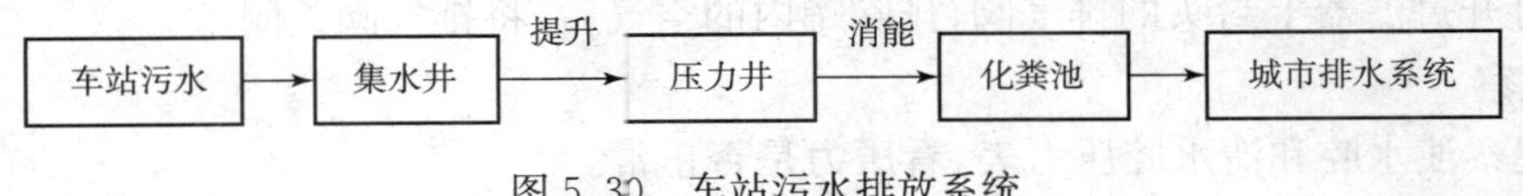

图5.30　车站污水排放系统

d. 渗漏水排水。

在车站敞开式出入口和自动扶梯下，设有排水泵两台。其集水池主要汇集敞开式出入口的雨水和车站结构的渗漏水。

e. 在地下车站的风井等部位设有泵站和集水池，主要汇集风井口雨水和车站结构漏水。

②泵站

泵站主要有车站废水排水泵站、污水排水泵站、出入口排水泵站、地下结构渗漏水和车站风井排水泵站、区间排水泵站和电缆层排水泵站。

2. 给排水系统的运行管理

车站给排水系统的任务主要是对系统设备的操作、维护、保养和维修，使之能持续、高效地运行。

(1)管理内容

管理和操作人员必须熟悉给水、排水系统各设备的性能，了解其结构及工艺、运行环境等要求，掌握各设备的操作、保养、简单维修的技术，管理内容包括：合理组织人员按维修、保养、操作规程、规则和手册进行操作和维护设备，按规定的周期，对设备进行不同内容的检查、检测，保证车站能正常运营。

①潜水泵的管理

车站泵房集水池内一般设两台潜污泵，一用一备轮换运行，必要时可同时运行。集水池一般设有超高、中、低、超低 2～4 个终端液位控制器，根据水位高、低自动控制排水泵的启停，并通过 EMCS 系统监视。当水位达到超低水位时，两台泵均停止工作，手/自动都无法启动；当水位达到低水位时，开始第一台泵；当水位达到中水位时，两台同时开启；由液位控制器失灵引起的水位报警，EMCS 系统将会发出报警信号，通知站务人员到现场，将转换开关达到手动位置，手动启动排水泵。

②水消防设备运行管理

a. 消防水管上的阀门保持常开。工作人员发现火灾时，应及时按下消火栓箱的手动报警器或通过箱体上的报警电话向车控室报警，并取出消防水带，接上消火栓及水枪后，干后将器材放回原位，并在转盘的摇臂、箱锁、阀门等处涂上 2 号钙基酯，以便再次使用。区间消防管道上的电动蝶阀由 EMCS 系统监控。当区间发出火灾时，电动蝶阀自动开启，同时操作人员迅速到现场将手动蝶阀打开，进行灭火，灭火操作方法同上。车站消防设施应建立完善的巡视、检查、登记制度，至少每周巡视一次；每三个月开箱检查和每年功能测试一次。

b. 对于自动喷水灭火系统来说，当发生喷头口的玻璃球熔化并自动喷出水雾，由于系统内水压的突降，在湿式报警阀两端产生水压差，压差使湿式报警阀打开，延时 30 s 后，自动启动消防水泵进行灭火，同时发出报警声。

③自动清洗过滤器运行管理

a. 开机

(a)同时打开进水阀和出水阀。

(b)打开过滤器上封头的排气阀，排除罐内的空气后，将排气阀关闭。

b. 观察

(a)观察浊水腔和清水腔压力表，看压力是否正常。

(b)观察过滤器有无泄漏(上下封头的轴封、罐体法兰、阀门法兰及压力表和差压控制器取样管)，如有泄漏应及时处理。

c. 反清洗

反清洗机构一般有手动和自动清洗两种工作状态。当电控箱的切换开关置于手动位置时，处于手动工作状态；置于自动位置时，则处于自动工作状态。

(a)手动反清洗

可在任意时间间隔，或者根据两个压力表的压力差(压差达到一定值时)，按动电控箱上反冲洗电机启动按钮，使反冲洗依据水质污浊程度而定，当清洗后压力差恢复正常，即表示过滤柱内污渣已经洗净。然后按动“反冲洗电机停”和“排污阀门关”按钮，结束手动反冲洗。

(b)自动反清洗

该机装有差压控制器，可自动控制反冲洗的开始和结束。

ⓐ在差压控制器上设定两个压力值：压差和切换值。压差是指罐体浊水腔和清水腔的压力差，切换差是指差压控制器中微动开关的切换范围。

ⓑ差压控制器的差压设定范围为 0.02～0.16 MPa，切换差设定范围为 0.03～0.15 MPa。

ⓒ当差压控制器启动减速机时，电动蝶阀自动打开。

ⓓ另外还设有定时反冲洗功能。

(2)运行管理组织

给排水专业主要负责给排水与水消防设备运行管理与维修。专业工程师负责编写各系统设备的操作、维修、保养规程及维修周期，制定设备的维修计划和材料计划等，经主管部门审核通过后，按管理范围划分由各相应工班负责执行，主要有技术管理人员和工班维修人员两大类。技术管理人员主要职责有：接受上级领导，负责制定、组织、实施、检查本专业工作目标和生产计划完成情况，负责本专业技术资料、图纸、维修文本、规章、制度等编制、整理、核对、修订及完善，负责解决专业生产中技术难题，提供技术支持，负责本专业安全和人员的技术及技术管理培训。工班维修人员主要工作职责有：接受技术管理人员工作安排，做好专业所辖设备维护、保养、巡视工作，填写相关报表、记录，并参加学习和培训。

(3)运行管理要求和规程

对设备进行有效管理，及时发现系统设备运行异常现象，并在保证安全和不影响正常运行情况下及时进行维修，以确保系统正常运行。有关要求和规程主要有：

①给排水专业设备由给排水技术管理人员和维修人员负责。

②工班负责做好日常巡视工作，并填写巡视记录(记录表见表5.10)，如遇故障必须及时处理和汇报。

③区间泵房、雨水泵房为重点运行管理对象，按维修计划安排进行。

④记录各站每月水表读数，并向生产调度汇报。

⑤牢记安全操作事项及用电安全。

⑥地面站的消防泵每三个月启泵一次。

⑦各车站的水源均为两路供水，电动蝶阀须每三个月定期轮换一次。

⑧对于损坏、偷盗消防设备的情况必须向有关部门及时汇报。

⑨进入区间隧道巡视，需向生产调度申请，经批准后方可进场工作。

表5.10　车站给排水设备巡视记录表

序号	巡视内容	巡视结果	巡视人	备　注
1	仪表			
2	水泵控制、水泵显示			
3	管道、消火栓、水泵接合器、水泵接合器盖、水枪、水带			
4	区间管道支架螺丝、柔性卡箍、伸缩节、区间消火栓箱门、消火栓			
5	区间排水沟进水口、集水井进水口			
6	压力井、化粪池、盖板			
7	设备及周围环境卫生			
8	水泵螺栓			
9	电动蝶阀			
10	水泵启动			

3. 事故(故障)处理原则

给排水系统设备其事故(故障)处理原则要求遵循城市轨道交通主管部门制定的相关规定

及要求，以“安全第一”为指导思想，确保事故(故障)处理有序、可控、快速、及时，做到“先通后复”，尽量缩小事故(故障)影响范围，减少时间带来的损失，避免对正常运营造成影响。

(1)检查设备发现异常时，能马上处理的，必须马上处理，防止事故扩大，处理完毕后将结果通报相关人员。

(2)发生故障时，不能马上处理的，应立即向相关生产调度报告，在未查清原因前不得任意操作。生产调度应立即向领导报告，并组织人员抢修。

(3)对重大事故(故障)，接报人员必须立即到达或派人到达现场确认，并按照各企业重大事故(故障)处理流程处理并及时通报。

(4)若接报故障已确认有险情或影响行车、客运、消防时，现场人员须先做好临时措施，并及时回复相关生产调度。

(5)发生故障时，应沉着冷静、迅速判断事故原因，采取安全措施，防止事故扩大，并做好事故记录。

(6)事故未处理完毕，原则上不得交接班，有特殊原因的，一定要将事故现象、原因、处理经过等情况说明。

(7)事故(故障)处理完毕后，打扫、整理现场，并向相关领导汇报处理情况。

4. 事故(故障)处理程序

(1)车站或生产调度将情况通报后，由车间轮值负责组织抢修。

①车间轮值通知当班维修人员准备工器具，赶赴出事区间的相邻车站。

②维修人员到达车站后，立即与控制中心 OCC 联系，要求运营车辆在区间泵房做短暂停车安排，并在车站请点。同时要求站务人员带齐通信设备一同下区间现场协助处理。

③各项准备工作就绪后，维修人员坐运营列车驾驶室到区间泵房迅速下车，列车恢复正常运营。

(2)维修人员进入区间泵房后，迅速判断水浸原因并进行处理，修理完毕确认运行恢复正常后，清理现场，用对讲机向站控室、OCC 汇报：抢修完毕，车辆可以运行。最后向车辆轮值汇报(轮值通知生产调度)。

(3)总结分析事故原因。

5.5.5 拓展知识

1. 防淹门

为防止突发事故造成隧道破裂后，江水、湖水涌进城市轨道交通车站和地下区间而事故扩大，在穿越河流、湖泊的地下区间进出水域的两端适当位置设防淹门。防淹门(如图 5.31 所示)包括闸门、门槽、启闭机、锁定装置、密封等部件。

图 5.31　防淹门

(1)防淹门的类型

防淹门的形式种类较多，按开门形式分有平开式防淹门、下落式闸门及平推式闸门。

①平开式防淹门

平开式防淹门也叫“人字门”。平开式防淹门

有门轴,门绕门轴旋转。这种门的优点是:闸门只需要放在平行于列车运行方向、隧道两侧的小洞室即可,启闭机机房可设置在两条轨线的中间空位;密封性好,两扇门之间、门的顶部、门的侧面均无缝隙,采用辅助液压装置推动楔形橡胶挤压在导轨及道床处达到与导轨及道床处的密封效果;在防淹门关门时的接触网位置可通过采用橡胶等密封材料密封而不会损坏接触网,平时对防淹门进行全过程的试验较方便。缺点是:结构较复杂;门体重,需要用油缸开闭,油缸会有漏油现象。

②下落式闸门

下落式闸门也叫潜孔式平板滑动门。下落式闸门(如图5.32所示)的开启或闭合是通过启闭设备将闸门上提或放下。这种门的优点是:结构较简单,仅由一扇滑动门、门框、一个启闭装置及两个锁定装置组成;控制系统较"人字门"简单;与导轨及道床之间关门时的密封,可在防淹门上直接装楔形密封橡胶达到密封效果。缺点是:在门洞上方要设置一个约5.5 m×6 m的大洞室放置防淹门的闸门及启闭装置,若防淹门能放置在车站端部,保护车站,此洞室和站厅合一,容易布置;由于受保护目标或施工法的影响,若防淹门不能放置在车站端部,而需要在隧道区间安装防淹门,此洞室的布置将十分困难;这种防淹门的密封性不如"人字门",门与门框之间、门的顶部均有缝隙,但漏水量可以通过水泵排出;在防淹门闸落时,接触网必须先断开,否则接触网将被剪断,平时进行防淹门全过程的动作检查较复杂。

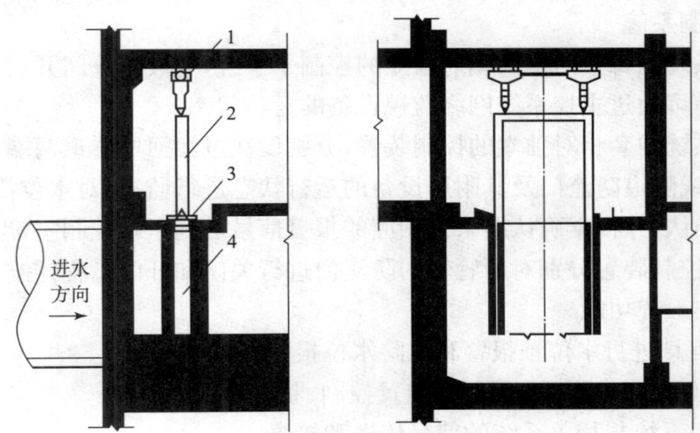

图5.32　下落式闸门

1—启闭机;2—门扇;3—搁门装置;4—门槽

③平推式闸门

平推式闸门的开启或闭合是靠闸门左右移动。这种门在平面上、在门洞的侧面需要一个大于闸门宽度的洞室放置闸门,车站至隧道间的管线阻拦了闸门的开启,且这种门在地铁的密封性不好,不适合城市轨道交通使用。

(2)防淹门的分类

按拦截水流方向分,有拦截隧道方向水流的防淹门和拦截车站方向水流的防淹门两种。拦截隧道方向水流的防淹门的机械、电器和控制柜应放置车站一侧;拦截车站方向水流的防淹门的机械、电器设备和控制柜应放置在隧道侧。

(3)闸门的操作

闸门操作有自动和手动两种。

①闸门的自动操作

闸门平时由电动锁定装置锁定于检修平台上，闸门底部处于门槽中；在区间隧道最低处设水位传感器，当隧道发生水灾，两端车站防淹门控制装置收到一级水位报警信号并经比较确认后，向车站控制室发出报警信号，同时开始计算水位增长速度，如果增长速度达到设定值，则立即向车站控制室发出隧道危险信号，同时向信号系统发出请求关门信号；如果水位增长速度未到设定值，但控制装置收到二级水位报警信号（即危险水位报警信号）并经比较确认，也立即向车站控制室发出报警信号并向信号系统发出请求关门信号。信号系统在向防淹门控制系统发出允许关门信号的同时向供电系统发出断开防淹门下方刚性接触网的指令，无论接触网是否动作，防淹门控制系统在收到允许关门信号并接收到闭门信号后，启闭机提升闸门上升50 mm，电动锁定装置启动，拉开锁定梁，启闭机放下闸门至底槛，关闭孔口；接收到开门信号后，启闭机提升闸门上升至锁定高度以上 50 mm，电动锁定装置启动，推动锁定梁复位，启闭机放下闸门至锁定位置锁定。

②闸门的手动操作

手动操作控制箱设在集散厅层的检修平台上，各扇闸门单独控制。启闭机除上、下极限位置可自动停止外，还可以在任何位置手动停止、上升、下降。电动锁定装置除前、后极限位置可自动停止外，还可以在任何位置手动停止、前进、后退。

(4)防淹门控制系统

防淹门控制系统以每个门体为相对独立的控制子系统，完成防淹门开、关门的控制。在控制中心及相关车站可通过主控系统网络监视设备的运行状态。

防淹门控制系统两套相对独立的控制装置，分别设在过江河段隧道两端车站防淹门室内，负责对本站左、右线隧道防淹门及其附属设备的运行状态进行监视、对水位传感器送来的水位信号进行比较和确认，并根据确认结果将相应的报警信号送到车站控制室，当接收到关门和开门指令时，防淹门控制装置分别对所管辖的防淹门进行关门和开门过程控制。

①防淹门控制系统功能

a. 传递液位信息进行水位预报警和危险水位报警。

b. 实现关门控制、开门控制、门锁紧装置控制、状态显示。

c. 进行防淹门系统与相关系统的信号传送和接收。

②防淹门控制系统构成

图 5.33 是防淹门控制系统构成示意图。控制装置由水位传感装置、门状态传感器、就地控制柜、车控室操作盘等设备构成。

③防淹门控制

防淹门控制具有车站级和防淹门控制系统以每个门体为相对独立的控制子系统，完成防淹门开、关门的控制。在控制中心及相关车站可通过主控系统网络监视设备的运行状态。就地两级。车站控制室的控制设备能完成紧急状况下关门功能，就地控制通过人工操作防淹门室内的就地控制器来完成。

(5)防淹门与其他系统的接口

①防淹门与信号系统的接口

防淹门为信号系统提供防淹门门状态信息；向信号系统发出关门请求信号；信号系统向防淹门专业发出允许关门信号。

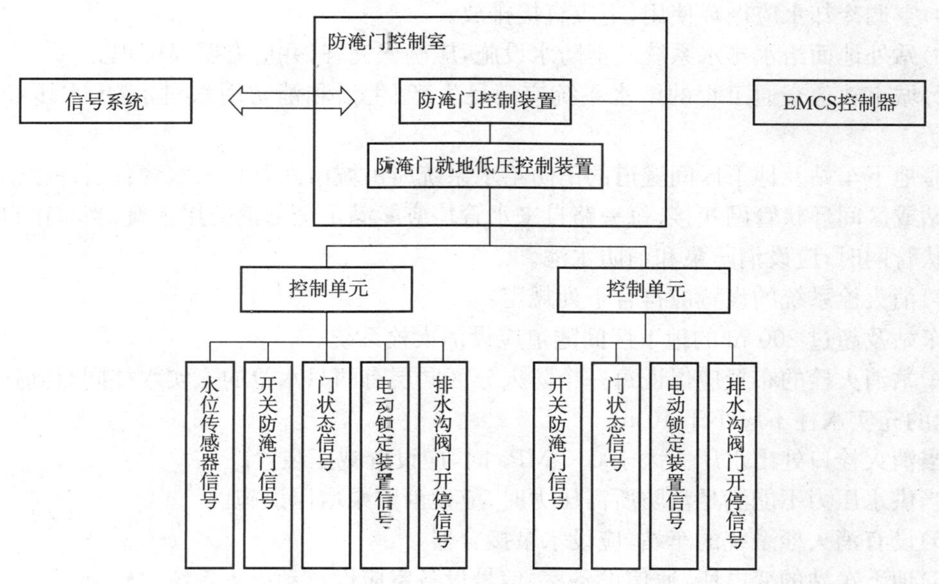

图5.33 防淹门控制系统构成示意图

②防淹门与低压配电系统的接口

低压配电系统提供一级电源，并在防淹门室内提供接地端子。

③防淹门与综合监控系统接口

防淹门给综合监控系统提供防淹门所需要监视的状态信息、水位信息等。综合监控系统根据防淹门要求提供IBP盘的按钮和指示灯。

2. 城市轨道交通给水、排水与消防系统技术规定

(1)给水系统的配置应保证任何情况下不间断地安全供水，给水系统的水量、水压和水质，均应满足地铁与轻轨系统生产、生活和消防用水的要求。

(2)运营单位应定期对给水系统水质进行化验，水质不符合要求时，应及时上报主管部门，并应做好记录及存档。

(3)地下车站及地下区间隧道的消防给水系统，应引接城市两路供水系统，当其中一路供水系统发生事故时，另一路供水系统应能满足全部消防用水量。

(4)给水系统应按设计规定的方式运行。未经运营单位主管部门批准，不得任意改变给水管网上阀门的工作状态。

(5)给水系统应建立完善的节能、节水管理机制。管网内的自来水未经主管部门批准，不得向外单位供水，应避免长流水及跑、冒、滴、漏等现象。

(6)消防设施不得擅自停运或挪作他用，消防水泵应具有手动、自动和远动控制方式。每次消防灭火后，应及时对消防系统和加压泵进行全面检修，并应恢复正常运行状态。

(7)排水系统及其设施的配置，应满足地铁与轻轨系统的污水、废水和雨水分流排放的要求，运营期间应保持持续、高效地运行。

(8)排水管道应保持畅通。各集水池、化粪池应定期清除沉淀物，并应定期对排放的各种污水和废水进行监测。

(9)隧道口应设置排雨水泵站，雨水超过设计排水能力时，应及时采取相应的防洪措施。

(10)空调冷却水应循环使用,不应直接排放。

(11)站外地面给水排水系统及消防水设施,应确保完好,并应有明显标识。

(12)城市轨道交通工程的给水系统应满足生产、生活和消防用水对水量、水压和水质的要求。

(13)地下车站及地下区间隧道的消防给水系统应由城市两路自来水管各引一根消防给水管和车站或区间环状管网相接,每一路自来水管均应能满足全部消防用水量;当城市自来水管网为枝状管网时,应设消防泵和消防水池。

(14)消火栓系统的设置应符合下列规定:

①车站及超过 200 m 的地下区间隧道应设消火栓系统。

②车站消火栓的布置应保证每一个防火分区同层有两只水枪的充实水柱同时到达任何部位,水枪的充实水柱不应小于 10 m。

③当消火栓口处出水压力大于 0.5 MPa 时,应设置减压装置。

④当供水压力不能满足消防所需压力时,应设消防泵增压设施。

(15)设有消火栓系统的车站,应设水泵接合器。

(16)地下车站的变电所、通信设备室、信号设备室应设自动灭火系统。

(17)地下车站及地下区间隧道排水泵站(房)的设置应符合下列规定:

①区间隧道线路实际坡度最低点应设排水泵站。

②当出入线洞口的雨水不能按重力流方式排至洞外地面时,应在洞口内适当位置设排雨水泵站。

③露天出入口及敞开风口应设排雨水泵房。

5.5.6 相关规范、规程与标准

1.《城市轨道交通技术规范》(GB 50490—2009)中"8 机电设备"的相关规定。

2.《地铁与轻轨系统运营管理规范》(GJJ/T 170—2011)中关于"给水、排水与消防系统技术规定"的相关内容。

3.《地铁设计规范》(GB 50157—2013)中"14 给水与排水"的相关规定。

典型工作任务 6 环境与设备监控系统运行管理

5.6.1 教学目标

1. 能力目标

能学会车站环境与设备监控系统的日常运行管理。

2. 知识目标

掌握环境与设备监控系统功能、主要组成、车站日常运行管理要求。

3. 素质目标

培养城市轨道交通优质服务和安全运输生产职业素养。

5.6.2 工作任务

通过本任务,掌握环境与设备监控系统功能、组成和日常运行管理要求。

5.6.3　所需配备

一条已投入运营的城市轨道交通线路及其车站。

5.6.4　相关配套知识

环境设备监控系统(Building Automatic System,BAS)是利用自动控制系统对车站机电设备实现自动、高效管理的系统,是实现城市轨道交通内机电设备科学管理、高效运行的工具。设备监控系统的良好运行管理为广大乘客提供了舒适的乘车环境,大大提高了城市轨道交通对意外安全事件的反应处理能力,极大地保证了乘客的人身安全。设备监控系统运行由车站站务人员和控制中心环控调度进行管理,而维护保养则由维修人员负责。

为了给乘客创造安全可靠和舒适的乘车环境,车站及地下区间隧道内设有各种正常运营保障设施(通风空调设备、给排水设备、照明设备、导向设备、自动扶梯等)和事故及紧急情况防救灾设施(水消防系统、自动灭火系统、防排烟系统、事故照明系统等)。为实现对以上设施的集中监控与管理(其中自动灭火系统的控制子系统由FAS监视),设置设备监控系统。环境设备监控系统BAS整体功能有以下几方面:

①对城市轨道交通建筑设备实现集中监控,并对其环境进行实时监测和优化控制。通过现代控制技术与网络技术,对现场机电设备运行状况进行实时集中监视、控制和报警,减少设备操作复杂性及操作难度,协调设备动作。以经济运行为目的,对车站环境进行检测,并据此控制环控设备高效运行以提高整体环境的舒适度,并通过相关算法实现系统能源管理自动化,提高节能效率。

②接受FAS(防灾报警系统)和ATS(列车自动控制系统)等的灾害信息,控制相关设备转向灾害模式,从而实现城市轨道交通防灾自动化。

③通过对设备、环境参数的采集记录,对车站设备运行情况进行统计、协助维修管理、提供趋势运行和维修预告,为设备管理决策提供科学依据,实现设备管理自动化。

1. BAS主要功能

BAS具有中央级集中监控、车站级集中监控和就地监控三级对各类设备进行监视和控制。

(1)BAS系统功能

①环境检测

BAS通过布置在公共区、有人值班的管理用房及对环境有要求的设备用房的温度和湿度检测设备,实现环境温度和空气湿度的检测。

②机电设备监控

BAS实现对全线通风空调、防排烟、公共区照明、导向灯箱、给排水等机电设备的实时或定时监控;监视电梯、自动扶梯的运行状态。紧急情况下,可实现对自动扶梯的紧急停止控制;对电梯紧急情况下上升或下降到安全层的控制。

③水位监测及报警

BAS监视车站和区间各类排水泵房水位,接受水位报警,并具有对废水泵的远程控制功能。

④优化控制与节能

BAS通过对环境参数检测以及相关计算，自动将通风空调系统调控在最佳运营状态，一方面提高地铁整体环境的舒适度，另一方面实现节能控制，降低运营成本。

⑤防救灾

接收车站FAS火灾控制模式指令，执行车站防灾设备的火灾控制模式；在FAS与BAS之间通信中断情况下，接收车站综合监控系统火灾模式控制指令，执行车站防灾设备的火灾控制模式；接收综合监控系统区间火灾模式控制指令，执行隧道排烟模式；接收区间列车阻塞通风模式控制指令，执行列车区间阻塞通风模式。

⑥数据管理

系统具有对受控设备运行参数分类存储、统计报表、自动生成系统设备维修维护报表和自动打印的功能。

(2)中央级主要功能

BAS中央级监控系统对全线通风空调、防排烟设备、公共区照明、导向灯箱、给排水、自动扶梯等机电设备进行监视和控制。

①监视全线环控设备的运行状态，检测、记录各车站站厅、站台和管理设备用房的温度、湿度等环境参数。根据通风空调系统提供的环控工艺要求，向车站级BAS下达模式控制指令，对通风系统设备进行模式控制，包括正常模式(节能控制)、火灾模式及区间阻塞模式控制。

②监视全线BAS监控下的其他设备的运行状态，接受系统报警，记录各种操作，实现实时数据和历史数据的分类存储、统计报表等。

③向车站级BAS下达时间表控制指令。

(3)车站级主要功能

BAS车站级监控系统对全站通风空调、防排烟设备、公共区照明、导向灯箱、排水设备、电梯、自动扶梯等机电设备及管辖区间排水设备进行监控。

①监视车站环控设备的运行状态，监测、记录车站站厅、站台和管理设备用房的温度、湿度等环境参数。根据通风空调系统提供的环控工艺要求，对通风系统设备进行模式控制，包括正常模式(节能控制)、火灾模式及区间阻塞模式控制。

②监视全站BAS监控下的其他设备的运行状态，接受系统报警，记录各种操作，实现实时数据和历史数据的分类存储、统计报表等。

③将本站BAS所有信息上传中央级。接收中央级下发的时间表控制信息和模式控制指令。

④接受时钟同步信号，具有与中央主时钟同步的功能。

(4)就地级设备的主要功能

①对单台设备进行就地控制，满足设备的现场调试要求。

②实现对现场信号的采集、信号的转换和控制信号的输出。

③接收FAS的火灾信息，执行火灾模式控制指令。

④主控制器通过现场总线同具有智能通信接口的其他受控设备连接，实现数据通信。

⑤就地级设备具有脱离全线网络系统独立运行的功能，控制器的存储容量满足监控数据的存储需要。

(5)冷站监控系统的主要功能

①对冷站所辖设备进行状态监视、控制、故障报警。

②通过获取相关车站的有关环控参数，通过 PID(比例—积分—微分)控制，实现系统的节能及优化控制。

③通过 BAS 工作站实现对冷站设备的自动控制、模式手动和点对点控制等。

④将冷站被控设备运行状态、报警信号及测试点数据及时送至 OCC(控制中心)，并接收 OCC 的各种控制指令。

⑤冷站的 BAS 具有脱离全线系统网络独立运行的功能，控制器的存储容量满足监控数据的存储需要。

⑥系统处于自动运行状态的情况下，供电电源中断一段时间后恢复供电，主控制器根据预设程序，自动重新启动相关设备。

⑦接受时钟同步信号，具有与中央主时钟同步的功能。

(6)系统的维修功能

系统的维修网络由综合监控系统统一组建，主要功能按 BAS 要求，在综合监控系统中实现。

①记录各车站主要设备的运行状态，统计设备累计运行时间，根据设备运行情况，自动生成日、周、月、年报表、设备维修及检修报表，并根据系统设定自动打印有关报表。

②具有对全线设备板级故障的在线查询、诊断和分析的功能，最大限度地满足系统维修的需要，并具有对系统软件在线修改的功能。

2. BAS 的性能

(1)BAS 遵循分散控制、集中管理、资源共享的原则。BAS 的设置有利于机电设备监控管理体制的实施，实现 OCC 对全线的机电设备集中监控管理。

(2)BAS 的硬件和软件遵循模块化的原则，采用标准通信接口，标准的、开放的通信协议。BAS 的硬件和软件具有可靠性、可维护性和可扩展性，系统具备故障诊断、在线修改的功能。

(3)BAS 现场控制级设备，具有脱离 BAS 车站局域网络独立运行的功能，存储容量满足监控数据的存储需要。

(4)在正常情况下，车站级对车站设备和区间给排水设备具有最高控制权，中央级对于区间隧道通风设备具有最高控制权。

(5)在火灾情况下，BAS 具有接收 FAS 和综合监控系统的火灾模式指令，完成对相关设备消防联动控制(火灾模式控制)的功能。

(6)列车在区间停车时，BAS 具有接收综合监控系统下达的区间阻塞模式指令，执行区间阻塞通风模式的功能。

3. BAS 系统构成

(1)中央级 BAS 设备

中央级监控系统设备由设在控制中心的综合监控系统配置，图 5.34 所示为 BAS 全线网络图。

①工作站及服务器

系统中央级配置两台或两台以上的操作工作站，采用并列运行或冗余技术，使工作站处于热备状态，保证故障情况下的自动投入，同时根据系统实际需要选用服务器或小型机对整个系统实现优化控制、管理以及数据备份。

系统中央级工作站或服务器一般配备数据记录设备、打印机，数据记录设备可提供系统历史数据备份、归档信息。

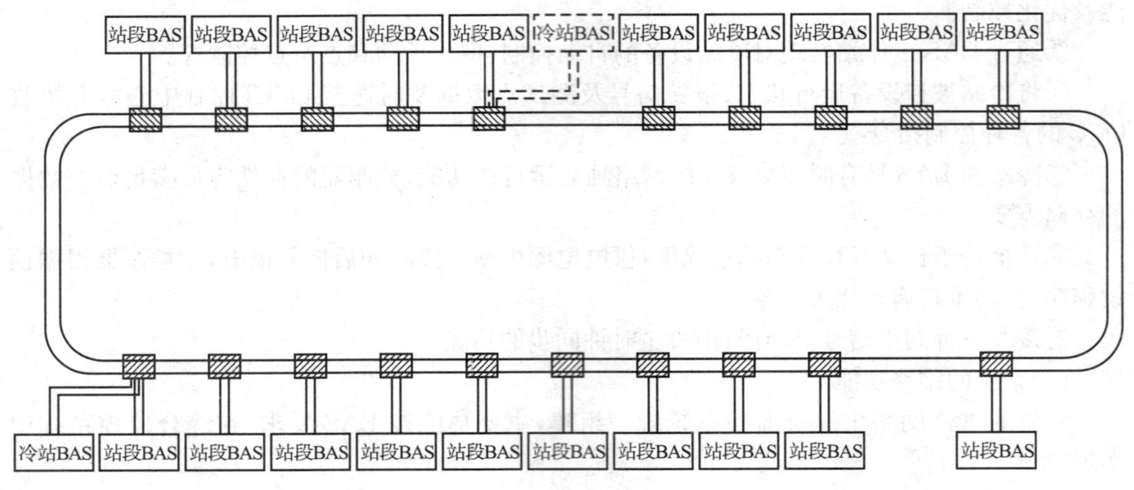

图 5.34　BAS全线网络图

②大屏幕投影

设备监控系统大屏幕投影可以直观显示全线重要机电设备运行状态、重要报警、主要运行参数等，便于线路环境调度、行车调度掌握线路总体机电设备运行情况，及时发现设备问题，其主要显示内容有：

a. 隧道风机及推力风机运行状态及风向。

b. 列车正线阻塞信号。

c. FAS 火警信号提示。

d. 各车站环控大系统运行状态。

e. 各车站公共区温度超限报警。

③与其他系统接口

中央级配置系统与 ATS 的接口设备，通过它接收列车区间阻塞信号，并完成隧道通风模式的计算。另外还配置有与通信母时钟通信的接口设备，定时与母时钟时间同步，并进一步实现系统内部各设备间的同步。

(2)车站级 BAS 设备

BAS 车站级采用分层分布式结构，由 PLC 控制设备、现场传感器及 UPS 电源等组成。监控对象包括隧道通风系统、车站防排烟设备、车站通风空调大、小系统、空调水系统设备、车站给排水、区间给排水设备、自动扶梯、电梯、车站公共区导向系统、事故电源、应急照明、广告照明等。图 5.35 所示为 BAS 车站级控制方框图。

①工作站

车站级车控室工作站设备由综合监控系统配置，主要面对车站工作人员，显示整个车站机电设备的运行情况，车站工作人员可以根据系统的实际情况对车站机电设备进行工况、单体设备调节控制，工作站通常配有线式不间断电源和历史(报表)打印机。

②综合紧急操作盘

综合紧急操作盘是车站出现灾害性情况时的紧急操作平台，综合紧急操作盘以火灾及紧

急工况操作为主，采用按键式操作，操作程序简便快捷。当车站或所辖区间发生火灾、列车阻塞等情况时，由线路环境调度授权车站操作人员按不同的事故区域在综合紧急操作盘上启动相对应的应急工况。综合紧急操作盘上设有投入/切除钥匙开关，利用此开关可以实现模拟屏幕控制功能的投入和切除，防止出现误操作。

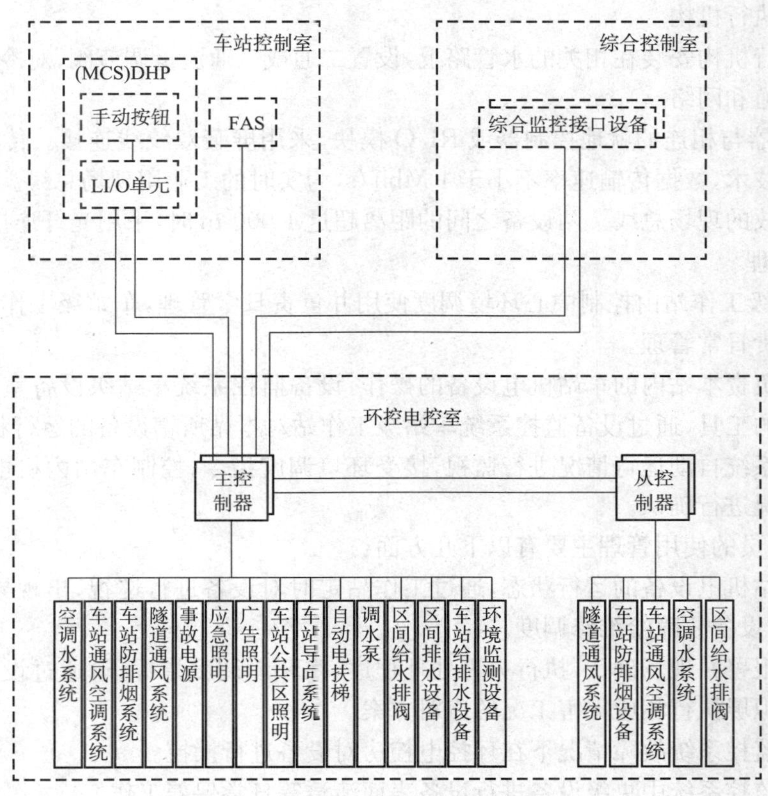

图 5.35　BAS 车站级控制方框图

③维修工作站

维修工作站是系统维修人员专用的远程维修终端，具备最高的操作级别和一定的软件修改权限，可以对系统软件进行维护、组态、运行参数的定义、系统数据库的形成及用户操作界面的修改、增加；可以监视全线系统运行情况，及时反映现场故障，迅速组织系统抢修；可以为系统开发、优化提供平台，减少对在线系统运营的影响。

(3)就地级 BAS 设备

就地级监控设备包括就地控制箱、传感器、二通调节阀等。

①就地控制箱

在环控机房、照明配电室、水泵房、出入口等地方靠近被控设备和环境条件相对好的房间内，设置就地控制箱。在风机房的就地控制箱内设置远程 I/O(RI/O)，用来采集空调管路上的温湿度参数，监控水系统二通阀。在照明配电室的就地控制箱内设置 RI/O，用来监测重要设备房、公共区环境参数，监控车站公共区照明、广告照明、导向标志等回路状态。在水泵房的就地控制箱内设置 RI/O，用来监测水泵的状态和报警水位。

②传感器

室内温、湿度传感器安装在站厅和站台墙壁或立柱、设备管理用房墙壁上。

风管式温度、温湿度传感器安装于各类风道和风室内。

水管式温度传感器安装在各类水管上。

流量传感器、压力传感器、压差传感器安装在相关的设备及管道上。

③二通阀执行机构

二通阀执行机构安装在相关的水管路上，设置二通或三通流量调节阀，对冷量进行调节。

④通信通道和网络

BAS 控制器与相连的就地控制器或 RI/O 模块，采用屏蔽双绞线连接。传输方式采用工业级现场总线技术，数据传输速率不小于 1 Mbit/s，为实时的工业用现场总线。要求为国际上通用的标准开放的现场总线。两设备之间的距离超过 1 000 m 时，采用光纤连接。

4. 运行管理

BAS 中央级工作站由控制中心环境调度使用并负责日常管理，车站级工作站管理由车站人员使用并负责日常管理。

车站人员负责本站内的车站机电设备的操作，设备监控系统车站级设备室车站人员监控站内机电设备的工具，通过设备监控系统车站级工作站对本站所辖设备的运行状态、故障情况以及设备监控系统自动运行情况进行监视，接受环境调度指令，控制车站内机电设备动作，并对设备执行情况进行确认。

(1)车站人员的使用管理主要有以下几方面：

①监视本站机电设备的运行状态，通过工作站定时对设备进行巡视，出现异常，通知环境调度，同时报告设备故障给维修调度。

②对火灾报警并现场确认，执行火警处理程序，在环境调度指挥下，通过设备监控系统工作站或车站模拟屏执行相应灾害工况的应对方案。

③在设备监控系统故障情况下在环控电控房对设备进行操控。

④对设备监控系统中央级设备进行设备表面清洁等日常保养工作。

(2)操作 BAS 的基本要求有：

①必须熟悉 BAS 的操作方法，包括工总站和综合紧急操作盘，理解环控工艺工况。

②必须熟悉车站设备的现场操作方法，理解基本环控工艺工况。

③熟练掌握本站火灾处理程序，组织相应的火灾工况应对工作。

5.6.5 知识拓展

1. 环控调度如何使用管理 BAS

环境调度负责对相关城市轨道交通线路辖下的车站及隧道环境的控制盒调度，按运营需要对设备监控系统自动运作是否合理做出人为判断，确定是否需要人工干预，以保证城市轨道交通环境的舒适性；环境调度还负责对城市轨道交通突发事件进行反应，调度城市轨道交通相关防灾设备执行灾害工况。环境调度是 BAS 中央级的使用者，通过对设备监控系统中央级工作站对全线车站及区间隧道内设备的运行状态、故障情况以及设备监控系统自动进行监视，控制全线环控设备动作。

(1)环境调度对 BAS 的主要管理工作有：

①环境调度人员对全线通风空调系统进行调度控制，保证城市轨道交通环境的舒适性。

②监视并及时调整通风空调系统设备及其他车站设备的运行状态，出现故障及时报告维修调度。

③通过火灾自动报警系统中央级发现火灾报警，指挥执行火灾处理程序，通过设备监控系统中央级工作站或下令车站人员执行相应的灾害工况。

④授权车站人员通过 BAS 对设备进行操控。

⑤对 BAS 中央级设备进行设备表面清洁等日常保养工作。

(2)环境调度操作 BAS 的基本要求有：

①必须熟悉 BAS 操作方法，熟练掌握通风空调工艺工况。

②理解设备监控系统软件控制原则，处理简单操作上的问题。

③熟练掌握火灾处理程序，组织相应的火灾工况。

2. 综合监控系统

综合监控系统是一个高度集成的综合自动化监控系统，其目的主要是通过集成城市轨道交通多个主要弱电系统，形成统一的监控层硬件平台和软件平台，从而实现对各被集成系统的集中监控和管理功能，实现对列车运行情况和客流统计数据的关联监视功能，并对通信系统和设备进行统一的监控，最终实现相关各系统之间的信息共享和协调联动功能。通过综合监控系统统一的用户界面，运营管理人员能够更加方便、更加有效地监控管理整条线路的运作情况。

(1)综合监控系统的必要性

①综合监控系统是技术发展的必然产物

早期由于技术条件的限制，城市轨道交通监控管理水平较低，城市轨道交通内部各机电系统都根据自身的特点，不同程度地将计算机技术、网络通信技术应用在自身系统中，逐渐形成一种分立监控模式。这些分立系统城市轨道交通各自采用不同的软硬件平台。这种分立监控模式难以实现信息互通、资源共享，会降低整个城市轨道交通自动化水平，特别是在灾害情况下防灾救灾能力将大受影响。由于技术水平的限制，国内大多数城市轨道交通还处于这种分立监控的技术水平上。

随着计算机技术、自动控制技术、网络通信技术和大型监控系统集成技术迅速发展，分立监控系统逐步走向综合监控系统已经成为发展的趋势。综合监控系统利用统一的、高性能的和通用性强的软硬件集成平台将城市轨道交通各相关机电系统集成和互联起来，从而实现各系统之间资源共享、信息互通和协调工作。目前，综合自动化监控系统在国外已经有不少成功的范例。

②综合监控系统是提高运营管理水平的需要

城市轨道交通运营的需求是建立在高度安全的基础上，在城市轨道交通运作安全的前提下，要求做到界面统一、操作简化、响应快速、工作效率高、便于管理和易于维护。综合监控系统能克服分立监控系统的种种弊端，其特点包括：

a. 实现资源共享，信息互通，提升自动化水平，降低工作劳动强度，提高地铁运营管理的工作效率。

b. 将提高地铁整个自动化系统的安全性、可靠性及快速响应能力。

c. 可扩展性强。

d. 可实现高性能价格比、减少重复投资。

e. 为城市轨道交通各相关系统提供统一的集成平台。

f. 实现城市轨道交通各相关机电系统之间的联动能力。

因此，建立完整的综合监控系统是必要的，综合监控系统取代分立监控系统是必然的。新建城市轨道交通逐步优化完善系统组成和功能，通过高起点、高水平的高度集成系统为轨道交通的安全高效运作提供重要的保障。

(2)综合监控系统的构成

城市轨道交通监控和调度指挥采用两级制，即中央级监控和车站级监控制模式。正常情况下以中央级为主。综合监控系统的监控对象为行车和行车指挥、防灾和安全、乘客服务等相关内容，服务对象是各调度员和值班站长。为了满足两级制监控和调度指挥的需求，综合监控系统采用两级管理三级控制的分层分布式结构。两级管理分别是中央级和车站级，三级控制分别是中央级、车站级和现场级。现场级控制是指在被控对象附近的就地控制，现场级控制功能由各相关系统来完成。系统结构框图如图 5.36 所示。

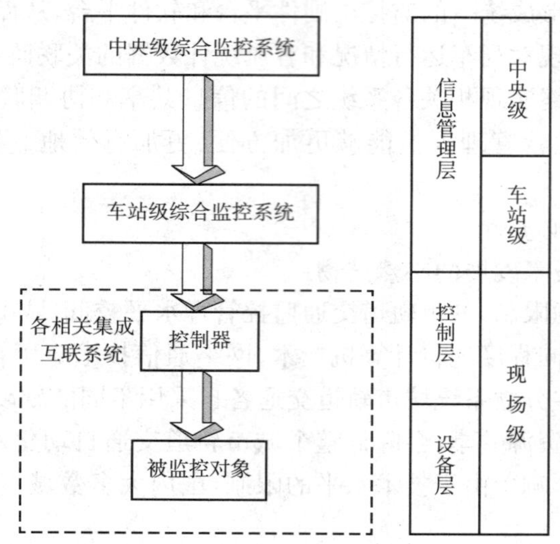

图 5.36　综合监控系统及其接入系统层次划分示意图

①中央级综合监控系统

中央级综合监控系统在控制中心设置中央级局域网络，通过全线的主干网络将各车站监控网的监控信息汇集到控制中心，并在控制中心与乘客信息服务系统(PIDS)、自动售检票系统(AFC)、广播系统(PA)、视频监控系统(CCTV)、调度电话系统(DLT)、时钟系统(CLK)、信号系统(SIG)、通信集中网管系统(TEL/ALARM)、车载信息系统(TIS)等系统进行互联，从而实现多个相关系统的综合集中监控功能。

中央级综合监控系统对全线重要监控对象的状态、性能等数据进行实时的收集及处理，通过各种调度员工作站和大屏幕以图形、图像、表格和文本的形式显示出来，供调度人员参考和使用。并且根据一定的逻辑关系自动向分布在各站点的被监控对象或系统发送模式、程控、点控等控制命令，或由调度员人工发布控制命令，从而完成对全线环境、设备和乘客的集中监控。

②车站级综合监控系统

车站级综合监控系统包括各车站、控制中心大楼和车辆段等车站级监控系统。独立的主变所和集中冷站接入就近的车站级综合监控系统。车站级综合监控系统通过分布在车站范围内的站级局域网络，将车站各有关机电系统集成在一起，并与PA、CCTV、DLT等系统互联，使它们相互协调地工作。车站级综合监控系统通过值班员工作站、打印机等设备实时地反映监控对象变化的状态信息并形成报表，同时记录下相关信息，更新相关数据。

③现场级

由变电所综合自动化系统（PSCADA）、设备监控系统（BAS）、火灾自动报警系统（FAS）、防淹门（FG）、屏蔽门（PSD）、门禁系统（ACS）等系统及其所监控的现场设备组成，以上系统直接连接各种现场设备，同时又与综合监控系统的车站级或中央级进行数据通信。

(3)综合监控系统性能

综合监控系统采用深度集成的综合监控系统模式，将原有的变电所综合自动化系统（PSCADA）、环境与设备监控系统（BAS）、火灾自动报警系统（FAS）等皆纳入综合监控系统。图5.37为综合监控系统结构图。

综合监控系统应围绕行车和行车指挥、防灾和安全、乘客服务，以进一步提高运营行车管理的水平，面向的对象为控制中心的行调、电调、环调、维调和值班调度及车站的值班站长、值班员，系统满足这些岗位的功能要求。其中，综合监控系统的维修和管理等功能，分别在控制中心及维修中心实现；控制中心的综合监控系统能采集处理集成系统的必要设备故障信息，以方便维修调度的管理工作；维修中心能采集处理集成系统的主要设备故障信息，以方便维修人员的维护和管理。

当出现异常情况由正常运行模式转为灾害运行模式时，综合监控系统能迅速转变为应急模式，为防灾、救援和事故处理指挥提供方便。

综合监控系统由中央和车站两级构成。中央级由交换机、服务器、工作站等设备组成；车站级由交换机、服务器、工作站、RTU等设备组成。中央级设备与车站级（含车辆段）设备通过工业级或电信级骨干传输网络连接，具备模式控制、群组控制以及必要的点控等功能。综合监控系统能反映各监控对象的工作状态。

综合监控系统采用模块化设计，易于扩展，须采用高可靠的产品，保证能全天候不间断地运行。通过综合监控系统实现全线火灾自动报警系统（FAS）有逻辑上独立的冗余传输通道。

(4)综合监控系统与各相关系统的接口

①与火灾自动报警系统（FAS）的接口

综合监控系统与火灾自动报警系统的接口在各车站和车辆段综合监控系统RTU的通信接口处。主变电站和冷站的火灾自动报警系统接入邻近车站的综合监控系统。

②与环境与设备监控系统（BAS）的接口

综合监控系统与环境与设备监控系统的接口在各车站综合监控系统RUT的通信接口处。主变电站和集中冷站的环境与设备监控系统接入邻近车站的综合监控系统。

③与变电所综合自动化系统（PSCADA）的接口

综合监控系统与变电所综合自动化系统的接口在各车站和车辆段综合监控系统RUT的通信接口处。集中冷站的PSCADA系统接入邻近车站的综合监控系统。

④与屏蔽门（PSD）的接口

综合监控系统与屏蔽门的接口在各车站综合监控系统RUT的通信接口处。

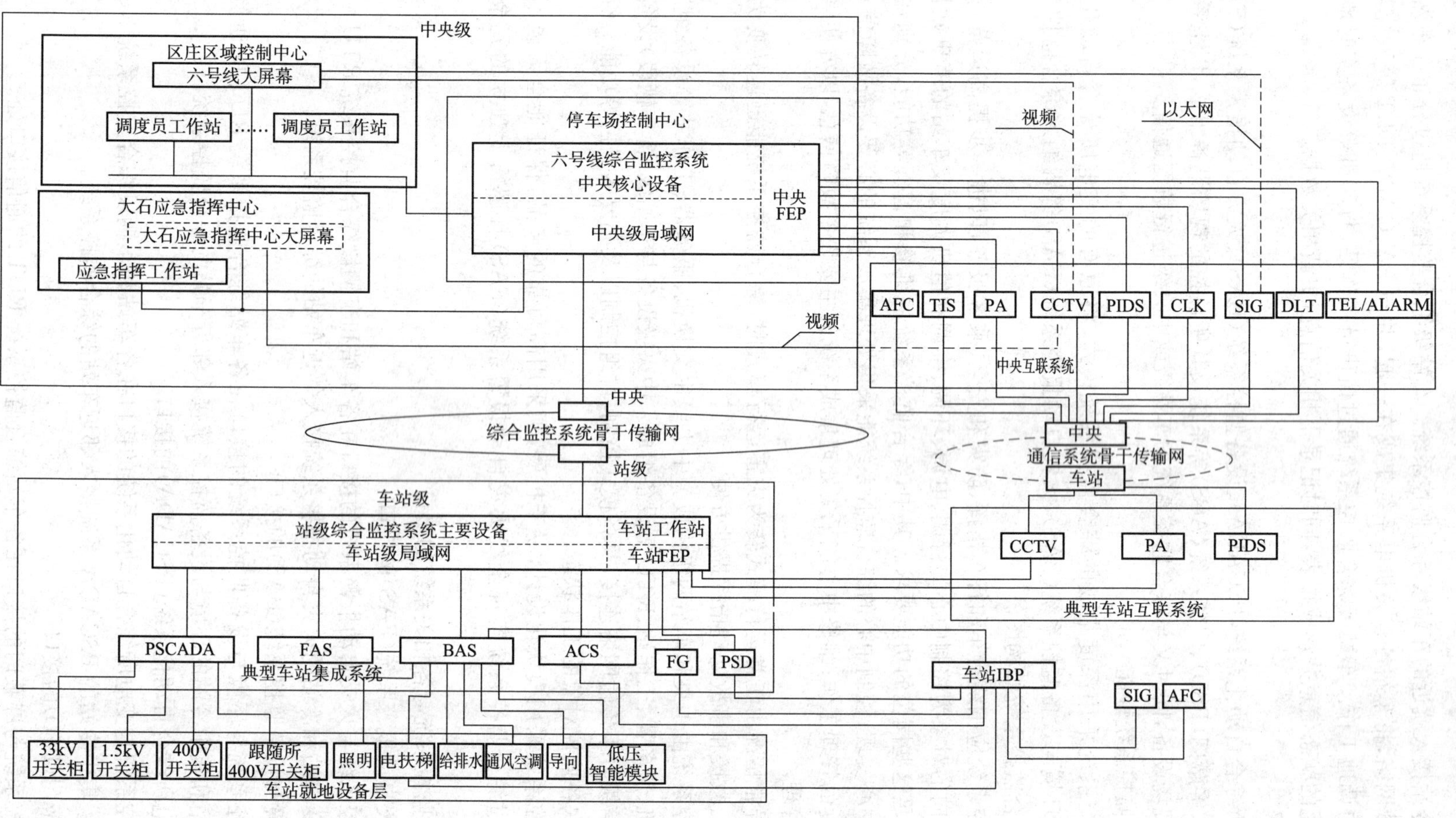

图5.37 综合监控系统结构图

⑤与防淹门(FG)的接口

综合监控系统与防淹门的接口在相关车站综合监控系统RUT的通信接口处。

⑥与门禁(ACS)的接口

综合监控系统与门禁系统的接口在各车站和车辆段综合监控系统RUT的通信接口处。

⑦与自动售检票系统(AFC)的接口

综合监控系统与自动售检票系统的接口在控制中心综合监控系统交换机的以太网接口处。

⑧与信号系统(SIG)的接口

综合监控系统与信号系统的接口在控制中心的综合监控系统交换机的以太网接口处。

⑨与广播系统(PA)的接口

综合监控系统与广播系统的控制接口在车站和控制中心综合监控系统中央RTU的串行口处。音频信号在车站、OCC主控操作员工作站的外插口。

⑩与视频监控系统(CCTV)的接口

综合监控系统与视频监控系统的控制接口在车站和控制中心的综合监控系统RTU的串行口处。视频信号在车站和OCC主控操作员工作站的外插口。

⑪与乘客信息服务系统(PIDS)的接口

综合监控系统与乘客信息服务系统的接口在控制中心综合监控系统RTU的通信接口处。

⑫与车载信息系统(TIS)的接口

综合监控系统与车载信息系统的接口在控制中心综合监控系统RTU的串行口处。

⑬与调度电话系统(DLT)

综合监控系统与调度电话系统的接口在控制中心综合监控设备房和车站综合监控设备房的配线架外侧。

⑭与时钟系统(CLK)的接口

综合监控系统与时钟系统的接口在控制中心通信系统设备房配线架外线侧。

⑮与通信传输光缆的接口

综合监控系统与通信传输光缆的接口在车站、车辆段和OCC的通信设备房的配线架外线侧。

⑯与低压配电的接口

综合监控系统与低压配电系统的接口在车站、车辆段、控制中心主控设备房以及车辆段DCC的配电箱。

⑰与接地系统的接口

综合监控系统与接地系统的接口在车站、车辆段和控制中心综合监控系统设备房以及车辆段DCC的弱电接地箱。

⑱各系统与综合后备盘(IBP)的接口

车站综合后备盘(IBP)与各有关系统的接口在各车站控制室IBP接线端子外侧。

(5)综合监控系统网络要求

综合监控系统骨干网络用于车站、车辆段、集中冷站、主变电站等局域网与OCC局域网之间的互联，由设在车站、车辆段、集中冷站、主变电站、OCC等地点的交换设备及交换设备之间的传输物理介质(由通信专业提供)构成。综合监控系统重要性和可靠性要求尽量减少网络层次和环节;响应性要求主干网具备较高吞吐量,即较多的带宽,以满足在突发事件时数据传输容量的要求。综合监控系统宜单独组建系统网络,若与通信骨干网合建,由于中间环节过多,响应时间和带宽将受到影响。因此,综合监控系统骨干网由综合监控系统使用工业级以太网交换机单独组建冗余的光纤环网。

另外在各车站、控制中心和车辆段等站点组建综合监控系统各站点局域网络。

(6)控制中心

为了确保城市轨道交通列车安全、可靠和高效的运行,对城市轨道交通运营过程实施全面的集中监控和管理,建立运营控制中心(OCC)。控制中心可控制单条或多条地铁线路。列车运行的指挥监控和各系统(信号、通信、综合监控、变电所综合自动化、环境与设备监控、自动售检票等)设备运行的监控均设置在控制中心,控制中心也是线路各系统中央级设备安装场所。其功能为:

①对列车运行的监控

a. 中央控制室设有值班主任,每条线配置有信号系统监控终端、有线调度电话和无线行车调度电话总机,负责全线行调、电调、环调的组织协调工作以及设备故障和事件的组织处理。值班主任同时负责各换乘站和枢纽站的客运调度和组织突发大客流的疏散工作,兼负指挥处理车站运营旅客事务的责任。

b. 运营时间内对列车运行情况进行监控,每条线应设置一个行车调度台,配备信号控制终端、有线调度电话总机、无线列车调度电话总机,CCTV 和中央广播系统、牵引网带电状态显示和运行信息终端等,通过通信、信号系统指挥控制列车运行、进路联锁、列车出入车辆段。

c. 非运营时间内,安排设备检修施工计划的实施。指挥工程列车的运行,确保系统设备的正常运行。

②对系统设备运行的监控

a. 对供电系统设备运行监控

(a)每条线的供电系统设置一个电力调度台,负责指挥控制供电系统工作。电力调度员监控的范围为主变电所、牵引变电所、降压变电所、直流牵引供电系统和降压供电系统。

(b)供电系统正常运行时,电力调度员对全线供电系统设备运行情况进行监视和根据旅客列车运营需要调整供电系统运行方式。

(c)当供电系统发生故障时,电力调度员根据故障情况及时调整供电系统的运营方式,保证旅客列车的运行,并尽快通知有关部门组织对故障进行抢修。

b. 对火灾自动报警及环境与设备监控系统运行监控

(a)对每条线设置一个环控调度台,实现该线火灾自动报警及环境与设备监控系统的运行监控。

(b)正常运行时,环控调度员负责对全线火灾自动报警及环境与设备监控系统设备状态进行监视,当设备出现故障时尽快通知有关部门组织对故障的抢修。

(c)当列车在区间中阻塞、发生火灾或车站发生火灾及其他紧急情况时,环控调度员负责发出预定的灾害运行模式指令并监督运行模式的正确性,组织有关部门进行救灾工作。

③设备维修管理

各条线路集中设维修调度台,设维修调度,每条线配备有线和无线维修调度电话、中央广

播终端、运营信息管理系统终端。负责各系统设备故障信息的收集，组织抢修，和制定设备计划性维修计划，组织指挥大型故障的抢修和抢险工作。

④紧急事件指挥中心

紧急事件指挥中心设置有可调看各条线、各个车站信息的综合监控系统、可视电话和市公安 110 联动专线电话，与各值班主任及总调度长通话联系的对讲电话。

⑤控制中心设备系统用房布置

a. 设备系统中与行调、电调、环调相关调度的设备布置在中央控制室内。

b. 设有系统设备房

(a)信号设备室：包括设备室、电源室、运行图编辑室、打印室。

(b)通信设备室：包括程控交换室、无线调度电话、CCTV、中央时钟、通信传输网及配线室等。

(c)综合监控系统设备室：包括设备室、仿真测试(网管)室、资源开发室。

(d)电力监控设备室：设备机房。

(e)防灾报警、车站设备监控设备室：设备机房。

(f)系统设备电源室：各设备系统使用的电源系统设备房。

3. 地铁与轻轨系统关于综合监控系统的运营管理

(1)综合监控系统的监控对象应主要为空调、采暖及通风系统，并应具有同时监控给水排水、自动扶梯、电梯、照明、乘客导向、屏蔽门和防淹门等系统的功能。

(2)综合监控系统，应具备对环境参数检测和统计的功能，并应通过耗能统计与分析，控制空调、采暖及通风系统的优化运行。

(3)综合监控系统与火灾自动报警系统之间，应设计通信接口。防排烟系统与通风系统合用时，应由环境与设备监控系统统一监控。火灾工况应由火灾自动报警系统发布火灾模式指令，综合监控系统应优先执行相应的控制程序。

(4)综合监控系统相对事故通风和排烟系统的监控，应采取冗余措施。

(5)综合监控系统应与空调、通风设备统一协调，并应根据列车、火灾的具体情况，启动相应的运行模式。

(6)综合监控系统，应 24 h 不间断运行。

(7)综合监控系统的中央监控层、全线网络通信和车站计算机监控出现故障时，应各自具备可分别独立控制的降级运行模式。

4. 城市轨道交通技术规范关于环境与设备监控系统的规定

(1)环境与设备监控系统应具备下列功能：

①车站及区间设备的监控。

②执行防灾和阻塞模式。

③环境监控与节能运行管理。

④车站环境和设备的管理。

⑤系统维修。

(2)车站及区间设备的监控应具备下列功能：

①中央和车站两级监控管理。

②环境与设备监控系统控制指令应能分别从中央工作站、车站工作站和车站紧急控制盘

人工发布或由程序自动判定执行。

③注册和操作权限设定。

(3)执行防灾和阻塞模式应具备下列功能：

①接收车站自动或手动火灾模式指令，执行车站防烟、排烟模式。

②接收列车区间停车位置、火灾部位信息，执行隧道防排烟模式。

③接收列车区间阻塞信息，执行阻塞通风模式。

④监控车站逃生指示系统和应急照明系统。

⑤监视各排水泵房危险水位。

(4)环境监控与节能运行管理应具备下列功能：

①通过对环境参数的检测，对能耗进行统计分析。

②控制通风、空调设备优化运行，提高整体环境的舒适度及降低能源消耗。

(5)车站环境和设备的管理应具备下列功能：

①对车站环境参数进行统计。

②对设备的运行状况进行统计，优化设备的运行；形成维护管理趋势预告，提高设备管理效率。

(6)系统维修应具备下列功能：

①监视全线环境与设备监控系统的设备运行状态，对系统设备进行集中监控和管理。

②对全线环境与设备监控系统软件进行维护、组态、运行参数的定义、系统数据库的形成及用户操作界面的修改等。

③通过对硬件设备故障的判断，保证对系统进行实时监控及维护。

(7)防排烟系统与正常通风系统合用的车站设备，应由环境与设备监控系统统一监控。环境与设备监控系统和火灾监控报警系统之间应设置可靠的通信接口，由火灾自动报警系统发布火灾模式指令，环境与设备监控系统优先执行相应的火灾控制程序。

(8)在地下区间发生火灾或列车阻塞停车时，隧道通风、排烟系统应由控制中心发布模式控制命令，车站环境与设备监控系统接收命令并执行。

(9)车站控制室应设置综合后备控制盘，盘面应以火灾工况操作为主，操作程序应简单、直接；作为环境与设备监控系统火灾工况自动控制的后备措施，其操作权限高于车站和中央工作站。

(10)环境与设备监控系统应选择具备可靠性、容错性、可维护性、适应城市轨道交通使用环境的工业级标准设备；对事故通风与排烟系统的监控应采取冗余措施。

(11)环境与设备监控系统软件应为标准、开放和通用软件，并具备实时多任务功能。

5.6.6 相关规范、规程与标准

1.《城市轨道交通技术规范》(GB 50490—2009)中“8 机电设备”的相关规定。

2.《地铁与轻轨系统运营管理规范》(GJJ/T 170—2011)中关于“综合监控系统”的相关规定。

项目小结

本项目安排了六个典型工作任务，一是车站消防系统运用，二是人工操作站台安全门，三是车站电梯系统操作，四是环境控制系统的分析，五是水淹区间隧道的处理，六是环境与设备

监控系统的运行管理。主要介绍了车站内环境控制系统、给排水系统、环境与设备监控系统等系统的构成、功能以及日常的运用管理，此外还在拓展知识里介绍了防淹门系统和综合监控系统的一些基础内容。

通过本项目的学习，要求学习者能熟悉车站各类机电系统功能，了解其主要系统构成、控制方式，在日常车站运作中能正确运用系统为乘客和车站正常运营服务。

复习思考题

1. 火灾自动报警系统有哪些功能？
2. FAS由哪几部分组成？
3. 火灾有几种类型？
4. 如何根据火灾类型选择灭火系统？
5. 说明细水雾灭火系统的原理。
6. 说明气体灭火系统的原理。
7. 说明IG541气体灭火系统自动控制模式的工作过程。
8. 在地铁火灾救援工作中，行车值班员的职责是什么？
9. 简述站台安全门的主要机械组成部分。
10. 站台安全门控制系统的组成和控制方式有哪些？
11. 简述使用就地控制盘PSL进行站台安全门的开关操作流程。
12. 简述多对安全门不能关闭的处理办法。
13. 电梯停在平层区域但不能自动开门的情况下如何救援？
14. 电梯停在非平层区域，在电梯有电和电梯无电的情况下，救援工作有何不同？
15. 自动扶梯运行前要进行哪些准备工作？
16. 说明自动扶梯的开启操作步骤。
17. 环境控制系统的作用是什么？
18. 什么是大系统、小系统、水系统？它们各自有什么功能？
19. 写出列车火灾处理流程。
20. 环境控制系统有哪些控制方式？它们之间的关系如何？
21. 车站给水排水系统有哪些功能？
22. 给水包括哪些系统？
23. 排水种类有哪些？排水方式如何？
24. 给排水及消防给水系统的控制方式如何？
25. BAS有哪些功能？
26. BAS系统监控的对象有哪些？
27. BAS系统就地级设备的主要功能有哪些？

参考文献

[1]上海申通地铁集团有限公司轨道交通培训中心.城市轨道交通概论.北京:中国铁道出版社,2009.

[2]广州市地下铁道总公司.城市轨道交通概论.北京:中国劳动社会保障出版社,2009.

[3]张唯.铁道运输设备.北京:中国铁道出版社,2002.

[4]阎国强,仇海兵.城市轨道交通概论.北京:人民交通出版社,2010.

[5]费安萍.城市轨道交通运输设备的运用.成都:西南交通大学出版社,2008.

[6]林瑜筠.城市轨道交通运输设备.北京:中国铁道出版社,2008.

[7]中华人民共和国住房和城乡建设部.城市轨道交通技术规范.北京:中国建筑工业出版社,2009.

[8]中华人民共和国住房和城乡建设部.地铁运营安全评价标准.北京:中国建筑工业出版社,2008.

[9]林祝顺,阎国强.城市轨道交通系统.上海:上海科学技术出版社,2008.

[10]李建国.城市轨道交通概论.北京:机械工业出版社,2009.

[11]张莹,陶艳.城市轨道交通供电技术.北京:人民交通出版社,2010.

[12]何宗华,汪松滋,何其光.城市轨道交通车站机电设备运行与维修.北京:中国建筑工业出版社,2012.

[13]广州市地下铁道总公司.机电设备检修工给排水系统检修.北京:中国劳动社会保障出版社,2010.

[14]广州市地下铁道总公司.机电设备检修工车站设备监控系统检修.北京:中国劳动社会保障出版社,2010.

[15]中华人民共和国住房和城乡建设部.地铁与轻轨系统运营管理规范.北京:中国建筑工业出版社,2011.

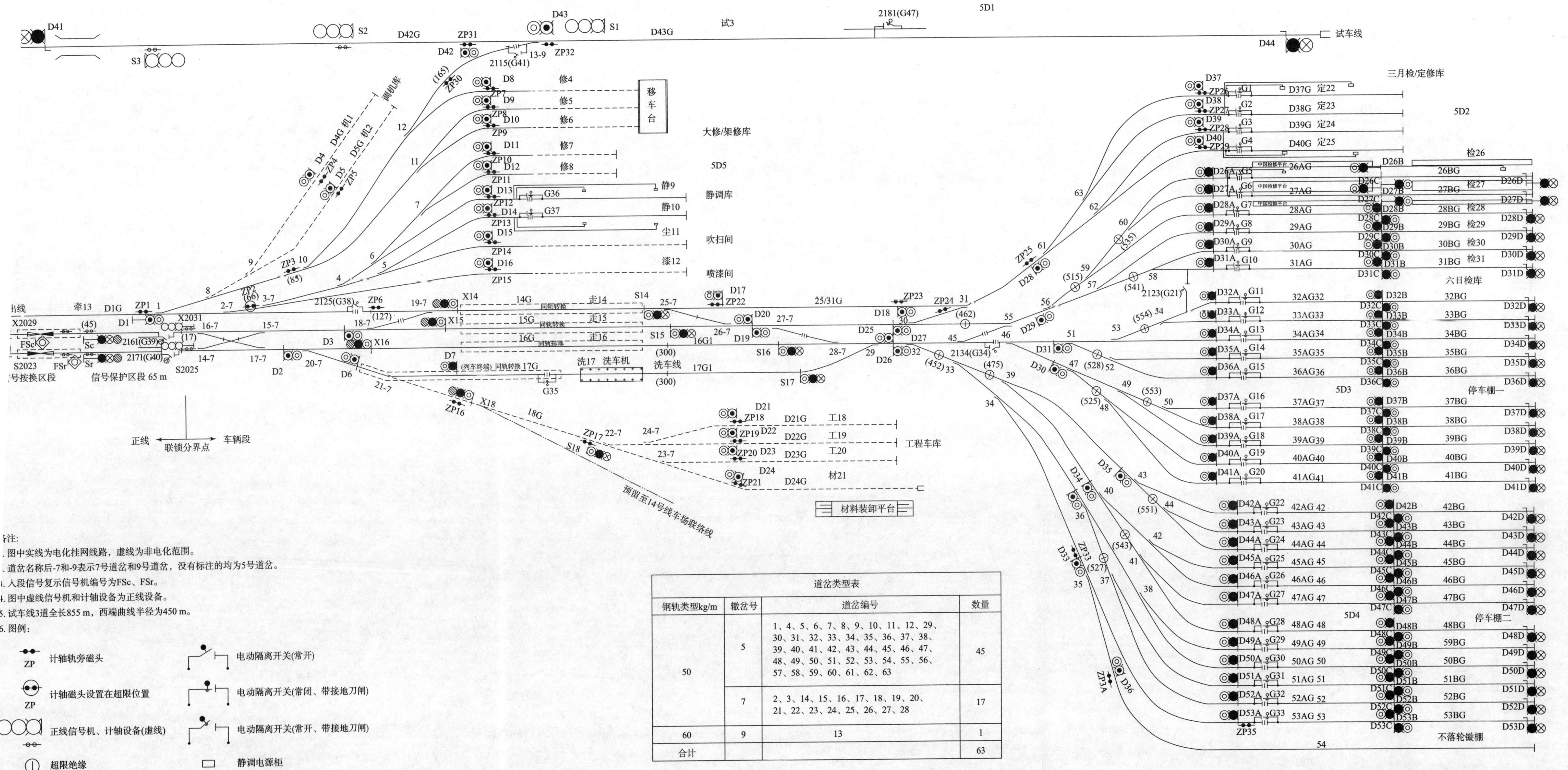

备注:
1. 图中实线为电化挂网线路，虚线为非电化范围。
2. 道岔名称后-7和-9表示7号道岔和9号道岔，没有标注的均为5号道岔。
3. 入段信号复示信号机编号为FSc、FSr。
4. 图中虚线信号机和计轴设备为正线设备。
5. 试车线3道全长855 m，西端曲线半径为450 m。
6. 图例：

道岔类型表

钢轨类型kg/m	辙岔号	道岔编号	数量
50	5	1、4、5、6、7、8、9、10、11、12、29、30、31、32、33、34、35、36、37、38、39、40、41、42、43、44、45、46、47、48、49、50、51、52、53、54、55、56、57、58、59、60、61、62、63	45
	7	2、3、14、15、16、17、18、19、20、21、22、23、24、25、26、27、28	17
60	9	13	1
合计			63

图3.8　G市地铁Y车辆段线路、信号示意图